高职高专智慧物流与供应链岗课赛证系列教材

"基于中高本一体化人才培养模式的课程内容体系构建及新形态教材开发"
课题研究成果

智慧运输运营

主　编　李　滨　章成成
副主编　赵淑敏　梅巧萍　谢梦萍

中国财富出版社有限公司

图书在版编目（CIP）数据

智慧运输运营／李滨，章成成主编 . --北京：中国财富出版社有限公司，2024.6.

ISBN 978 - 7 - 5047 - 8175 - 8

Ⅰ. F252-39

中国国家版本馆 CIP 数据核字第 2024G1M264 号

策划编辑	黄正丽		**责任编辑**	雷晓玲		**版权编辑**	李　洋
责任印制	尚立业		**责任校对**	张营营		**责任发行**	敬　东

出版发行	中国财富出版社有限公司		
社　　址	北京市丰台区南四环西路 188 号 5 区 20 楼	**邮政编码**	100070
电　　话	010 - 52227588 转 2098（发行部）	010 - 52227588 转 321（总编室）	
	010 - 52227566（24 小时读者服务）	010 - 52227588 转 305（质检部）	
网　　址	http://www.cfpress.com.cn	**排　　版**	义春秋
经　　销	新华书店	**印　　刷**	北京九州迅驰传媒文化有限公司
书　　号	ISBN 978 - 7 - 5047 - 8175 - 8/F · 3677		
开　　本	787mm×1092mm　1/16	**版　　次**	2024 年 8 月第 1 版
印　　张	15.75	**印　　次**	2024 年 8 月第 1 次印刷
字　　数	354 千字	**定　　价**	55.00 元

前言 PREFACE

2024 年 4 月 16 日，由中国财富出版社有限公司参与申报的课题"基于中高本一体化人才培养模式的课程内容体系构建及新形态教材开发"经中国物流学会、教育部高等学校物流管理与工程类专业教学指导委员会、全国物流职业教育教学指导委员会组织的专家评审并进行综合评议，立项通过。为深入推进课题研究，在编写本书的过程中，编写团队就如何进行中高本衔接，确保学生在不同阶段的学习中能够顺利过渡，减少知识断层和重复学习的情况，实现教育的连贯性和整体性进行了深入的探讨，并以新形态教材的出版形成课题研究成果。

党的二十大报告提出，"加快建设现代化经济体系，着力提高全要素生产率，着力提升产业链供应链韧性和安全水平"。"十四五"期间，我国现代物流业立足新发展阶段，贯彻新发展理念，构建新发展格局，全力推进高质量发展。智慧物流、数字化供应链的发展对物流人才提出了新要求。

随着大数据、云计算、人工智能、区块链等新技术的推广应用，建设高效化的物流体系已成为当今物流行业发展的基本要求。智慧物流体系是中国物流产业发展和转型的必由之路，以现代信息技术的应用为标志的智慧物流正步入快速发展阶段。本书正是基于这样的背景编写的。编写团队到企业进行调研，根据企业相关岗位对专业技能的要求，以及高职学生学习的认知特点，结合教学内容编写了本书。本书逻辑严谨，主要具有以下特色。

一、坚持立德树人根本任务

编写团队秉承立德树人的根本任务，在教学过程中将专业知识和课程思政有机统一，潜移默化地融入课程思政要素，激发学生学习兴趣和爱国情怀，培养其为国家复兴、建设科技强国而努力学习的使命感。在培养学生专业能力的同时，发挥课程铸魂育人的作用，激发学生的学习动机，帮助学生树立正确的学习观。

二、坚持产教融合，校企双元开发

编写团队由江西现代职业技术学院、山东劳动职业技术学院、江西工业职业技术学院与江铃汽车股份有限公司的专家组成，校企双元开发，在编写过程中汲取了中国物流与采购联合会专家、企业专家的宝贵意见，将智慧物流、智慧运输的新技术、新标准融入教材。本书以知识学习为基础，以技能训练为重点，面向智慧运输运营行业前沿，充分满足高职院校现代物流管理、物流工程技术与供应链相关专业的教学需求，为培养优秀的智慧物流与供应链人才提供强有力的支撑。

三、彰显职教特色，适应数字化时代变革

本书对标最新版高职高专物流类专业教学标准，从数字经济时代的物流业人才技能需求出发，融合岗课赛证要求，构建智慧运输运营专业技能结构体系。

本书由江西现代职业技术学院李滨、章成成担任主编，山东劳动职业技术学院赵淑敏、江西现代职业技术学院梅巧萍和江西工业职业技术学院谢梦萍担任副主编，江铃汽车股份有限公司涂欢、江西现代职业技术学院柯颖参编。本书由章成成负责所有章节的设计和统筹工作。编写分工如下：项目一和项目二由章成成编写，项目三由谢梦萍编写，项目四和项目五由赵淑敏编写，项目六和项目七由梅巧萍、涂欢编写。项目八由李滨、柯颖编写。

因为编者水平和经验有限，书中仍然存在有待改进的地方，希望广大读者批评指正。

编　者

目录
CONTENTS

01
PROJ 项目一
智慧运输概述

◎知识目标
- 掌握智慧物流、智慧运输的概念和功能特点。
- 了解智慧运输系统的含义与构成要素。
- 掌握我国智慧运输的发展现状及存在的问题。

◎能力目标
- 能够对智慧运输与传统运输的区别进行分析。
- 能够对智能运输体系框架中的各个部分进行分析。
- 能够发现我国智慧运输发展存在的问题。

◎思政目标
- 培养行业企业观念，增强对专业的认同感。
- 培养严谨、细致、精益求精的学习态度与作风。
- 培养民族自信，树立运输人的责任感和自豪感。

智慧物流与运输
- 智慧物流的定义
- 智慧运输的定义
- 智慧运输的特点
- 智慧运输与传统运输的关系

智慧运输概述

智慧运输体系
- 智慧运输与智能交通
- 智能运输体系框架
- 智慧运输系统的层次架构

智慧运输的发展现状与趋势
- 我国智慧运输的发展现状
- 智慧运输行业的发展趋势

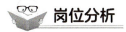 **岗位分析**

岗位1：智慧运输业务员

- **岗位职责**：负责新客户开发；负责运输质量的跟踪、监控、反馈；负责进行质量过程的分析、审核产品，推进产品质量改进；负责事故车处理过程的跟踪和不合格品的监控。

- **典型工作任务**：开发新客户；维护老客户；跟踪货物运输过程；处理、完善运输后续的业务环节。

- **职业素质**：责任意识、成本意识、服务意识、效率意识、成本管理意识、法律意识。

- **职业能力**：能够针对货物的运输要求及货物要求进行运输计划的制订。

- **可持续发展能力**：能进行客户关系管理；能进行业务扩展；具有全局协调能力。

岗位2：智慧交通数据分析师

- **岗位职责**：负责分析和挖掘智能交通系统中海量的交通数据，为交通管理和决策提供科学依据，也可以为政府部门、交通管理机构、交通公司等提供交通数据分析与预测服务。

- **典型工作任务**：负责与交通相关的数据核查、整理和清洗；负责与交通相关的项目咨询、分析与报告的撰写；负责对已有软件程序的应用和完善；配合完成数据库录入程序的建立、数据库整理与分析工作；推动公司数据相关工作的流程化和标准化。

- **职业素质**：良好的团队精神、人际沟通能力、工作的创新能力、思路清晰、性格沉稳、有责任心。

- **职业能力**：对数据敏感性强；具有交通规划基础知识体系；能熟练使用工作需要的各种办公软件。

- **可持续发展能力**：对工作有持续的热忱和激情；能不断学习新的数据处理与分析技术。

 项目导读

党的二十大报告中指出："坚持把发展经济的着力点放在实体经济上，推进新型工业化，加快建设制造强国、质量强国、航天强国、交通强国、网络强国、数字中国。加快发展物联网，建设高效顺畅的流通体系，降低物流成本。"由此可见，中国特色社会主义交通运输建设在推动高质量发展中的重要性。

近年来，伴随着科学技术日新月异的发展，现代物流行业也在飞速发展，物流一般表现为企业生产与运输一体化的管理与服务，其中货物运输所需的时间、成本及货物在途的状态是整个供应链管理过程中的重要环节。

将智慧运输技术与物流管理相结合，将会极大地提升物流的服务水平，现代物流与智慧运输的结合点是交通运输信息的采集与提供，就智慧运输技术而言，可用于物流管理的有移动信息技术、车辆定位技术、车辆识别技术、通信与网络技术等，这些技术结合物流业务的特点构筑了智慧物流运输系统框架。

智慧运输可实现物流的自动化、可视化、可控化、智能化、网络化，从而提高资源的利用率和生产力水平，实现物流行业降本增效。

如今是大网络、大平台、大通道、全链条的物流新模式时代，要建设智慧运输基础设施，构建智慧运行管理系统，完善智慧运输服务系统，健全智慧决策支持系统，全面强化技术，营造宽松有序的发展环境，有序地推进智慧运输发展道路。

任务一　智慧物流与运输

 **任务描述**

加快建设现代化高质量综合立体交通网

大力发展智慧交通和智慧物流

在 2023 年 9 月 21 日国务院新闻办公室举行的新闻发布会上，交通运输部某领导介绍了中国交通可持续发展情况。他表示，交通运输部会在基础设施、运输服务、创新驱动、绿色低碳、国际合作五个方面发力，全力推进可持续交通发展。

一是在基础设施方面，加快建设现代化高质量综合立体交通网。以"联网、补网、强链"为重点，优化完善综合立体网的布局，加快建设国家综合立体交通网主骨架。交通运输部将建设一批综合客运枢纽，深入实施国家综合货运枢纽补链强链。还将推进交通基础设施重大工程建设，通过这些工作把基础夯牢。

二是着力提升服务品质和效率。交通运输部将加快发展旅客联程运输，推动运输服务多元化。深入推进"四好农村路"建设，完善现代化农村交通运输体系，推进城乡交通运输一体化，增强交通运输服务普惠化的水平。交通运输部还将充分发挥物流保通保畅的作用，保障国际物流供应链稳定畅通。大力发展货物多式联运，大力加强航空货运能力建设，完善县、乡、村三级物流服务体系。

三是大力发展智慧交通和智慧物流。交通运输部将完善科技创新体系，深入实施关键核心技术攻坚、智能交通先导应用试点等科技工程。加快发展数字交通，特别是智能铁路、智慧公路、智慧港口、智慧航道、智慧民航、智慧邮政、智慧枢纽等一大批新型的交通基础设施，将规范交通运输新业态的发展。

四是推进交通绿色低碳转型。按照国务院要求，交通运输部将加快运输结构调整，推动大宗货物的"公转铁、公转水"，大力发展铁水联运、江海直达运输。加快推进运输服务的"一单制""一箱制""一票制"，加强交通运输污染防治和生态环境保护，推动新能源清洁车辆船舶应用，持续推进快递包装绿色治理。

五是深化交通运输国际合作交流。交通运输部将推动共建"一带一路"国家交通基础设施"硬联通"、制度规则"软联通"，按照共商共建共享的原则巩固与有关国家、区域和组织在交通领域的务实合作，积极参与全球交通运输治理。

要求：请以小组为单位，认真阅读案例，了解智慧运输的概念和特点，并掌握智慧运输与传统运输的区别，回答"任务实施"中的问题。

知识链接

❖ 知识点 1：智慧物流的定义

智慧物流是物流发展的高级阶段，是现代信息技术发展到一定阶段的必然产物，是多项现代信息技术的聚合体。自 2003 年开始，物联网（Internet of Things，IoT）技术首先开始在物流追踪追溯领域获得应用，2005 年前后物联网技术取得了巨大发展，感知层、网络层和应用层的物联网三层架构技术体系正式提出，世界物联网发展进入快车道。物联网技术的发展推动了物流实体网络通过感知技术与虚拟网络世界融合，让物流借助信息技术有了生命力，产生了智慧物流系统。2009 年，在国家的大力倡导下，中国物联网技术呈现发展热潮，在物流领域，物联网技术逐步得到普及和应用。

"智慧物流"的概念自提出以来，受到了专家和学者的高度关注，但目前企业界与学术界对智慧物流的概念并未达成共识。

中国物联网校企联盟认为，智慧物流是利用集成智能化技术，使物流系统能模仿人的智能，具有思维、感知、学习、推理判断和自行解决物流中某些问题的能力。在流通过程中获取信息、分析信息并做出决策，从源头开始对商品实施跟踪与管理，实现信息流快于实物流。可通过射频识别（RFID）技术、传感器、移动通信技术等让货物配送自动化、信息化和网络化。智慧物流支撑技术架构如图 1-1 所示。

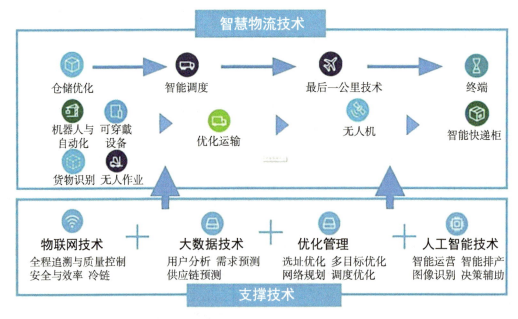

图 1-1　智慧物流支撑技术架构

总而言之，智慧物流是指通过智能软硬件、物联网、大数据等智慧化技术手段，实现物流各环节精细化、动态化、可视化管理，提高物流行业的智能化分析决策和自动化操作执行的能力。智慧物流能够推动信息流与物质流快速、高效、通畅地运转，从而降低社会成本，提高生产效率，整合社会资源。

❖ 知识点 2：智慧运输的定义

智慧运输，指的是运用先进技术和智能化系统来提高运输效率、降低成本、增加安全性以及改善物流链条的整体管理。通过数字化平台、物联网、大数据等技术手段，智慧运输可以实现实时监控和管理货物运输过程，提供全方位的信息追溯和预测能力，为物流企业提供更加精确、高效的运输服务。

智慧运输可实现物流的自动化、可视化、可控化、智能化、网络化，从而提高资源利用率和生产力水平，实现物流行业降本增效。

❖ 知识点 3：智慧运输的特点

1. 全程可视化监控

传统物流流程中，货物的状态和位置往往无法实时了解，给货主和物流企业带来了很大的困扰。而智慧运输通过应用传感器、全球定位系统（GPS）和云计算等技术手段，可以实时采集货物的位置、温度、湿度等信息并传输，实现对货物的全程可视化监控。这样一来，货主和物流企业可以随时通过手机或计算机（PC）端的应用程序，获得货物的实时状态，及时调整运输方案，提高物流运作的效率。智慧运输可视化系统架构如图 1-2 所示。

图 1-2　智慧运输可视化系统架构

2. 智能化的调度管理

传统物流调度往往依赖于人工操作和经验判断，容易出现误判和延误。而智慧运输通过运用人工智能和优化算法等技术手段，可以实现智能化的运输调度和路径规划。基于大数据的分析，智慧运输可以根据实时交通情况、天气预报、客户要求等因素做出最优的调度决策，提高货物的送达效率，降低运输成本。智能化运输调度现已广泛应用于城市公交、铁路部门、码头和货运企业。公交智能调度业务应用系统如图1-3所示。

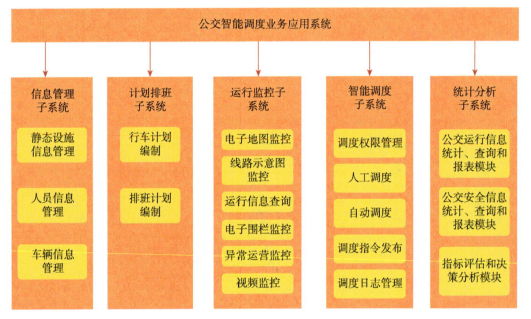

图1-3 公交智能调度业务应用系统

3. 智能化的安全保障

物流运输过程中，货物的安全一直是物流企业和货主所关注的焦点。传统物流安全主要依靠人工巡逻和标注，安全隐患难以发现。智慧运输通过安装视频监控设备、智能传感器和自动报警系统等，能实时监测并报警，有效防范货物的被窃、破损等安全问题。

✤ 知识点 4：智慧运输与传统运输的关系

随着物流行业的不断发展，物流运输方式也在不断地进化和升级，从传统运输逐渐向智慧运输转变。

1. 运输方式

传统运输方式主要是人工驾驶货车，将货物从发货地点运输到目的地。在长距离运输方面，传统运输方式受制于行驶时间和路况的不稳定，导致物流周期较长、运输效率较低。而智慧运输则采用智能车辆、自动化设备、无人机等来实现物流运输，这样既能节省人力、物力和时间，又可提高物流运输效率，实现物流流程全程可视化，从而让物流流程得到自动化和智能化控制。

2. 运输费用

传统运输方式需要人工、车辆运输物品，因为人力、车辆、燃料等运营成本高，导致运输费用也较高。而与传统运输相比，智慧运输可以减少人工投入，运输成本自然低于传统运输，物流运输费用更加合理、透明，让消费者提前知道自己需要支付的物流运输费用，提高消费者的消费信心。

3. 服务质量

在传统物流运输方式下，路况变化、天气异常、交通拥堵、人为因素等多种原因会导致物流运输时间不确定，并且过程不可视，无法及时响应消费者的需求，服务质量大打折扣。而智慧运输采用了先进的智能物流技术，使物流流程透明可见，可以随时响应消费者的需求并且提供更多的服务，从而更加便捷地将货物运输到目的地，使消费者享受更优质的服务。智能物流技术包括通过互联网，将物流数据实时推送到用户手机的系统、提供智能货物跟踪的系统等。

任务实施

阅读案例《加快建设现代化高质量综合立体交通网 大力发展智慧交通和智慧物流》，回答以下问题。

1. 国家为何要大力发展智慧交通和智慧物流？

_____

_____

2. 智慧物流与智慧运输的基本特点有哪些？

_____

_____

3. 智慧运输与传统运输有何区别？

_____

_____

4. 各组派 1 名代表上台分享本组的分析结果。

任务评价

在完成上述任务后，教师组织三方评价，并对学生任务执行情况进行点评。学生完成考核评价表（见表1-1）的填写。

表 1-1　　　　　　　　　　　　　考核评价表

班级		团队名称		学生姓名	
团队成员					
考评项目		分值	要求	学生自评（30%）	团队互评（30%）	教师评定（40%）
知识能力	智慧运输概念解析	25分	收集全面			
	智慧运输与物流的特点分析	25分	分析正确			
	智慧运输与传统运输的区别分析	20分	分析合理			
职业素养	文明礼仪	10分	举止端庄用语文明			
	团队协作	10分	相互协作互帮互助			
	工作态度	10分	严谨认真			
成绩评定		100分				
心得体会						

一、单项选择题

1. 智慧运输的特点不包括（　　）。

A. 全程可视化监控　　　　　　　　B. 智能化的调度管理

C. 智能化的安全保障　　　　　　　D. 安全隐患难以发现

2. 通过数字化平台、物联网、大数据等技术手段，智慧运输可以实现实时监控和管理货物运输过程，提供全方位的（　　），为物流企业提供更加精确、高效的运输服务。

A. 无线传感技术　　　　　　　　　B. 全面运作能力

C. 创新能力　　　　　　　　　　　D. 信息追溯和预测能力

二、多项选择题

1. 智慧运输可实现物流的（　　　）等，从而提高资源利用率和生产力水平，实现物流行业降本增效。

　　A. 自动化　　　　　　　　　　　　B. 可视化

　　C. 可控化　　　　　　　　　　　　D. 智能化

2. 智慧运输通过运用人工智能和优化算法等技术手段，可以实现智能化的运输调度和路径规划。智能化运输调度现已广泛应用于（　　　）。

　　A. 城市公交　　　　　　　　　　　B. 铁路部门

　　C. 码头　　　　　　　　　　　　　D. 货运企业

3. 智慧运输通过应用传感器、GPS 定位和云计算等技术手段，可以将货物的（　　　）等信息进行采集和传输，实现对货物的全程可视化监控。

　　A. 质量　　　　　　　　　　　　　B. 实时位置

　　C. 温度　　　　　　　　　　　　　D. 湿度

任务二　智慧运输体系

任务描述

智慧交通典型案例分析

中国智慧交通产业即将进入新的发展阶段，引领我们步入万物互联的智慧交通时代。一方面，随着新型交通工具的发展和交通基础设施的不断完善，我们有望享受到智慧交通所带来的红利。另一方面，万物互联、第五代移动通信技术（5G）将成为推动中国智慧交通发展的重要驱动力。以下是几个极具代表性的案例。

案例1：河北省石家庄市复兴大街市政化改造智慧交通项目

该项目智慧交通工程主要包括交通运行突发事件检测子系统、道路病害检测子系统、桥梁结构监测子系统、数字路口子系统、环境监测及准全天候出行保障子系统、伴随式信息服务子系统、AR（增强现实）高点监控子系统、大型车辆右转不停车抓拍子系统、电动自行车管控子系统、鸣笛抓拍子系统、应急指挥调度及智慧综合管理平台（监控分中心硬件设施、智慧综合管理平台）、基础支撑系统。

案例2：安徽省六安市城区智能交通项目

该项目以建设新阶段现代化幸福六安为指引，在六安市新型智慧城市建设的总体框架下，计划到2025年左右，基本建成"1+3+N"的智慧交通发展格局，即一个公安云计算数据中心，三网协同的智慧交通应用体系，态势感知、拥堵治理、信号优化、公交优先、应急指挥等多个应用场景。

案例3：杭州交通治理在线平台项目

该项目聚焦城市交通系统综合治理，实现交通大数据多源汇聚融合共享，研究建立具有杭州特色的城市交通治理监测及评价指标体系，实现对公众出行特征、城市交通运行现状、城市交通问题、交通治理措施影响的分析研判，推动线上研判成果转化为线下治理措施，支撑城市交通系统综合治理决策。

案例4：拉萨雪亮工程——智慧交通建设项目

该项目包括智慧交通平台、前端智能感知与控制系统建设、基础设施建设、网络安全防护系统建设四大部分。

要求：请以小组为单位，认真阅读案例，了解智慧运输系统最新应用情况和智慧运输体系的构成，回答"任务实施"中的问题。

知识链接

✛ 知识点 1：智慧运输与智能交通

智慧物流技术手段、智能化运输工具应用于物流运输过程中，大大提升了物流运输的自动化、智能化水平，产生了智慧运输。智慧运输源于智能交通，智能交通源于计算机与通信技术的发展。

智慧运输在智能交通的基础上，在物流运输领域充分利用物联网、空间感知、云计算、移动互联网等新一代信息技术，综合运用交通科学、系统方法、人工智能、知识挖掘等理论与工具，以全面感知、深度融合、主动服务、科学决策为目标，通过建设实时的动态信息服务体系，深度挖掘物流运输相关数据，形成问题分析模型，实现行业资源配置优化能力、公共决策能力、行业管理能力、公众服务能力的提升，推动物流运输更安全、更高效、更便捷、更经济、更环保、更舒适地运行和发展，带动物流运输相关产业转型、升级。

✛ 知识点 2：智能运输体系框架

智能交通系统（Intelligent Traffic System，ITS）又称智能运输系统（Intelligent Transportation System），是将先进的科学技术（信息技术、计算机技术、数据通信技术、传感器技术、电子控制技术、自动控制理论、运筹学、人工智能等）有效地综合运用于交通运输、服务控制和车辆制造，加强车辆、道路、使用者三者之间的联系，从而形成一种保障安全、提高效率、改善环境、节约能源的综合运输系统。

目前我国 ITS 体系框架（第二版）的基本情况如下：用户服务包括 9 个服务领域、47 项服务、179 项子服务；逻辑框架包括 10 个功能领域、57 项功能、101 项子功能、406 个过程、161 张数据流图；物理框架包括 10 个系统、38 个子系统、150 个系统模块、51 张物理框架流图；应用系统包括 58 个应用系统。我国 ITS 体系框架（第二版）用户服务体系如图 1-4 所示。

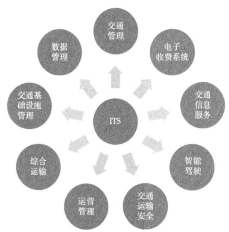

图 1-4　我国 ITS 体系框架（第二版）用户服务体系

1. 运营管理

运营管理的典型应用模式是智慧运输运营管理平台，通过建立标准化的数据通道，将所有与业务有关的信息连接，实现货主、收/发货方、中小型第三方物流企业、车主、司机信息互联互通，确保供应链全线物流资源高效协同。智慧运输运营管理平台主要包括订单管理、配载作业、调度分配、行车管理、GPS车辆定位系统、车辆管理、人员管理、数据报表、基本信息维护、系统管理等功能模块。

2. 智能驾驶

智能驾驶指的是机器帮助人进行驾驶，以及在特殊情况下完全取代人驾驶的技术。智能驾驶的时代已经来到。比如说，很多车有自动刹车装置，其技术原理非常简单，就是在汽车前部装上雷达和红外线探头，当探知前方有异物或者行人时，会自动帮助驾驶员刹车。有一项功能与此非常类似，即自适应巡航。在路况稳定的高速公路上，搭载了该功能的车辆可实现自适应性巡航，与前车保持一定距离，前车加速时本车也加速，前车减速时本车也减速。智能驾驶可以在极大程度上减少交通事故。

智能驾驶作为战略性新兴产业的重要组成部分，是迈向人工智能时代的精彩乐章，也是世界新一轮经济与科技发展的战略制高点之一。发展智能驾驶，对于国家科技、经济、社会、生活、安全及综合国力等有着重大的意义。

3. 交通管理

交通管理主要服务于交通管理者，包括交通动态信息监测、需求管理、交通控制、交通事件管理、勤务管理、交通执法和停车管理等方面。

4. 电子收费系统

电子收费系统（Electronic Toll Collection，ETC）主要用于高速公路或桥梁的自动收费，是智能交通系统的服务功能之一，它特别适合在高速公路或交通繁忙的桥隧环境下使用。高速公路收费处有专门的ETC通道。车主只要在车辆前挡风玻璃上安装感应卡并预存费用，通过收费站时便不用人工缴费，也无须停车，高速通行费将从卡中自动扣除，即能够实现自动收费。

5. 交通信息服务

交通信息服务主要指向驾驶员传递有用的交通服务信息，包括出行前信息服务、行驶中驾驶员信息服务、途中公共交通信息服务、途中其他信息服务、路径诱导与导航以及个性化信息服务等。

交通信息服务包括以下三个部分。

一是交通信息中心（TIC），为整个系统控制的实现提供数据处理、显示和接口功能，具体功能包括对道路交通运输数据和社会公众信息的采集、分类、加工、分析和提供，以及最优路径搜索等算法的实现。交通信息中心是先进的交通信息服务系统的核心，为车辆及相关交通信息资源提供中心通信接口，在此基础上建立一个综合的交通运输信息数据库，提供各类交通信息服务功能。

二是通信网络（COM），可在用户信息终端和交通信息中心之间提供有线和无线双向数据传输，在信息源与信息中心之间进行光纤数据传输。

三是用户信息终端，用户信息终端种类很多，车载终端是应用最广泛的用户信息终端之一，车载终端包括导航辅助系统和无线电数据通信收发器，导航辅助系统包括车辆导航定位模块、车载计算机及显示屏。

6. 交通运输安全

交通运输安全主要指各种道路的安全管理和紧急救援，包含紧急事件救援管理、运输安全管理、非机动车及行人安全管理、交叉口安全管理四个方面。智能交通系统在交通安全方面的典型应用有紧急救援系统（EMS）和预防性安全系统。紧急救援系统是一个特殊的系统，它的基础是先进的交通信息服务系统（ATIS）、先进的交通管理系统（ATMS）和有关的救援机构和设施，通过 ATIS 和 ATMS 将交通监控中心与职业救援机构组成有机的整体，为道路使用者提供车辆故障现场紧急处置、拖车、现场救护、排除事故车辆等服务。预防性安全系统通过车辆安全监测、驾驶员行为分析、道路危险预警来实现其预防功能。

7. 交通基础设施管理

智慧运输系统的基础设施包括智能交通网络、交通信号灯、路灯、天气监测传感器、监控摄像头等。这些设施分布在城市的各个角落，可以实时监控道路情况，形成一个协同的交通管理网络。交通基础设施管理就是针对以上设施开展的交通基础设施维护、路政管理和施工区管理。智慧运输系统的基础设施建设与管理非常重要，因为它对整个智慧运输系统的效果、安全性和稳定性都有着非常重要的影响。

8. 数据管理

智慧运输系统的数据管理包括数据接入与存储、数据融合与处理、数据交换与共享、数据应用支持、数据安全五个方面。智慧运输系统中的数据管理是实现交通流畅、安全和高效的关键环节。系统通过数据采集、预处理、分析与挖掘、存储与管理，可以从海量交通数据中提取有价值的信息，为交通管理和决策提供科学依据。

9. 综合运输

智慧运输系统的综合运输包括客货运联运管理、旅客联运服务、货物联运服务三个方面。其中，货物联运服务是物流产业发展的一个重点，构建高效、智能的多式联运货运体系是我国货运发展的方向。

✤ **知识点 3：智慧运输系统的层次架构**

智慧运输系统的建设是以国家智能交通系统体系框架为指导，建成"高效、安全、环保、舒适、文明"的智慧交通与运输体系；大幅度提高交通运输系统的管理水平和运行效率，为出行者提供全方位的交通信息服务和便利、高效、快捷、经济、安全、人性、智慧的交通运输服务；为交通管理部门和相关企业提供及时、准确、全面和充分的信息支持和信息化决策支持。

智慧运输系统的核心在于如何"智慧"地运作，即通过实时看、听、计算运输的状况，智能解决和处理交通事故、交通拥堵、路段安全等问题，促使运输走上健康、良性的运行轨道。

1. 基础感知层

基础感知层负责数据的采集、收集和车辆控制，交通数据的实时采集、收集是交通实现快速、高效、节能、环保的重要保证。基础感知层主要是为了收集交通数据搭建的，并利用互联网和大数据下的数据共享，是保证智慧交通实现快速、高效、精准、环保的重要基础。交通信息的采集内容主要包括高速公路、国道、省道及乡镇公路上车辆的通行信息和城内车辆的行驶、停留的轨迹信息，主要通过视频采集、GPS 定位、移动跟踪、测速仪器等物联技术获得，为交通调度和统筹控制提供必要的基础信息数据。

2. 网络、通信传输层

网络、通信传输层是把基础感知层收集到的各种交通信息，通过各种渠道汇集到智慧交通平台上来，利用数据云、大数据以及信息处理系统进行数据处理。网络、通信传输层主要采用无线和有线相互配合的传输方式，有时候会产生网络的延迟，但是随着网速的提高，这些传输问题在未来的智慧交通中都是很容易解决的事。在传输过程中要保证信息的及时性、真实性、安全性，并要综合统筹运用各路传输通道，以求达到效率最大化和精准化。

3. 管理支撑层

管理支撑层对汇集到智慧交通平台的数据进行智能分类处理。结构化数据存储在数据库服务中，非结构化的原始视频和图片数据则存储在基于类似 CDS（内容分发服务）云存储方案的存储介质中。管理支撑层利用分布式云计算，归纳、整理、存储、分析、验证，进行大数据决策并执行控制，建立实时、流动、精准的数据库系统，保障道路信息、车辆信息、停车信息、交通状况信息都是实时更新的，为车辆调度、事故处理、指挥交通、交通疏散、行人安全提供可靠的信息依据。

4. 实际应用层

实际应用层采用信息发布平台、通知渠道、服务保障相关系统实时发布交通信息和实施相关行动，比如实时路况广播、交通信息发布系统、导航系统、交通指示灯控制系统、交通事故紧急处理系统、车辆流动控制系统等，保障实施过程及时、高效、有序，让交通运行更加顺畅、安全、精准。

任务实施

阅读案例《智慧交通典型案例分析》，回答以下问题。

1. ITS 体系框架（第二版）用户服务体系包括哪九个部分？

_____

_____

2. 智慧运输系统的层次架构是怎样的？

_____

_____

3. 选取《智慧交通典型案例分析》中提到的一个案例，详细了解该案例的内容、实施情况和取得的效果。

_____

_____

_____

4. 各组派 1 名代表上台分享本组的分析结果。

任务评价

在完成上述任务后，教师组织三方评价，并对学生任务执行情况进行点评。学生完成考核评价表（见表1-2）的填写。

表 1-2　　　　　　　　　　　考核评价表

班级		团队名称			学生姓名	
团队成员						
考评项目		分值	要求	学生自评（30%）	团队互评（30%）	教师评定（40%）
知识能力	智能运输体系框架	20分	介绍完整			
	智慧运输系统的层次架构	20分	分析正确			
	对智慧运输案例的解说	30分	分析全面			
职业素养	文明礼仪	10分	举止端庄用语文明			
	团队协作	10分	相互协作互帮互助			
	工作态度	10分	严谨认真			
成绩评定		100分				
心得体会						

牛刀小试

一、单项选择题

1. 运营管理的典型应用模式是（　　　），通过建立标准化的数据通道，将所有与业务有关的信息连接，实现货主、收/发货方、中小型第三方物流企业、车主、司机信息互联互通，确保供应链全线物流资源高效协同。

A. 智慧运输运营管理平台　　　　　　B. 配载作业

C. 行车管理　　　　　　　　　　　　D. 订单管理

2. 我国 ITS 体系框架（第二版）的用户服务模块包括（　　　）个服务领域。

A. 8　　　　　　　B. 9　　　　　　　C. 10　　　　　　　D. 11

3. 智慧运输系统基础感知层主要负责数据的采集、收集和车辆控制，（　　　）的实时采集、收集是交通实现快速、高效、节能、环保的重要保证。

A. 车辆数据　　　　　　　　　　　　B. 货物数据

C. 司机数据　　　　　　　　　　　　D. 交通数据

二、多项选择题

1. 使用电子收费系统（Electronic Toll Collection，ETC），可以实现的积极意义有（　　　）。

A. 公路收费走向无纸化、无现金化管理

B. 提高收费通道的通行能力

C. 可以节约基建费用和管理费用

D. 可能产生财务管理混乱问题

2. 交通信息服务包括（　　　）。

A. 个性化信息服务　　　　　　　　　B. 交通信息中心

C. 通信网络　　　　　　　　　　　　D. 用户信息终端

3. 智慧运输系统的层次架构包括（　　　）。

A. 基础感知层　　　　　　　　　　　B. 网络、通信传输层

C. 管理支撑层　　　　　　　　　　　D. 实际应用层

任务三　智慧运输的发展现状与趋势

任务描述

智慧港口如何提"智"增效

港口的高质量发展离不开数字化转型与智能化升级，这是行业的必然趋势。近年来，得益于人工智能、大数据、5G、区块链等技术的发展，智慧港口成为港航业发展的重要引擎，智能化程度也已经成为衡量港口竞争力的重要指标，国内各大港口紧抓数字经济发展契机，积极推动智慧港口建设。在"丝路海运"港口智能化论坛上，多位专家纷纷表示，智慧港口改造是适应国家政策的一个必然选择，建设一流港口要求港口企业的高质量发展，这需要数字化转型和智能化升级。

1. 科技助力，港口越来越"聪明"

近年来，依托人工智能、5G物联网、北斗系统、自动化、区块链等科技赋能，深圳市蛇口港、盐田港等港口由传统散杂货码头升级改造成现代化智慧港口，进出口和内外贸业务实现量质齐升。

万吨货轮停靠在码头边，巨大的桥吊来回作业，将各色集装箱精准抓取，放置在一辆辆导引车上……在粤港澳大湾区，广州港南沙港区四期全自动化码头现场，停靠、进港、吊装作业正紧张高效进行。专家认为，港口是连接国内外市场的重要枢纽，得益于人工智能、大数据、5G、区块链等技术的发展，智慧港口显著提升效率，成为水运行业发展的重要引擎。

2. 自动化码头降低成本

在天津港北疆港区"智慧零碳"码头，十余辆蓝色"智能拖车"在一艘艘靠泊巨轮边往来穿梭，这就是天津港集团联合其他企业共同研发的人工智能运输机器人。船舶靠岸后，一辆辆运输机器人便按照系统指令，驶入自动化岸桥边上的指定位置，与预定位置的误差小于3厘米。随后，岸桥上的吊具将集装箱从船上起吊至40多米高，快速精准地落在运输机器人的车架上。

3. 推动绿色低碳转型

在天津港智能电力调控中心，各类数据直观展示在"综合能源服务平台"大屏上，大到年度综合能耗数据、新能源年发电量，小到某个灯杆、某台轨道桥的能耗……如今能够自动采集、自动分析，清清楚楚、明明白白地展示出来。"了解到能源消耗在哪儿，才知道在哪儿可以做得更好。"天津港集团相关负责人表示，这些为天津港"双碳"规划提供了基础数据参考。

要求：请以小组为单位，认真阅读案例，了解智慧运输的发展现状与趋势，并重点分

析智慧港口的发展情况，回答"任务实施"中的问题。

知识链接

❖ 知识点 1：我国智慧运输的发展现状

近年来，我国交通运输智能化水平持续提升，互联网与交通融合的步伐也在加快，智慧运输已经成为我国智慧城市建设需要突破的重要领域。在城市运输智能管理方面，我国已经研制出集交通信息采集与处理、交通信号控制、交通指挥与调度、交通信息服务、应急管理等多种功能于一体的智能化交通管理系统，并已得到广泛应用。2022 年，我国智能交通市场规模为 2101.5 亿元，同比增长 10.86%，2018—2022 年复合增长率为 12.28%。其中智能城市交通市场规模占比最高，为 48.85%，智能高速公路占比为 28.36%，如图 1-5 所示。

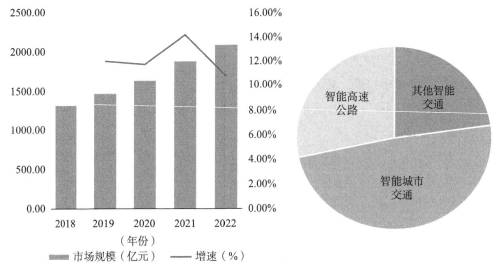

图 1-5　2018—2022 年中国智能交通市场规模及分布情况

互联网的发展推动了交通运输行业增效升级，智慧交通成为助力智慧公路运输、智慧水运、智慧城市交通和智慧综合交通行业大发展的重要手段。随着物联网、云计算、人工智能、大数据、建筑信息模型（BIM）及地理信息系统（GIS）技术的发展，智慧交通将继续引领交通行业不断向更高水平发展。

1. 智慧公路运输发展情况

物联网、车联网以及智能化的数据采集和感知技术的运用，助力公路运输的智能化水平向着智慧化的方向迈进。智慧公路运输的快速发展，使交通管理者能够更加全面、及时和准确地掌握交通基础设施、运输装备、场站设备等的运行情况和外部环境。在云计算、大数据等现代信息技术的集成创新与应用下，公路运输管理系统拥有巨大的存储能力、快准的计算能力以及科学的分析能力。高速公路智慧化是当下公路运输的发展方向，是实现公路高效运输、安全运输和绿色运输的必然要求。

公路运输的智慧化应用主要集中在智慧服务上，通过平台与智能手机、导航等移动设备终端进行连接，为相关用户提供个性化服务。提供的服务主要包括以下方面：基础信息管理服务，这主要是针对公路管理者和相关部门提供的智慧服务；出行服务，这主要是针对公路使用者提供的路况、交通情况等的信息智慧服务；增值服务，这主要是针对相关的网络服务商、广播电视媒体等提供的有偿数据服务。

在高速公路建设方面，高速公路里程和车辆数量不断增长，促使高速公路管理工作不断进行改良和升级，推动了智慧高速公路的发展。根据国家统计局的数据，2010—2015年，我国高速公路里程增长迅速，5年复合增长率为10.76%；随着高速公路建设的推进，2015年后高速公路里程继续保持增长，但整体增速有所放缓，2015—2022年复合增长率为5.3%。截至2023年年末，高速公路里程已达到18.4万千米，同比增长3.78%，如图1-6所示。

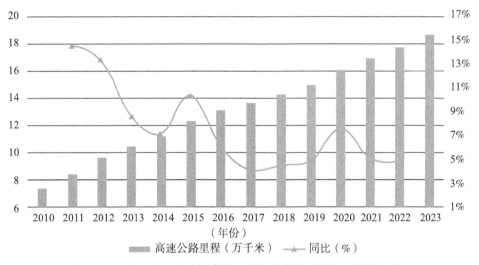

图1-6　2010—2023年中国高速公路里程情况（单位：万千米，%）

在高速公路收费领域，在市场及政策驱动下，ETC发展迅猛，短时间内在全国铺开。2019年，随着国家支持力度加大，我国ETC用户数量实现爆发式增长，达2亿人。调查数据显示，截至2022年年底，ETC用户数量为2.7亿人。中国汽车保有量达到3.19亿辆，其中ETC用户占比为86%，新增ETC用户约为3270万个，ETC总用户数为2.64亿个。随着ETC应用场景的拓展和用户体验的提升，预计到2025年，全国ETC用户数将达到4亿左右。

2. 智慧水运发展情况

智慧港口和智慧航道不仅是加快建设智慧运输的先行领域，也是交通运输新型基础设施建设的重要组成部分。2023年发布的《交通运输部关于加快智慧港口和智慧航道建设的意见》提出了发展目标，明确到2027年，全国港口和航道基础设施数字化、生产运营

管理和对外服务智慧化水平全面提升，建成一批世界一流的智慧港口和智慧航道。这将进一步加快推动我国航运业数字化转型，实现交通运输业高质量发展。

3. 城市智慧交通发展情况

随着城市化进程的不断推进，城市交通问题也日益突出。如何解决交通拥堵、安全问题成为城市管理者亟待解决的难题。为了应对这一挑战，越来越多的城市开始引入智慧交通系统，利用先进的技术手段改善交通状况。

城市智慧交通系统的发展已取得一定的成果。目前，许多城市引入智能信号灯，通过交通流量感知和智能调节，实现交通信号灯的智能化控制，减少红绿灯的等待时间，提高交通的流畅性。此外，城市智慧交通系统还包括交通监控摄像头、车辆定位系统等，通过数据采集和分析，实现对交通状况的实时监控和预测，提高交通管理效能。

4. 智慧综合交通行业发展情况

随着经济社会不断发展，前沿技术不断更新，综合交通运输方式使不同运输方式资源得到可持续的最优配置。随着新兴技术的不断突破和在交通方面的不断应用，我国各种运输方式向着综合、协同的方向发展，但多种交通运输方式之间依然存在信息交互滞后的限制，进而影响了综合交通的高效性和协同性。

✣ 知识点 2：智慧运输行业的发展趋势

1. 中国智慧运输行业的整体发展趋势

近年来，我国公路、铁路、水运、航空等运输行业都得到了飞速发展，但是各种出行方式之间的信息交互仍然滞后，未来随着信息化和智能化进一步提高，各种出行方式信息共享和智能化服务技术将得到充分发展和应用；在国家政策大力扶持、科学技术飞速发展的大背景下，巨大的市场空白及发展空间使各行业企业争相入驻，在各分支领域为出行者提供更加精细、准确、完善和智能的服务；政府积极出台各项政策法规，为各行业参与智慧运输建设的部门提供政策支持和辅助。基于以上因素，我国智慧运输建设必将继续保持高速增长。

2. 新基建助力智慧运输驶入快车道

新型的运输基础设施是把大数据、互联网、人工智能这样的先进技术引入了传统的运输基础设施当中。传统的运输基础设施更多的是一种实现人和货物移动的物理通道，通过新型基础设施建设（以下简称"新基建"）的赋能，增加了信息通道的功能。人、车、路的协同，不仅让开车的人更方便，更重要的是，还大大助力了路段通行效率，同时也为下一步在真实道路上大规模实现无人驾驶奠定了基础。

3. 技术创新推动智慧运输发展

近年来，物联网、大数据、云计算、车联网、人工智能等新兴信息技术为智慧运输的发展注入了新的内涵。传统的智慧运输业务，由于感知信息不精准、信息传输延时高、车路信息交互少等问题，在城市拥堵治理、交叉口事故预警、高速匝道协作通行、特殊车辆优先通行等方面仍存在较大瓶颈，无法为交通管理者、出行者提供实时精准的应用服务。

任务实施

阅读案例《智慧港口如何提"智"增效》，回答以下问题。

1. 结合数据图表说明智慧运输的发展现状。

_____

_____

_____

2. 查阅资料并讨论智慧公路未来的发展趋势。

_____

_____

_____

3. 简述智慧港口建设情况及智慧港口对我国经济发展的意义。

_____

_____

_____

4. 各组派 1 名代表上台分享本组的分析结果。

任务评价

在完成上述任务后，教师组织三方评价，并对学生任务执行情况进行点评。学生完成考核评价表（见表1-3）的填写。

表 1-3　　　　　　　　　　　考核评价表

班级		团队名称			学生姓名	
团队成员						
	考评项目	分值	要求	学生自评（30%）	团队互评（30%）	教师评定（40%）
知识能力	智慧运输发展现状数据整理	20分	收集全面			
	畅想智慧公路未来的发展趋势	25分	观点新颖			
	智慧港口建设情况和发展智慧港口的意义	25分	分析合理			

续　表

考评项目		分值	要求	学生自评 （30%）	团队互评 （30%）	教师评定 （40%）
职业素养	文明礼仪	10分	举止端庄 用语文明			
	团队协作	10分	相互协作 互帮互助			
	工作态度	10分	严谨认真			
成绩评定		100分				
心得体会						

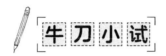

一、单项选择题

1. （　　），指的是运用先进技术和智能化系统来提高运输效率、降低成本、增加安全性以及改善物流链条的整体管理。

A. 智慧运输　　　　B. 智慧物流　　　　C. 智慧仓储　　　　D. 智慧物流技术

2. 智能运输系统，是将先进的科学技术（信息技术、计算机技术、数据通信技术、传感器技术、电子控制技术、自动控制理论、运筹学、人工智能等）有效地综合运用于交通运输、服务控制和车辆制造的综合运输系统，该系统缩写为（　　）。

A. RFID　　　　　B. EDI　　　　　C. ITS　　　　　D. POS

3. 截至 2023 年年末，高速公路里程已达到（　　）万千米，同比增长 3.78%。

A. 17　　　　　　B. 15　　　　　　C. 20　　　　　　D. 18.4

二、多项选择题

1. 智慧运输的特点包括（　　）。

A. 运输效率低下　　　　　　　　　　B. 全程可视化监控

C. 智能化的调度管理　　　　　　　　D. 智能化的安全保障

2. ITS 体系框架（第二版）用户服务体系包括（　　）。

A. 运营管理　　　B. 数据管理　　　C. 电子收费系统　　　D. 交通管理

3. 传统运输与智慧运输的区别体现在（　　）。

A. 运输方式   B. 运输费用   C. 服务质量   D. 运输速度

三、判断题（对的打"√"，错的打"×"）

1. 电子收费系统（Electronic Toll Collection，ETC）主要用于高速公路或桥梁的自动收费。（   ）

2. 智慧运输企业更多的是依赖人工干预。（   ）

3. 物联网、车联网以及智能化的数据采集和感知技术的运用，助力公路交通的智能化水平向着智慧化的方向迈进。（   ）

4. 智慧运输管理支撑层负责数据的采集、收集和车辆控制，交通数据的实时采集、收集是交通实现快速、高效、节能、环保的重要保证。（   ）

5. 我国综合立体交通网加速成形，已建成全球最大的高速铁路网、高速公路网、世界级港口群，航空海运通达全球。（   ）

四、案例分析题

圆通速递有限公司的智慧运输系统

圆通速递有限公司（以下简称圆通）成立于2000年，是当前国内领先的综合性快递物流运营商，以快递服务为核心，围绕客户需求提供代收货款、仓配一体等物流延伸服务。截至2016年年底，圆通在全国范围已建成自营枢纽转运中心62个、加盟商2593家、终端网点37713个，快递服务网络覆盖全国31个省、自治区和直辖市，地级以上城市已基本实现全覆盖，县级以上城市覆盖率达到96.10%。

作为国内快递行业的巨头之一，圆通的运营模式是其核心竞争力的重要组成部分。圆通致力于搭建与合作伙伴和谐共生的快递业务平台，采用枢纽转运中心自营化和末端加盟网络扁平化的运营模式，有效保障了公司对整体快递服务网络的管控平衡能力，同时也可以根据行业动态及企业现状，及时灵活地进行管理调整以协调平衡全网利益，该平台是公司快递服务网络多年来保持稳定性和灵活度的重要基础。

目前，圆通已经在揽收、中转、配送、客服等全业务流程中形成了包括"金刚系统""罗汉系统""管理驾驶舱系统""GPS车辆监控系统""GIS辅助分拣系统"等在内的行业领先的互联网信息技术平台，基本实现了对快件流转全生命周期的信息监控、跟踪及资源调度，以保障所有包裹安全、快速、准确地到达所有客户手中。

请结合上述案例分析下列问题：

1. 圆通的智慧运输系统能够给圆通带来哪些显著的改变？
2. 圆通是如何应用智慧运输系统实现运输服务的？

五、技能训练题

某公司的南昌市向塘货运站营业部接到客户张先生的托运要求，要求将一批计算机配件在3天内运送到江西师范大学瑶湖校区。货物具体信息如下：

（1）计算机显示器：纸箱包装，体积为 50 厘米×40 厘×20 厘米，每箱毛重 10 千克，共计 200 箱。

（2）光驱：纸箱包装，体积为 40 厘米×20 厘米×20 厘米，每箱毛重 20 千克，共计 100 箱。

（3）键盘：纸箱包装，体积为 40 厘米×20 厘米×20 厘米，每箱毛重 5 千克，共计 50 箱。

（4）鼠标：纸箱包装，体积为 30 厘米×30 厘米×20 厘米，每箱毛重 5 千克，共计 50 箱。

请针对货物的运输要求及货物情况进行运输计划的制订。

02 项目二
PROJ 智慧运输政策与安全

◎**知识目标**

●掌握智慧运输政策的发展历程。

●了解交通强国建设政策、智慧交通细分领域政策、智慧交通目标规划政策的主要内容。

●了解五大运输方式交通事故的类型、影响因素和安全管理方法。

◎**能力目标**

●能够对国家层面和地方层面的智慧运输相关政策进行梳理。

●能够对运输安全事故进行原因分析。

●能够采用智能交通系统对运输安全进行管理和优化。

◎**思政目标**

●培养团队合作能力和自主学习能力。

●培养劳模精神和工匠精神，增强劳动意识。

●培养创新精神，增强创新和绿色发展意识。

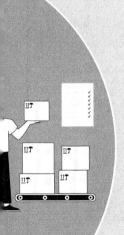

智慧运输政策与安全

智慧运输政策与规划
- 智慧运输政策的发展历程
- 国家层面智慧运输政策汇总及解读
- 地方层面智慧运输政策汇总及解读

智慧运输运营安全
- 交通运输事故
- 交通运输安全管理
- 智能交通系统在运输安全方面的应用

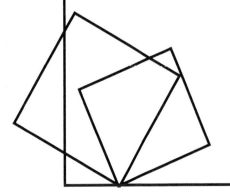

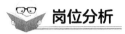 **岗位分析**

岗位1：智慧运输安全员

- **岗位职责**：认真学习并贯彻国家及行业主管部门关于道路运输安全生产的法律法规及其他相关规定，具体实施安全生产日常工作；负责起草本单位各项安全生产相关的岗位职责、岗位操作规程、安全生产应急预案、安全考核奖惩制度等并具体实施、监督；协助领导组织安全生产例会和员工的安全教育培训并做好记录；负责对安全生产事故的上报、调查；负责内部安全生产隐患排查，对隐患的整改进行监督并对整改结果进行验收鉴定；负责协助领导建立安全生产应急救援体系并组织演练、实施；负责安全生产档案的收集、整理、保管工作。
- **典型工作任务**：起草安全规章制度；召开安全生产例会；开展员工的安全教育培训；处理安全生产事故；安全检查；收集、整理和保管安全生产档案。
- **职业素质**：责任意识、安全管理意识、生命意识、谨慎意识、风险意识。
- **职业能力**：能够结合智能交通现代信息化技术对运输安全进行管理。
- **可持续发展能力**：能够持续学习并贯彻国家及行业主管部门关于道路运输安全生产的法律法规及其他相关规定。

岗位2：智慧运输法务专员

- **岗位职责**：负责参与公司重大经营决策，协调处理公司决策、经营管理中的法律事务，对公司重大经营决策提出法律意见，并对相关法律风险提出防范意见；从公司层面对制度、流程等风险与合规问题进行梳理，并配合各部门实施风险控制；负责诉讼、仲裁和非诉案件的处理及重大突发事件的处理；为公司各部门提供法律咨询；能独立处理企业纠纷和运输安全事故。
- **典型工作任务**：处理公司法律事务；风险防范和风险控制实施；提供法律咨询；企业纠纷和运输安全事故的处理。
- **职业素质**：法律风险意识、保密意识、安全管理意识、责任意识等。
- **职业能力**：具备良好沟通能力和应急处理能力；具备运输法律法规知识；具有较强的组织管理和分析判断能力。
- **可持续发展能力**：能合理预测运输经营过程中的各种风险。

 项目导读

智慧交通行政主管部门是工业和信息化部、交通运输部。

工业和信息化部主要负责工业行业和信息化产业的监督管理，主要职能包括：研究提出工业发展战略，拟订工业行业规划和产业政策并组织实施；指导工业行业技术法规和行业标准的拟订；按国务院规定权限，审批、核准国家规划内和年度计划规模内工业、通信业和信息化固定资产投资项目等。

交通运输部的主要职能包括：负责推进综合交通运输体系建设，统筹规划铁路、公路、水路、民航以及邮政行业发展；负责组织拟订综合交通运输发展战略和政策、运输体系规划，指导综合交通运输枢纽规划和管理，拟订综合交通运输标准；承担综合交通运输统计工作，监测分析交通运输运行情况；承担公路、水路国家重点基本建设项目的绩效监督和管理工作。

行业内的自律性组织为中国交通企业管理协会和中国智能交通协会。中国交通企业管理协会主要负责宣传贯彻交通行业方针政策、法律法规、条例条令，引导推动行业企业管理创新发展；编制团体标准，推动交通运输企业信用评价工作；服务于政府、行业、会员单位，接受政府部门和企事业单位的委托项目；参与承接政府委托的行业规范、行业标准、行业评价等行业管理与协调性服务；提供技术推广、行业调查、行业发展与管理政策及重大事项决策咨询等技术性服务；建设交通运输行业公共信息服务平台，收集、统计、提供企业管理方面的信息，开展行业交流合作。

任务一　智慧运输政策与规划

任务描述

跟着总书记看中国 | 交通强国

"要建设更多更先进的航空枢纽、更完善的综合交通运输系统，加快建设交通强国""要大力发展智慧交通和智慧物流，推动大数据、互联网、人工智能、区块链等新技术与交通行业深度融合，使人享其行、物畅其流""中国正在加快建设交通强国，将继续坚持与世界相交、与时代相通，致力于推动全球交通合作，以自身发展为世界提供新机遇"。

建设交通强国是党中央做出的重大战略决策，总书记多次对交通强国建设做出重要指示，为发展我国交通运输事业擘画了宏伟蓝图。

党的二十大报告进一步强调加快建设交通强国。交通运输部、国家铁路局、中国民用航空局、国家邮政局、中国国家铁路集团有限公司联合印发《加快建设交通强国五年行动计划（2023—2027年）》，明确了加快建设交通强国的思路目标和行动任务，扎实推进"两个纲要"的实施，精心做好"十四五""十五五"两个五年规划的衔接。

截至2023年年底，我国综合交通网络总里程超过600万千米，拥有港口生产性码头泊位21905个，民用运输机场（不含港澳台地区）259个，全国建制村全部通邮。

站在新的历史起点，我们要以"闯"的精神、"创"的劲头、"干"的作风，奋力加快建设人民满意、保障有力、世界前列的交通强国，努力当好中国式现代化的开路先锋。

要求：请以小组为单位，查阅交通运输部等相关部门关于智慧运输的政策文件，并解读有关政策文件内容，回答"任务实施"中的问题。

知识链接

✛ 知识点1：智慧运输政策的发展历程

2012年，在《国家智慧城市（区、镇）试点指标体系（试行）》中，提出了智能交通的概念。随后，有关智慧交通的政策频繁发布。2015年，《关于积极推进"互联网+"行动的指导意见》提出将"互联网+"与交通行业相结合。2017年9月，交通运输部发布的《智慧交通让出行更便捷行动方案（2017—2020年）》是我国首个智慧交通专项政策，方案内容分为四个部分：提升城际交通出行智能化水平；加快城市交通出行智能化发展；大力推广城乡和农村客运智能化应用；不断完善智慧出行发展环境。2019年9月，国务院发布的《交通强国建设纲要》提出要推动大数据、互联网、人工智能、区块链、超级计算等新技术与交通行业深度融合；推进数据资源赋能交通发展，加速交通基础设施网、运输服务网、能源网与信息网络融合发展，构建泛在先进的交通信息基础设施；构建综合交通大数据中心体系，深化交通公共服务和电子政务发展；推进北斗卫星导航系统应用；到2035年，基本建成交通强国。2020年12月，国务院发布的《中国交通的可持续发展》提出以智慧交通建设推进数字经济、共享型经济产业发展，提高综合交通运输网络效率，构筑新型交通生态系统。2021年，交通运输部发布的《数字交通"十四五"发展规划》指出到2025年，"一脑、五网、两体系"的发展格局基本建成。2022年3月，交通运输部、科学技术部联合发布的《"十四五"交通领域科技创新规划》提出要推动智慧交通与智慧城市协同发展，大力发展智慧交通，推动云计算、大数据、物联网、移动互联网、区块链、人工智能等新一代信息技术与交通运输融合，加快北斗导航技术应用，开展智能交通先导应用试点。智慧运输发展历程如图2-1所示。

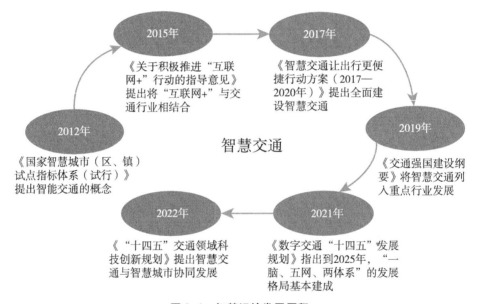

图2-1　智慧运输发展历程

❖ **知识点2：国家层面智慧运输政策汇总及解读**

从2015年开始，政府层面持续出台相关政策法规推进智慧运输行业快速发展，以匹配现代化经济体系的建设需求，为全面建成社会主义现代化强国提供重要基础支撑。2020年以来，我国智慧运输相关政策更是频出，智慧交通基础建设成为行业发展重点，2021年9月交通运输部发布的《交通运输领域新型基础设施建设行动方案（2021—2025年）》提出到2025年，我国将打造一批交通新基建重点工程，智能交通管理将得到深度应用。截至2023年11月国家层面智慧运输相关的政策重点内容解读如表2-1—表2-4所示。

表 2-1　　截至 2023 年 11 月国家层面智慧运输相关的政策重点内容解读-1

发布时间	发布部门	文件名称	具体内容	政策性质
2015 年 7 月	国务院	《关于积极推进"互联网+"行动的指导意见》	明确提出要大力发展"互联网+"便捷交通,加快互联网与交通运输领域的深度融合	支持类
2016 年 7 月	交通运输部	《城市公共交通"十三五"发展纲要》	全面推进公交都市建设;深化城市公交行业体制机构改革;全面提升城市公交服务品质;建设与移动互联网深度融合的智能公交系统	支持类
2017 年 1 月	交通运输部	《推进智慧交通发展行动计划(2017—2020 年)》	提出 12 项重点任务:深化 BIM 技术在公路、水运领域的应用,推进交通基础设施智能化管理,推动智能化物流园区建设,推动智能化客运枢纽建设,推动智能化港口建设,推动智能化运输装备升级改造,推进智能化企业管理,提高综合交通出行信息服务水平,引导交通服务新业态发展,提高综合交通运输决策支持能力,增强安全监管与应急处置能力,提升交通运输行政执法综合管理水平	支持类
2017 年 7 月	国务院	《新一代人工智能发展规划》	在智慧交通方面,提出发展自动驾驶汽车和轨道交通系统,加强车载感知、自动驾驶、车联网、物联网等技术集成和配套,开发交通智能感知系统,形成我国自主的自动驾驶平台技术体系和产品总成能力,探索自动驾驶汽车共享模式	支持类
2018 年 2 月	交通运输部	《交通运输部办公厅关于加快推进新一代国家交通控制网和智慧公路试点的通知》	提出 6 个重点方向,基础设施数字化、路运一体化路网协同、北斗高精度定位综合应用、基于大数据的路网综合管理、"互联网+"路网综合服务和新一代国家交通控制网,试点项目在北京、河北、吉林、江苏、浙江、福建、江西、河南、广东等省(市)实施	支持类
2019 年 9 月	中共中央、国务院	《交通强国建设纲要》	提出以下发展目标:从 2021 年到 21 世纪中叶,分两个阶段推进交通强国建设。到 2035 年,基本建成交通强国。到 21 世纪中叶,全面建成人民满意、保障有力、世界前列的交通强国	支持类

表 2-2　　　截至 2023 年 11 月国家层面智慧运输相关的政策重点内容解读-2

发布时间	发布部门	文件名称	具体内容	政策性质
2019 年 5 月	交通运输部、中央网信办等	《智能航运发展指导意见》	提出加强顶层设计和系统谋划，提升港口码头和航运基础设施的信息化智能化水平，推进智能船舶技术应用，加强智能航运技术创新，加快船舶智能航行保障体系建设，提升港口及其重大装备和智能航运仪器、设备、系统的设计与建（制）造能力，培育智能航运服务新业务新模式，防范智能航运安全风险，加强智能航运法规标准与监管机制建设，加强智能航运人才培养十大主要发展任务	支持类
2020 年 2 月	国家发展和改革委员会	《智能汽车创新发展战略》	提出到 2025 年，中国标准智能汽车的技术创新、产业生态、基础设施、法规标准、产品监管和信息安全体系全面形成	支持类
2020 年 3 月	交通运输部	《交通运输部关于统筹推进疫情防控和经济社会发展交通运输工作的实施意见》	善于化危为机，紧抓现代物流、城市配送等面临的发展契机，大力推动交通运输管理和服务数字化、网络化、智能化，加快智慧交通建设步伐	支持类
2020 年 8 月	交通运输部	《交通运输部关于推动交通运输领域新型基础设施建设的指导意见》	打造融合高效的智慧交通基础设施，包括智慧公路、智能铁路、智慧航道、智慧港口、智慧民航、智慧邮政、智慧枢纽等	支持类
2020 年 10 月	交通运输部	《交通运输部关于推进交通运输治理体系和治理能力现代化若干问题的意见》	建立以企业为主体、市场为导向、产学研深度融合的交通运输技术创新体系，推动大数据、区块链、超级计算、人工智能等新技术与交通运输行业深度融合，大力推进智慧交通技术创新应用	支持类
2020 年 12 月	交通运输部	《交通运输部关于促进道路交通自动驾驶技术发展和应用的指导意见》	结合交通强国建设试点工作等，先行先试打造融合高效的智慧交通基础设施，及时总结经验，科学推进基础设施数字转型、智能升级	支持类

表 2-3　　　截至 2023 年 11 月国家层面智慧运输相关的政策重点内容解读-3

发布时间	发布部门	文件名称	具体内容	政策性质
2021 年 2 月	中共中央、国务院	《国家综合立体交通网规划纲要》	坚持创新核心地位，注重科技赋能，促进交通运输提效能、扩功能、增动能。推进交通基础设施数字化、网联化，提升交通运输智慧发展水平	支持类
2021 年 2 月	工业和信息化部、交通运输部等	《国家车联网产业标准体系建设指南（智能交通相关）》	针对车联网技术和产业发展现状、未来发展趋势及智能交通行业发展实际，聚焦营运车辆和基础设施领域，建立支撑车联网应用和产业发展的智能交通相关标准体系，分阶段出台一批关键性、基础性智能交通标准	规范类
2021 年 6 月	国务院	《国务院关于建设现代综合交通运输体系有关工作情况的报告》	加快构建高质量的综合立体交通网。强化交通基础设施网络建设。统筹铁路、公路、水运、民航、邮政快递、城市交通等发展，加强各种运输方式的统筹规划和联通衔接，打通"最后一公里"，实现旅客顺畅换乘、货物高效中转，提高综合运输效率	支持类
2021 年 6 月	交通运输部、国家发展和改革委员会、财政部	《全面推广高速公路差异化收费实施方案》	着力推进收费公路制度和管理服务创新，强化联网收费系统技术支撑，探索建立收费标准动态调整机制，简化审批流程，强化政策引导，不断优化完善高速公路差异化收费长效机制	规范类
2021 年 8 月	交通运输部、科学技术部	《关于科技创新驱动加快建设交通强国的意见》	坚持自主创新，强化基础研究和应用基础研究，加强关键共性技术、前沿引领技术、现代工程技术、颠覆性技术研发，着力突破交通运输"卡脖子"技术难题，抢占世界科技制高点，实现高水平科技自立自强	支持类
2021 年 8 月	交通运输部	《交通运输领域新型基础设施建设行动方案（2021—2025 年）》	到 2025 年，打造一批交通新基建重点工程，促进交通基础设施网与运输服务网、信息网、能源网融合发展，精准感知、精确分析、精细管理和精心服务能力显著增强，智能管理深度应用	支持类

表 2-4　　　截至 2023 年 11 月国家层面智慧运输相关的政策重点内容解读-4

发布时间	发布部门	文件名称	具体内容	政策性质
2021 年 11 月	国务院	《国务院关于支持北京城市副中心高质量发展的意见》	推进智慧城市建设。实施智慧医疗、智慧交通等一批智慧惠民工程，提升城市服务品质	支持类

发布时间	发布部门	文件名称	具体内容	政策性质
2021年12月	交通运输部	《数字交通"十四五"发展规划》	交通设施数字感知。交通新基建迈出新步伐，重要节点交通感知网络覆盖率大幅提升，国家综合立体交通网主骨架的基础设施全要素、全周期数字化全面推进	支持类
2022年1月	国务院	《"十四五"现代综合交通运输体系发展规划》	推动既有设施数字化改造升级，加强新建设施与感知网络同步规划建设。构建设施设备信息交互网络。在智能交通领域开展基于5G的应用场景和产业生态试点示范。推动车联网部署和应用，支持构建"车—路—交通管理"一体化协作的智能管理系统	支持类
2022年3月	交通运输部、科学技术部	《"十四五"交通领域科技创新规划》	推动智慧交通与智慧城市协同发展，大力发展智慧交通，推动云计算、大数据、物联网、移动互联网、区块链、人工智能等新一代信息技术与交通运输融合，加快北斗导航技术应用，开展智能交通先导应用试点	支持类
2022年12月	中共中央、国务院	《扩大内需战略规划纲要（2022—2035年）》	释放出行消费潜力。优化城市交通网络布局，大力发展智慧交通。推动汽车消费由购买管理向使用管理转变。推进汽车电动化、网联化、智能化，加强停车场、充电桩、换电站、加氢站等配套设施建设	支持类
2023年9月	交通运输部	《关于推进公路数字化转型 加快智慧公路建设发展的意见》	分期实现公路全生命期数字化，构建公路设计、施工、养护、运营等"一套模型、一套数据"，深度应用数字化技术，提升质量和效率，降低运行成本；建成实体公路和数字孪生公路，构建现代化公路基础设施体系；发展公路数字经济及产业生态。同时，促进基于数字化的勘察设计流程、施工建造方式和工程管理模式变革，以及相关业务流程再造、规则重塑、制度变革	支持类
2023年11月	交通运输部	《交通运输部关于加快智慧港口和智慧航道建设的意见》	包括总体要求、夯实数字底座、推进生产运营管理智慧化、推进对外服务智慧化、强化科技创新与国际交流合作、实施要求6部分，提出了25项任务	支持类

1. 交通强国建设政策解读

2019年9月，中共中央、国务院印发了《交通强国建设纲要》（以下简称《纲要》）。《纲要》提出，要牢牢把握交通"先行官"定位，适度超前，推动交通发展的"三个转变"，到2020年完成决胜全面建成小康社会交通建设任务和"十三五"现代综合交通运输体系发展规划各项任务，并将未来发展目标分为两个阶段实现：第一阶段从2021年到

2035 年，基本建成交通强国，形成"三张交通网"和"两个交通圈"；第二阶段到 21 世纪中叶，全面建成人民满意、保障有力、世界前列的交通强国。

自此之后，交通运输部陆续对各省市重点交通工程的建设提出指导意见，提出各省市重点项目在智慧交通领域的预期发展成果，例如 2021 年 10 月，《交通运输部关于重庆市增补西部公路水路基础设施高质量发展等交通强国建设试点任务的意见》中，提出通过 3~5 年时间，企业智慧交通科技创新能力明显提升，车联网创新技术在多路段实现推广应用，区域路段运营效率和服务水平大幅提升。

2. 智慧交通细分领域相关政策解读

智慧交通技术渗透于我国水、陆、空三大综合立体交通网络，其细分领域众多。2020年，《交通运输部关于推动交通运输领域新型基础设施建设的指导意见》中列入重点发展任务的细分领域有智慧公路、智能铁路、智慧航道、智慧港口、智慧民航、智慧邮政、智慧枢纽等（见表 2-5）；2021 年，《交通运输领域新型基础设施建设行动方案（2021—2025 年）》中提出重点发展智慧公路、智慧航道、智慧港口与智慧枢纽四大领域（见表 2-6），其中也重点提出了我国智慧交通领域建设的重点工程，如智慧公路领域重点发展京津冀、长三角与粤港澳大湾区等地区，统筹兼顾天山胜利隧道、秦岭隧道群等西北地区交通建设。

表 2-5   智慧交通细分领域相关政策解读-1

细分领域	总体建设方向	细化建设内容
智慧公路	推动先进信息技术应用，逐步提升公路基础设施规划、设计、建造、养护、运行管理等全要素、全周期数字化水平	深化高速公路电子不停车收费系统（ETC）门架应用；推动公路感知网络与基础设施同步规划、同步建设，在重点路段实现全天候、多要素的状态感知；应用智能视频分析等技术，建设集监测、调度、管控、应急、服务于一体的智慧路网云控平台；推进智慧公路示范区建设；鼓励应用公路智能养护设施设备；建设智慧服务区；推动农村公路建设、管理、养护、运行为一体的综合性管理服务平台建设
智能铁路	运用信息化现代控制技术提升铁路全路网列车调度指挥和运输管理智能化水平	建设铁路智能检测监测设施；建设智能供电设施；发展智能高速动车组；提升智能建造能力，提高铁路工程建设机械化、信息化、智能化、绿色化水平，开展建筑机器人、装配式建造、智能化建造等研发应用
智慧航道	建设航道地理信息测绘和航行水域气象、水文监测等基础设施，完善高等级航道电子航道图，支撑全天候复杂环境下的船舶智能辅助航行	建设高等级航道感知网络；建设适应智能船舶的岸基设施；打造"陆海空天"一体化的水上交通安全保障体系

细分领域	总体建设方向	细化建设内容
智慧港口	引导自动化集装箱码头、堆场库场改造，推动港口建设养护运行全过程、全周期数字化，加快港站智能调度、设备远程操控、智能安防预警和港区自动驾驶等综合应用	鼓励港口建设向数字化、模块化发展；建设港口智慧物流服务平台，开展智能航运应用；建设船舶能耗与排放智能监测设施；应用区块链技术，推进电子单证、业务在线办理、危险品全链条监管、全程物流可视化等
智慧民航	加快机场信息基础设施建设，推进各项设施全面物联，打造数据共享、协同高效、智能运行的智慧机场	鼓励应用智能化作业装备；推进内外联通的机场智能综合交通体系建设；发展新一代空管系统
智慧邮政	推广邮政快递转运中心自动化分拣设施、机械化装卸设备	鼓励建设智能收投终端和末端服务平台；推动无人仓储建设，打造无人配送快递网络；建设智能冷库、智能运输和快递配送等冷链基础设施；推进库存前置、智能分仓、科学配载、线路优化，实现信息协同化、服务智能化；推广智能安检、智能视频监控和智能语音申诉系统；建设邮政大数据中心；开展新型寄递地址编码试点应用
智慧枢纽	推进综合客运枢纽智能化升级，推广应用道路客运电子客票，鼓励发展综合客运一体衔接的全程电子化服务模式，推动售取票、检票、安检、乘降、换乘、停车等客运服务"一码通行"	推动旅客联程运输服务设施建设；引导建设绿色智慧货运枢纽（物流园区）多式联运等设施；推进货运枢纽（物流园区）智能化升级；鼓励发展综合性智能物流服务平台

表2-6　　　　　　　　　　智慧交通细分领域相关政策解读-2

细分领域	建设内容	重点工程
智慧公路	提升公路智能化管理水平；提升公路智慧化服务水平	立足京津冀、长三角、粤港澳大湾区、成渝双城经济圈和海南自贸港等重点区域发展战略，依托京哈、京港澳、杭绍甬、沈海、沪昆、成渝、海南环岛等国家高速公路重点路段以及京雄高速、济青中线等城际快速通道开展智慧公路建设；推进港珠澳大桥等公路长大桥梁结构健康监测系统建设实施工作，推动深中通道、常泰长江大桥等在建工程同步加强桥梁结构健康监测能力；依托天山胜利隧道、秦岭隧道群等开展智慧工地、智慧运营与应急管理等系统建设；推进江西等地高速公路智慧服务区建设
智慧航道	提升航道运行保障能力；提升航道协同监管能力；提高航道综合服务能力	立足全国高等级航道网"四纵四横两网"，依托长江干线、西江航运干线、京杭运河、乌江、涪江、杭申线等高等级航道开展智慧航道建设；推进西部陆海新通道（平陆）运河等智能化应用

续　表

细分领域	建设内容	重点工程
智慧港口	推进码头作业装备自动化；建设港口智慧物流服务平台	推进厦门港、宁波舟山港、大连港等既有集装箱码头的智能升级，建设天津港、苏州港、北部湾港等新一代自动化码头，加快港站智能调度、设备远程操控等应用；推进武汉港阳逻铁水联运码头建设
智慧枢纽	推动综合客运枢纽智能化建设；推动货运枢纽（物流园区）智能化建设	打造济南、长沙等航空主导型智慧综合客运枢纽；打造重庆等铁路主导型智慧综合客运枢纽；推动北京、河北等开展智慧货运枢纽（物流园区）建设

3. 国家层面智慧交通发展目标解读

一系列政策意见的出台，给智慧交通行业的发展带来比较好的政策环境，随着行业发展水平不断提升，智慧交通行业将更进一步发挥"新基建"的重要支撑作用。相关政策规划提出，到 2025 年，我国智慧交通管理将得到深度应用；到 2035 年，我国交通基础设施数字化率将达到 90%；到 2050 年，新技术在我国交通领域将得到广泛应用。我国智慧运输行业相关发展目标如表 2-7 所示。

表 2-7　　　　　　　　　　　　我国智慧运输行业相关发展目标

目标年份	文件名称	发展目标
2025 年	《关于科技创新驱动加快建设交通强国的意见》	到 2025 年，交通运输基础研究和应用基础研究显著加强，关键核心技术取得突破，前沿技术与交通运输加速融合，初步构建适应加快建设交通强国需要的科技创新体系
	《交通运输领域新型基础设施建设行动方案（2021—2025 年）》	到 2025 年，打造一批交通新基建重点工程，促进交通基础设施网与运输服务网、信息网、能源网融合发展，精准感知、精确分析、精细管理和精心服务能力显著增强，智能管理深度应用
2035 年	《关于科技创新驱动加快建设交通强国的意见》	到 2035 年，交通运输基础研究和原始创新能力全面增强，关键核心技术自主可控，前沿技术与交通运输全面融合，基本建成适应交通强国需要的科技创新体系
	《交通运输部关于推动交通运输领域新型基础设施建设的指导意见》	到 2035 年，先进信息技术深度赋能交通基础设施，精准感知、精确分析、精细管理和精心服务能力全面提升，成为加快建设交通强国的有力支撑
	《国家综合立体交通网规划纲要》	到 2035 年，基本实现国家综合立体交通网基础设施全要素、全周期数字化。基本建成泛在先进的交通信息基础设施，实现北斗时空信息服务、交通运输感知全覆盖。智能列车、智能网联汽车（智能汽车、自动驾驶、车路协同）、智能化通用航空器、智能船舶及邮政快递设施的技术达到世界先进水平。交通基础设施数字化率达到 90%
2050 年	《国家综合立体交通网规划纲要》	到 2050 年，全面建成现代化高质量国家综合立体交通网，新技术广泛应用，实现数字化、网络化、智能化、绿色化

✤ **知识点 3：地方层面智慧运输政策汇总及解读**

"十四五"时期是我国落实交通强国建设部署的关键阶段，我国各省市政府机构均响应国家改革和发展措施，根据各自综合交通运输体系发展的现阶段特点，结合交通运输部明确规划编制的体系，出台了符合各自建设条件的智慧交通发展政策及规划。2021 年以来，各省市陆续发布相关规划提出了"十四五"期间智慧交通行业的发展目标，例如《江苏省"十四五"智慧交通发展规划》提出，到 2035 年交通基础设施数字化率达到95%，走在全国前列；《浙江省新型基础设施建设三年行动计划（2020—2022 年）》提出，到 2022 年实现交通领域基础设施智能化水平提升 20% 以上。

1. 规划型政策

江苏省 2021 年 8 月发布的《江苏省"十四五"新型基础设施建设规划》提出，在智能交通领域，推进五峰山高速、苏锡常南部通道、常泰过江通道等智慧公路和京杭运河智慧航运、智慧港口、智慧枢纽等智慧交通基础设施建设，建成我国首条 5G 网络全线覆盖的干线高速公路——宁沪高速江苏段，全省部署 RSU（路侧单元）车联网道路 770 千米。贵州省是首批交通强国建设试点，2022 年 1 月发布的《贵州省"十四五"数字交通发展规划》指出，要深入推进交通运输新型基础设施建设，在智慧交通领域先行先试、率先突破。在综合交通大数据中心、智慧高速公路、交通旅游融合服务、农村公路管理等方面探索出具有"贵州"特色、可复制可推广的发展模式，为西南综合立体交通枢纽中心建设和交通运输高质量发展提供有力支撑。2022 年 2 月，湖北省发布的《湖北省综合运输服务发展"十四五"规划》指出，智慧交通快速发展，二级及以上汽车客运站、铁路、民航实现联网售票，所有市州进入全国公交一卡通阵营，武汉列入全国首批"智慧交通"示范城市。

2. 意见型政策

2020 年 8 月发布的《交通运输部关于浙江省开展构筑现代综合立体交通网络等交通强国建设试点工作的意见》指出，加快杭州绕城西复线、沪杭甬等高速公路智慧化建设，积极推进杭州湾跨海大桥及连接线智慧化建设，积极推进嘉善县智能交通发展。加快基础支撑平台建设，加强数据基础汇聚和电子地图建设，开发实时位置定位数据产品，推进云平台框架体系基础性、通用性、专用性标准制定。2021 年 4 月，安徽省发布的《安徽省交通运输厅关于服务构建新发展格局的实施意见》指出，加强第五代移动通信技术、人工智能、物联网、卫星等在交通运输领域的应用，抓好智慧交通场景落地运用。推进交通基础设施数字化建设和改造，加快合宁、宁芜智慧高速公路以及芜湖港智慧港口试点建设。2022 年 3 月，江苏省发布的《江苏省交通运输厅 2022 年推进交通强国建设试点工作的指导意见》指出，在智慧交通基础设施建设、智慧路网云控平台建设、港区集卡自动驾驶、智慧交通产业等方面率先形成江苏经验。

任务实施

阅读案例《跟着总书记看中国 | 交通强国》，回答以下问题。

1. 国家出台了哪些与智慧运输有关的政策？

_____

_____

_____

2. 交通强国政策的目标和具体行动指哪些？

_____

_____

_____

3. 智慧运输政策对于智慧运输发展的意义是什么？

_____

_____

_____

4. 各组派 1 名代表上台分享本组的分析结果。

任务评价

在完成上述任务后，教师组织三方评价，并对学生任务执行情况进行点评。学生完成考核评价表（见表 2-8）的填写。

表 2-8　　　　　　　　　　　考核评价表

班级		团队名称			学生姓名	
团队成员						
考评项目		分值	要求	学生自评（30%）	团队互评（30%）	教师评定（40%）
知识能力	与智慧运输有关的政策收集整理梳理	20 分	收集全面			
	对交通强国政策的解读情况	25 分	分析正确			
	对智慧运输政策的意义分析	25 分	分析合理			

续 表

考评项目		分值	要求	学生自评（30%）	团队互评（30%）	教师评定（40%）
职业素养	文明礼仪	10分	举止端庄用语文明			
	团队协作	10分	相互协作互帮互助			
	工作态度	10分	严谨认真			
成绩评定		100分				
心得体会						

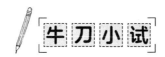

牛刀小试

一、单项选择题

1. 2021 年 9 月交通运输部发布的《交通运输领域新型基础设施建设行动方案（2021—2025 年）》提出到（　　）年，我国将打造一批交通新基建重点工程，智能交通管理将得到深度应用。

A. 2024　　　　　B. 2025　　　　　C. 2027　　　　　D. 2030

2. 《"十四五"现代综合交通运输体系发展规划》指出，推动（　　）部署和应用，支持构建"车—路—交通管理"一体化协作智能管理系统。

A. 智慧城市　　　B. 智慧交通　　　C. 车联网　　　　D. 北斗导航技术

3. 根据《国家综合立体交通网规划纲要》的发展目标，到 2035 年交通基础设施数字化率达到（　　）。

A. 50%　　　　　B. 70%　　　　　C. 90%　　　　　D. 100%

二、多项选择题

1. 截至 2023 年 11 月，国家层面智慧运输相关的政策有（　　）。

A. 《交通强国建设纲要》

B. 《国家综合立体交通网规划纲要》

C. 浙江省《新型基础设施建设三年行动计划（2020—2022 年）》

D. 《交通运输部关于加快智慧港口和智慧航道建设的意见》

2. 2021 年,《交通运输领域新型基础设施建设行动方案(2021—2025 年)》中提出重点发展智慧公路、智慧航道、智慧港口与智慧枢纽四大领域,其中关于智慧港口重点工程描述正确的有(   )。

A. 推进厦门港、宁波舟山港、大连港等既有集装箱码头的智能升级

B. 建设天津港、苏州港、北部湾港等新一代自动化码头

C. 加快港站智能调度、设备远程操控等应用

D. 推进武汉港阳逻铁水联运码头建设

3. 2021 年以来,各省市陆续发布相关规划提出了"十四五"期间智慧交通行业的发展目标,包括(   )。

A.《江苏省"十四五"智慧交通发展规划》

B.《贵州省"十四五"数字交通发展规划》

C.《湖北省综合运输服务发展"十四五"规划》

D.《吉林省综合交通运输发展"十四五"规划》

任务二 智慧运输运营安全

任务描述

蘑菇车联与奇安信、中电车联战略合作 共建智慧交通安全实验室

2021 年 4 月 25 日至 26 日，由国家互联网信息办公室、国家发展和改革委员会、工业和信息化部、国务院国有资产监督管理委员会、福建省人民政府共同主办的第四届数字中国建设峰会在福州举办。大会上，蘑菇车联与奇安信、中电车联签署战略合作协议，共建智慧交通安全体系联合实验室。三方将充分发挥各自在自动驾驶、信息安全和工业互联网领域的技术与资源优势，围绕车载智能终端、自动驾驶、车路协同、智慧交通等关键共性安全技术展开科研攻关，健全适应自动驾驶的安全体系，提升智慧交通的网络安全水平，推动自动驾驶规模化落地和应用。

在新基建和数字化转型的背景下，自动驾驶和车路协同融入整个智慧交通体系，智能网联让交通系统面临数据安全及系统漏洞等非传统安全隐患，远程攻击、恶意控制、隐私数据等问题集中爆发。在自动驾驶进入规模化落地的关键阶段，安全体系的建立健全是产业可持续发展的前提条件。

车路协同安全体系将为车辆与基础设施之间的协同、车路云融合感知提供保障，为人、车、路、网、云等环节提供全方位的安全保护壁垒。自动驾驶安全解决方案将创建车端、路端、云端一体化安全服务模式，从数据加密、漏洞防护、新型威胁等领域入手，形成自动驾驶安全闭环。在城市级智慧交通安全运营上，联合实验室将强化交通新型基础设施安全保障能力，从监测、预警到分析、响应，建立信任支撑，形成可共享的一体化实战平台。

要求：请以小组为单位，认真阅读案例，思考交通安全管理的重要性，并了解智慧交通系统在安全方面的应用现状，回答"任务实施"中的问题。

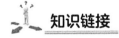
知识链接

✤ 知识点 1：交通运输事故

1. 公路交通事故分类及影响因素

（1）公路交通事故按照不同标准可以分为不同的类别。

一是《公安部关于修订道路交通事故等级划分标准的通知》将公路交通事故划分为以下几类。

轻微事故，指一次造成轻伤 1~2 人，或者财产损失机动车事故不足 1000 元，非机动车事故不足 200 元的事故。

一般事故，指一次造成重伤 1~2 人，或者轻伤 3 人以上，或者财产损失不足 3 万元的事故。

重大事故，指一次造成死亡 1~2 人，或者重伤 3 人以上 10 人以下，或者财产损失 3 万元以上不足 6 万元的事故。

特大事故，指一次造成死亡 3 人以上，或者重伤 11 人以上，或者死亡 1 人，同时重伤 8 人以上，或者死亡 2 人，同时重伤 5 人以上，或者财产损失 6 万元以上的事故。

二是按事故损害后果的表现类型不同，交通事故可分为死亡事故、伤人事故和财产损失事故。死亡事故，是指仅有人员死亡或者既有人员死亡又有人员受伤和财产损失的交通事故。伤人事故，是指仅有人员受伤或者既有人员受伤又有财产损失的交通事故。财产损失事故，是指仅造成财产损失的交通事故。

（2）公路交通事故的影响因素主要有以下几种。

人的因素：人是指参与交通行为的所有的人，如驾驶员、骑自行车的人、行人、乘车人等。人的因素是引发公路交通事故的主要原因，在交通事故发生的原因中，驾驶员因素占了很大比重。驾驶员肇事的主要原因有超速行驶、疲劳驾驶、操作不当和其他违章驾车行为。

车辆的因素：主要指车辆性能是否符合技术要求。车辆影响交通安全的主要因素有车辆的制动性能、动力性能、操作稳定性、轮胎质量等。

道路的因素：主要是指道路的线形设计、道路结构、行车环境等。道路上安装的设施，如信号装置、交通标志标线、道路标识、防护栏、道路照明、分隔带等，也影响公路交通的安全性。

环境的因素：包括自然和地理环境及交通环境等。在雨、雾、风、雪天气条件下，道路上行驶的车辆存在行驶风险较大、视线受影响、车辆难以控制等情况。交通环境与交通事故的发生有密切关系，主要涉及交通量的大小、交通组成、速度和速度离散性等方面。

2. 铁路交通事故分类及影响因素

（1）铁路交通事故可以分为四个等级：

一是特别重大事故。有下列情形之一的，为特别重大事故：

造成 30 人以上死亡。

造成 100 人以上重伤（包括急性工业中毒，下同）。

造成 1 亿元以上直接经济损失。

繁忙干线客运列车脱轨 18 辆以上并中断铁路行车 48 h 以上。

繁忙干线货运列车脱轨 60 辆以上并中断铁路行车 48 h 以上。

二是重大事故。有下列情形之一的，为重大事故：

造成 10 人以上 30 人以下死亡。

造成 50 人以上 100 人以下重伤。

造成 5000 万元以上 1 亿元以下直接经济损失。

客运列车脱轨 18 辆以上。

货运列车脱轨 60 辆以上。

客运列车脱轨 2 辆以上 18 辆以下，并中断繁忙干线铁路行车 24 h 以上或者中断其他线路铁路行车 48 h 以上。

货运列车脱轨 6 辆以上 60 辆以下，并中断繁忙干线铁路行车 24 h 以上或者中断其他线路铁路行车 48 h 以上。

三是较大事故。有下列情形之一的，为较大事故：

造成 3 人以上 10 人以下死亡。

造成 10 人以上 50 人以下重伤。

造成 1000 万元以上 5000 万元以下直接经济损失。

客运列车脱轨 2 辆以上 18 辆以下。

货运列车脱轨 6 辆以上 60 辆以下。

中断繁忙干线铁路行车 6 h 以上。

中断其他线路铁路行车 10 h 以上。

四是一般事故。一般事故分为一般 A 类事故、一般 B 类事故、一般 C 类事故、一般 D 类事故。

一般 A 类事故。有下列情形之一，未构成较大以上事故的，为一般 A 类事故。

·A1：造成 2 人死亡。

·A2：造成 5 人以上 10 人以下重伤。

·A3：造成 500 万元以上 1000 万元以下直接经济损失。

·A4：列车及调车作业中发生冲突、脱轨、火灾、爆炸、相撞，造成下列后果之一的：繁忙干线双线之一线或单线行车中断 3 h 以上 6 h 以下，双线行车中断 2 h 以上 6 h 以下；其他线路双线之一线或单线行车中断 6 h 以上 10 h 以下，双线行车中断 3 h 以上 10 h 以下；客运列车耽误本列 4 h 以上；客运列车脱轨 1 辆；客运列车中途摘车 2 辆以上；客车报废 1 辆或大破 2 辆以上；机车大破 1 台以上；动车组中破 1 辆以上；货运列车脱轨 4 辆以上 6 辆以下。

一般 B 类事故。有下列情形之一，未构成一般 A 类以上事故的，为一般 B 类事故：

·B1：造成 1 人死亡。

·B2：造成 5 人以下重伤。

·B3：造成 100 万元以上 500 万元以下直接经济损失。

·B4：列车及调车作业中发生冲突、脱轨、火灾、爆炸、相撞，造成下列后果之一的：繁忙干线行车中断 1 h 以上，其他线路行车中断 2 h 以上，客运列车耽误本列 1 h 以上，客运列车中途摘车 1 辆，客车大破 1 辆，机车中破 1 台，货运列车脱轨 2 辆以上 4 辆以下。

一般 C 类事故。有下列情形之一，未构成一般 B 类以上事故的，为一般 C 类事故：

·C1：列车冲突。

·C2：货运列车脱轨。

·C3：列车火灾。

·C4：列车爆炸。

·C5：列车相撞。

·C6：向占用区间发出列车。

·C7：向占用线接入列车。

·C8：未准备好进路接、发列车。

·C9：未办或错办闭塞发出列车。

·C10：列车冒进信号或越过警冲标。

·C11：机车车辆溜入区间或站内。

·C12：列车中机车车辆断轴，车轮崩裂，制动梁、下拉杆、交叉杆等部件脱落。

·C13：列车运行中碰撞轻型车辆、小车、施工机械、机具、防护栅栏等设备设施或路料、坍体、落石。

·C14：接触网接触线断线、倒杆或塌网。

·C15：关闭折角塞门发出列车或运行中关闭折角塞门。

·C16：列车运行中刮坏行车设备设施。

·C17：列车运行中设备设施、装载货物（包括行包、邮件）、装载加固材料（或装置）超限（含按超限货物办理超过电报批准尺寸的）或坠落。

·C18：装载超限货物的车辆按装载普通货物的车辆编入列车。

·C19：电力机车、动车组带电进入停电区。

·C20：错误向停电区段的接触网供电。

·C21：电气化区段攀爬车顶耽误列车。

·C22：客运列车分离。

·C23：发生冲突、脱轨的机车车辆未按规定检查鉴定编入列车。

·C24：无调度命令施工，超范围施工，超范围维修作业。

·C25：漏发、错发、漏传、错传调度命令导致列车超速运行。

一般 D 类事故。有下列情形之一，未构成一般 C 类以上事故的，为一般 D 类事故：

·D1：调车冲突。

·D2：调车脱轨。

·D3：挤道岔。

·D4：调车相撞。

· D5：错办或未及时办理信号致使列车停车。

· D6：错办行车凭证发车或耽误列车。

· D7：调车作业碰轧脱轨器、防护信号，或未撤防护信号动车。

· D8：货运列车分离。

· D9：施工、检修、清扫设备耽误列车。

· D10：作业人员违反劳动纪律、作业纪律耽误列车。

· D11：滥用紧急制动阀耽误列车。

· D12：擅自发车、开车、停车、错办通过或在区间乘降所错误通过。

· D13：列车拉铁鞋开车。

· D14：漏发、错发、漏传、错传调度命令耽误列车。

· D15：错误操纵、使用行车设备耽误列车。

· D16：使用轻型车辆、小车及施工机械耽误列车。

· D17：应安装列尾装置而未安装发出列车。

· D18：行包、邮件装卸作业耽误列车。

· D19：电力机车、动车组错误进入无接触网线路。

· D20：列车上工作人员往外抛掷物体造成人员伤害或设备损坏。

· D21：行车设备故障耽误本列客运列车 1h 以上，或耽误本列货运列车 2h 以上；固定设备故障延时影响正常行车 2h 以上（仅指正线）。

（2）铁路交通事故的影响因素有以下几种。

人为因素：是造成铁路行车事故的主要原因之一，包括操作人员失误、管理人员指令失误、乘客不文明行为等因素。

设备设施因素：铁路交通的安全关键在于设备设施是否完好，包括铁路线路、信号设备、车辆设备等。设备设施的老化、损坏、维护不到位都会对铁路行车安全造成影响。

天气因素：恶劣天气条件对铁路行车是一个严峻的挑战，大雾、冰雪、暴雨等天气都会造成行车视野不良、道路湿滑等情况，增加了行车风险。

外部环境因素：包括动植物进入线路、地质灾害等因素，这些都会对铁路行车安全造成威胁。

火灾爆炸因素：是铁路行车中比较严重的安全隐患，一旦发生火灾爆炸，将威胁到列车的安全。

作业安全因素：作业安全包括施工工地的安全以及车辆维修保养过程中的安全问题，这些都会对铁路行车安全产生直接影响。

3. 航空交通事故分类及影响因素

（1）航空交通事故的主要类型有如下几种。

一是人为事故。人为事故是指主要由人为因素造成的航空交通事故，包括航空器驾驶员操作失误、机械师的维修失误及空中管制员口误等。

二是机械事故。机械事故是指主要由机械因素造成的航空交通事故，包括航空器起落架失灵、航空器轮胎爆胎、航空器通信中断等。

三是自然灾害事故。自然灾害事故是指主要由自然环境原因造成的航空交通事故，包括由雷电、台风、暴雨、大雪、大雾等恶劣天气造成的事故。

四是安全管理事故。这类事故又可细分为两类：民航相关组织本身的管理所造成的事故，包括飞行人员配置不合理、安全管理部门职责不清等造成的事故；人们主观意愿危及航空运输安全的突发事件，如劫机、恐怖袭击等事件。

（2）航空交通事故的影响因素有以下几种。

人的因素：涉及技术水平、安全意识、心理素质和体能，由人引起的航空事故主要是因为管制员行为的失误。

机械因素：由机械引起的交通事故的原因包括航空器未装二次雷达、雷达标牌未自动相关或相关错误、雷达虚假信号或信号丢失。

环境因素：现代飞机可以进行全天候飞行，但是，恶劣的天气情况，如雷电、切变风、冰雪等，都会引起飞机机械或通信导航问题。

4. 水上交通事故分类及影响因素

（1）水上交通事故可按照人员伤亡、直接经济损失或者水域环境污染情况等要素分类。

①按照人员伤亡、直接经济损失，水上交通事故（引起水域环境污染的事故除外）分为以下等级。

a. 特别重大事故，指造成 30 人以上死亡（含失踪）的，或者 100 人以上重伤的，或者 1 亿元以上直接经济损失的事故。

b. 重大事故，指造成 10 人以上 30 人以下死亡（含失踪）的，或者 50 人以上 100 人以下重伤的，或者 5000 万元以上 1 亿元以下直接经济损失的事故。

c. 较大事故，指造成 3 人以上 10 人以下死亡（含失踪）的，或者 10 人以上 50 人以下重伤的，或者 1000 万元以上 5000 万元以下直接经济损失的事故。

d. 一般事故，指造成 1 人以上 3 人以下死亡（含失踪）的，或者 1 人以上 10 人以下重伤的，或者 1000 万元以下直接经济损失的事故。

②引起水域环境污染的事故，按照船舶溢油数量、直接经济损失分以下等级。

a. 特别重大事故，指船舶溢油 1000 吨以上致水域环境污染的，或者在海上造成 2 亿元以上、在内河造成 1 亿元以上直接经济损失的事故。

b. 重大事故，指船舶溢油 500 吨以上 1000 吨以下致水域环境污染的，或者在海上造成 1 亿元以上 2 亿元以下、在内河造成 5000 万元以上 1 亿元以下直接经济损失的事故。

c. 较大事故，指船舶溢油 100 吨以上 500 吨以下致水域环境污染的，或者在海上造成

5000 万元以上 1 亿元以下、在内河造成 1000 万元以上 5000 万元以下直接经济损失的事故。

d. 一般事故，指船舶溢油 100 吨以下致水域环境污染的，或者在海上造成 5000 万元以下、在内河造成 1000 万元以下直接经济损失的事故。

（2）水上交通事故影响因素分为以下几种。

人的因素：在水上交通事故中，人的因素往往是触发因素，其中船员又是最主要的因素。船员引起水上交通事故的原因可分为人员不适和人为失误两类。

管理的因素：包括海事法规建设，船员管理，船舶管理，通航管理，航行安全保障及组织宣传，教育、培训体系的健全程度等。

船舶的因素：该类因素有时会成为事故的主要因素，特别是船舶倾覆或沉没的事故，以及在船舶失控的情况下发生的事故。

5. 管道运输事故分类及影响因素

（1）管道运输事故主要分为火灾、爆炸、中毒、泄漏等类型，其事故等级主要参考《生产安全事故报告和调查处理条例》，可分为特别重大事故、重大事故、较大事故和一般事故。

特别重大事故，是指造成 30 人以上死亡，或者 100 人以上重伤（包括急性工业中毒，下同），或者 1 亿元以上直接经济损失的事故。

重大事故，是指造成 10 人以上 30 人以下死亡，或者 50 人以上 100 人以下重伤，或者 5000 万元以上 1 亿元以下直接经济损失的事故。

较大事故，是指造成 3 人以上 10 人以下死亡，或者 10 人以上 50 人以下重伤，或者 1000 万元以上 5000 万元以下直接经济损失的事故。

一般事故，是指造成 3 人以下死亡，或者 10 人以下重伤，或者 1000 万元以下直接经济损失的事故。

（2）管道运输事故的影响因素有如下几种。

人的因素。人的因素分为两部分：一部分为工作人员受经验、当时的情况或心理等因素的影响，在管道和储罐的施工、运行与维护工作中存在违背正规流程的误操作；另一部分为非工作人员对运输管道造成的损坏行为。

设计的因素。设计的因素指管道运输设施在设计中存在缺陷，主要包括焊缝缺陷、管体缺陷、建造缺陷及管体材料失效等，导致管道运输设施强度不达标、易疲劳破坏等。

腐蚀的因素。腐蚀的因素在管道运输事故原因中占有非常大的比例。

自然灾害的因素。管道运输面临的自然及地质灾害主要包括地面运动和极端气候，如溃堤、洪水、滑坡、泥石流、河水冲击、暴雨、洪水、雷电、台风等。

✤ 知识点 2：交通运输安全管理

1. 公路运输安全管理

（1）车辆维护

车辆维护分为日常维护、一级维护和二级维护。日常维护由驾驶员实施，一级、二级维护由道路运输经营者组织实施并做好记录。日常维护是驾驶员保持车辆正常工作状况的经常性工作；一级维护由专业维修工负责执行，其作业中心内容除日常维护作业外，以清洁、润滑、紧固为主，并检查制动、操纵安全部件等；二级维护由专业维修工负责执行，其作业中心内容除一级维护作业外，以检查、调整为主，包括拆检轮胎、进行轮胎换位。

（2）公路养护

公路养护包括日常养护、定期养护、特别养护和改善工程四个方面。

日常养护是指对公路各组成部分（包括附属设施）每年按需要进行频繁的日常作业，其目的是保持公路原有良好状态和服务水平。日常养护的作业项目主要有：路面及其他部分的清扫；轻微损坏的修补和设施的零星更换；割草和树枝修剪；冬季除雪除冰；为恢复偶尔中断的交通进行的紧急处理。

定期养护是指在公路使用期限内所进行的、可编制程序的、较大的养护作业。定期养护作业的主要项目有：辅助设施的改进；路面磨耗层的更新或修复；路面标线、涵洞及附属设施的修复；金属桥的重新油漆等。

特别养护是指把严重恶化的路况改善到原有状态的作业。特别养护的作业项目有：加强和改建已破损的路面结构；修复已破坏的路基和涵洞；防治外部因素对公路的损害，如稳定边坡、防治塌方、添建挡土墙、改善排水设施、防治水毁、预防雪崩等。

改善工程是指对公路在新建或改建时遗留的缺陷进行的改善作业。改善工程的作业项目主要有：改善"卡脖子"路段，提高通行能力；校正路拱和超高，改善行车视距；调整交叉道和进入口，消除事故多发点，以确保安全；采取防噪声措施；扩建和改善建筑物与其他设施；添建路旁休息区，以提高公路服务水平等。

2. 铁路运输安全管理

（1）行车安全管理

调度人员必须坚持安全生产，正确、及时地指挥列车运行，防止指挥不当造成事故隐患。遇到突发紧急事件时，调度人员要冷静、正确、及时地处理，必须提高业务水平，提高应变能力。

列车驾驶员在驾驶列车时需要遵循以下安全规定：必须严格遵守"安全第一"的原则，严格按照安全制度、行车规则执行驾驶任务。必须掌握列车的基本构造、性能，且需要具备一般的故障处理能力，熟悉线路和站场等基本设施情况，包括必须明确驾驶区段、站场线路纵断面等情况；必须掌握其他相关的业务知识并具有一定的应变能力；必须具备上岗值乘的必要条件。

车站行车值班员负责本站的行车工作，监视列车到发情况，监视乘客上下车、候车动态，监控设备运行状况。

（2）客运安全管理

车站应对铁路乘客携带的物品进行检查，要加强站台两端便门和过道管理，防止因旅

客违章进出站而造成人身伤害。在列车运行过程中，客运人员要确保列车秩序平稳安全，努力实现旅客安全出行、方便出行；要加强车内重点部位、安全防护设施设备和安全警示标志的检查，发现问题及时整改，严格实施易燃易爆危险品的卡控措施。

（3）货运安全管理

高效、有力的货运安全管理机构是做好货运安全管理的保证，完善的规章制度和作业标准是做好货运安全管理的重要前提。在工作中，要严格执行标准作业流程，实现检货作业的精细化管理和集中监控，加强与调度的联系，提高作业的计划性，明确作业重点，提高检货作业的质量和效率，增强安全意识，加强业务培训，完善安全考核和监察机制。

3. 航空运输安全管理

（1）航空运输安全管理的内容

飞行安全，是指在航空器运行期间不发生飞行或其他原因造成的人员伤亡、航空器损坏等事故。

航空地面安全，是指围绕航空器运行而在停机坪和飞行区范围内开展生产活动的安全。航空地面安全包括防止发生航空器损坏、旅客和地面人员伤亡及各种地面设施损坏事件；同时，还包括飞机维护、装卸货物及服务用品、航空器加油等活动的安全，以及军用航空器武器、弹药安全等。

安防安全，是指防止发生影响航空器正常运行和直接危及飞行安全的非法干扰活动，以及防止地面武器误射等。

（2）航空运输安全评估

为了有效预防和减少事故的发生，民航局航空安全办公室、地区管理局及航空公司等部门负责制订安全审计或评估的计划，定期进行安全审计或评估。在某些民航组织中，质量检测部门负责审计的计划和实施。

（3）航空运输安全管理措施

航空运输安全管理措施包括：完善空中交通安全管理法规和标准；发挥现有优势，落实安全管理责任；提高对航空运输交通安全管理的认知；机场设置安全检查程序，包括通过 X 射线扫描行李和人员安检，以确保没有危险物品进入飞机；飞机上设有灭火设备、紧急下降滑梯和紧急呼吸器等安全装置，以应对紧急情况；飞行员和机组人员定期接受训练，包括应对飞机设备故障、气象突变和恐怖袭击等突发情况的培训；航空公司与空中交通管制机构保持联络，确保飞机在空中的飞行路径和高度安全。

4. 水路运输安全管理

（1）船舶安全技术

控制航向的主要设备是舵，一般采用自动操舵控制航向，自动操舵可分为航向保持系统和航迹保持系统两类。为了大大减轻舵工的劳动强度，及时地纠正偏航，使船较准确地长时间保持在指定的航向上，一般海船都装有自动操舵装置控制系统。

船舶的定位方法按照参照目标可分为岸基定位和星基定位。岸基定位是利用岸上目标定位，如灯标、山头等。其中，最常用的雷达定位是通过雷达脉冲遇到显著物标反射回来所经过的时间及方向测定物标的距离和方位，得出位置线，相交而定出船位。星基定位是利用天体（包括太阳、月亮等）与船舶的相对位置来确定船舶的位置，如目前使用最广泛的全球定位系统就是采用的星基定位。

为了避免水上船舶的碰撞，船舶配备了自动识别系统，该系统能向船舶驾驶人员持续提供信息，如船名、船舶种类、船舶尺度、装载情况、航行状态和航行计划等，有利于减少因船舶识别和避碰决策失误引起的船舶碰撞事故。

为避免恶劣天气和水文条件等的影响而发生其他水上交通事故，船舶还采用大风浪安全航行技术、冰区安全航行技术、狭水道安全航行技术和超大型船舶安全操作技术。

（2）水上交通安全监控技术

目前，普遍采用的水上交通安全监控技术主要是船舶交通服务系统。船舶交通服务系统收集水上的各类数据，包括船舶运动的有关数据（如航向、航速、船位等）、水文气象数据（如气温、气压、温度等）和静态数据（如船体、设备、人员等），然后在固定的时间和时间间隔，或在船舶交通服务系统认为必要时，或应船舶请求，将相关信息进行传播。

（3）船舶航行警告系统、航行通告、船舶遇险报警和搜救技术

船舶航行警告系统和航行通告是将有关海区和水域内发生的或将要发生的、可能影响航行和作业安全的任何变化情况，及时、准确地通知所有船舶，使之采取适当措施或保持戒备，以确保船舶航行和作业安全。船舶遇险报警和搜救技术主要是指全球海上遇险与安全系统，它能满足遇险船的可靠报警，对遇险船的识别、定位，救助单位之间的协调通信，救助现场的通信，提供可靠、及时的预防措施及日常通信等各项要求。

5. 管道运输安全管理

（1）管线安全管理

管道穿孔的抢修。常见的管道穿孔类型有腐蚀穿孔、砂眼孔、缝隙孔和裂缝等。其特点是漏油量较小，在初始阶段对输油生产影响较小，也不易被发现，但随着时间的推移，穿孔会逐步扩大，以致影响输油生产。这类事故在初始阶段处理较为简单，所以应抓紧时间，及时排除故障。

管道破裂的抢修。管道由于强度不够、韧性不好或焊缝有夹渣、裂纹等缺陷，或管道受到意外载荷时，容易发生破裂，导致原油大量外泄。这种事故的抢修比管道穿孔抢修要复杂得多，根据破裂的具体情况可采取以下措施：裂缝较小时，可以使用带有引流口的引流封堵器；裂缝较大时，可用"多顶丝"封堵器进行封堵；管道破裂，不能补焊，需要更换管段，或因输油生产需要而更换阀门时，可使用 DN 型管道封堵器进行封堵。

凝管事故的抢修。凝管事故是石油长输管道最严重的恶性事故，可根据具体情况采取

以下两种抢救措施：在发现凝管的苗头或处于初凝阶段时，可以采用升温加压的方法进行顶挤；当管道经开孔后，管内输送量仍继续下降时，管道已进入凝管阶段，对于这种情况，只有采取沿线开孔、分段顶挤的方法。此外，还可应用电热解堵方法，效果很好。

（2）站库安全技术

长输管道中的输油站，特别是首末站，储存大量易燃烧、爆炸或带有毒性的油品。工作中的粗心大意或违反操作规程有可能导致火灾、爆炸或中毒事故。因此，在油品的收、发、储、运过程中必须加强安全工作，严格遵守操作规程和有关规章制度，最大限度地消除导致起火、爆炸和中毒事故的一切因素，保证平稳安全输油。

防火防爆。爆炸与失火是对油库安全最严重的威胁。一旦油库发生爆炸与失火，就会造成生命财产的巨大损失。因此，油库工作人员必须高度重视和切实做好油库的防火防爆工作。油库发生爆炸和火灾事故的主观原因往往是制度不严及油库工作人员思想麻痹大意、管理不善、违章作业等。

防静电。在长输管道中，静电的主要危害是静电放电会引起火灾和爆炸。防静电引起火灾、爆炸的具体措施有以下几个：防止静电产生及积聚；消除火花放电；防止存在爆炸性气体。

防雷电。雷电的危害可分为直接雷电危害和间接雷电危害两大类。避雷针是一种最常用的防雷电保护装置，由受雷器、引下线和接地装置三部分组成。

防毒。油品及其蒸气具有毒性，特别是含硫油品及加铅汽油。油品蒸气可经口、鼻进入呼吸系统，使人急性中毒或慢性中毒。轻质油品的毒性虽然比重质油品的毒性小些，但其挥发性强，在空气中的浓度相应也大，因此危害性更大。

✤ 知识点 3：智能交通系统在运输安全方面的应用

1. 智能车辆安全系统

（1）智能车辆安全系统的原理

智能车辆安全系统是基于人工智能和物联网技术的综合应用系统。它通过车载传感器、摄像头和通信设备等组件收集车辆和道路信息，并利用算法和模型进行实时的数据分析和决策。智能车辆安全系统的原理主要包括以下几个方面。

①车辆感知。智能车辆安全系统通过车载传感器获取车辆周围的环境信息，包括其他车辆的位置、速度和行驶方向等。这些信息可以通过雷达、摄像头、超声波传感器等多种传感技术获取，并由感知算法进行处理和分析。

②交通信息获取。智能车辆安全系统还可以通过网络连接或内置通信设备获取交通信息，包括道路拥堵状况、交通事故信息和限速提示等。这些信息可以帮助驾驶员做出更合理的驾驶决策，避免交通事故的发生。

③决策与控制。智能车辆安全系统根据车辆感知和交通信息获取的结果，通过决策和控制算法进行实时计算和决策。这些算法包括车辆行为判断、路径规划和车辆控制等，可

以帮助驾驶员做出更安全的驾驶行为。智能车辆安全系统如图2-2所示。

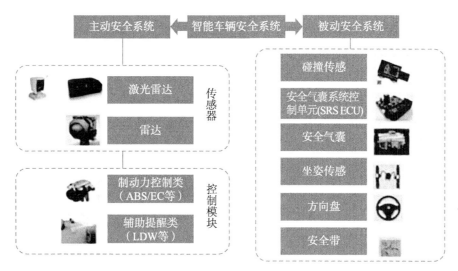

图2-2　智能车辆安全系统

（2）智能车辆安全系统的功能

智能车辆安全系统具备多种功能，旨在提高驾驶员的安全性和降低交通事故的风险。以下是智能车辆安全系统的一些主要功能。

①防撞预警。智能车辆安全系统通过车载摄像头和雷达等传感器监测车辆周围环境，当检测到可能发生碰撞的情况时，系统将会发出警报或采取紧急制动措施，避免碰撞事故的发生。

②车道偏离预警。智能车辆安全系统可以通过车辆摄像头监测车辆是否偏离驾驶道路，当车辆发生偏离时，系统将会发出警报提醒驾驶员调整车辆行驶轨迹，避免发生侧翻或碰撞事故。

③车辆稳定性控制。智能车辆安全系统可以感知车辆操控状况，并通过控制车辆的制动系统、悬挂系统和动力系统等部件，提高车辆的稳定性和操控性能，减少侧滑和打滑等意外情况。

④疲劳驾驶检测。智能车辆安全系统还可以通过驾驶员摄像头实时监测驾驶员的眼睛和面部表情，当检测到驾驶员出现疲劳或分神情况时，系统将会发出警报提醒驾驶员休息或调整驾驶行为。

⑤交通规则提示。智能车辆安全系统可以根据车辆位置和行驶情况提供交通规则的提示，包括限速提醒、交通信号灯状态显示和路口导航等，帮助驾驶员遵守交通规则，减少交通违法和事故的发生。

（3）智能车辆安全系统在预防交通事故中的应用

智能车辆安全系统在预防交通事故方面具有重要意义。它可以通过提供实时的车辆和交通信息，帮助驾驶员做出更明智的驾驶决策，减少驾驶错误和事故的发生。以下是智能车辆安全系统在预防交通事故中的一些应用场景。

①自动紧急制动。当智能车辆安全系统检测到即将发生碰撞的情况时，系统可以通过控制车辆的制动系统自动进行紧急制动，以避免碰撞事故的发生。

②自动路径规划。智能车辆安全系统可以根据实时的交通信息和道路条件，为驾驶员提供更优化的驾驶路径。系统可以通过避开拥堵路段和危险区域等，减少交通事故的风险。

③疲劳驾驶检测与提醒。通过驾驶员摄像头，智能车辆安全系统可以及时发出警报，提醒驾驶员休息或调整驾驶行为，以减少因疲劳导致的交通事故。

④路口导航与交通信号灯提示。智能车辆安全系统可以通过路口导航和交通信号灯提示，提醒驾驶员适时减速、停车或者等待，避免因驾驶员疏忽或违规行为引发的交通事故。

⑤倒车影像辅助。智能车辆安全系统可以通过车辆后方摄像头提供的倒车影像，帮助驾驶员更好地掌握车辆后方的情况，避免因倒车不慎引发的交通事故。

2. 应急救援系统

（1）应急救援系统的含义

智能交通中的应急救援系统主要是指智能交通系统在交通事故发生后，能够快速、准确地识别事故现场，并及时派出相关救援人员前往现场，实现交通事故救援的科技化、规则化和专业化。应急救援系统包括三个核心部分，即交通诱导系统、交通信息管理系统、应急救援指挥调度系统。其中，交通诱导系统是指基于车载设备或道路设施的语音和图像信息，对司机进行交通管制的引导；交通信息管理系统是指将各种交通信息进行转换、储存和管理的系统；应急救援指挥调度系统是指通过对各类信息的采集、整合和分析，实现应急救援系统的指挥与调度。

（2）应急救援系统的功能

一方面，通过数据采集和分析，智能交通系统可以实时监测道路交通状况，为紧急救援和交通救援提供精准的指导。另一方面，智能交通系统还可以借助人工智能技术，预测交通事故和拥堵可能发生的地点和时间，提前做好准备。

（3）应急救援系统的未来发展方向

要让智能交通中的应急救援系统实现更高效、更可靠的操作，需要在技术和思路上迈出更加稳健而有力的步伐。以下三个方面为未来应急救援系统的发展方向。

①更精细化的信息采集和数据处理。针对当前数据准确度不高、数据缺失等问题，应急救援系统可以通过技术手段，进行精准而实时的数据采集以及数据处理，以确保应急救援系统的精准度和时效性。

②更加灵活且合理的协同工作模式。在应急救援系统的指挥调度方面，应通过适应官方和群众协同工作模式的发展，打破现有管理体制所限的信息孤岛，及时实现各相关单位和个人的协同工作，共同推进应急救援工作。

③更加健全的安全保障机制。应高度重视信息技术和网络安全问题，建立完善的信息安全保障机制，从航空领域和人员层面来确保应急救援系统的秘密性和安全性，以及数据的合法合规性和可查性。

3. 智能监控系统

（1）智能监控系统的概念与作用

智能监控系统是一种利用先进的技术和设备，实时监测和控制各种场所的安全状况的系统。它通过集成摄像头、传感器、通信设备等，对物体、人员以及环境进行实时监测，并及时预警和响应。

智能监控系统的作用如下：通过高清视频对道路系统中的交通状况、交通事故、气象状况和交通环境进行实时监视，依靠先进的车辆检测技术和计算机信息处理技术获得有关交通状况的信息，并根据收集到的信息对交通进行控制，协助交管人员进行交通指挥调度，遏制交通违法，维护交通秩序，同时还可协助公安人员进行治安防控、刑侦处理等。随着车辆的增多以及城市道路建设的发展，目前智能交通系统不再单单是车辆处理系统，而是包含道路监控、违章处理、公路管理、车辆记录、智能停车管理等多方面的综合系统。

（2）智能监控系统的现状与发展趋势

智能监控系统已在全国范围内铺开，随着机动车保有量的急剧增加，在拉动国民经济的同时，也给道路交通带来无尽烦扰——机动车违法、违章行为是造成交通事故和影响正常交通秩序的主要原因之一。为缓解这一矛盾，全国各地主要路口开始安装电子眼抓拍交通违章。

智能监控系统作为维持交通秩序的一种工具，对维持交通秩序、降低交通事故发生率起着不可代替的作用。而随着智能技术的发展，未来，基于大数据和云计算等技术，智能监控系统的前端或许可以实现与城市安防监控系统联动，与大数据互动，与城市治安卡口互动，与路口情报板互动，在5G商用开启的大背景下，甚至可以期待把实时数据用微信等软件推送至每个驾驶员的手机。可以预见的是，在不久的将来随着智慧交通建设进程不断加快，我们的出行会更加方便、安全、舒心。

任务实施

阅读案例《蘑菇车联与奇安信、中电车联战略合作 共建智慧交通安全实验室》，回答以下问题。

1. 五大运输方式交通运输事故分类和影响因素有哪些？

_____

_____

_____

2. 五大运输方式交通运输安全管理方式有哪些？

_____

_____

_____

3. 智能交通系统在运输安全方面的应用有哪些？

_____

_____

_____

4. 各组派 1 名代表上台分享本组的分析结果。

任务评价

在完成上述任务后，教师组织三方评价，并对学生任务执行情况进行点评。学生完成考核评价表（见表 2-9）的填写。

表 2-9　　　　　　　　　　考核评价表

班级		团队名称		学生姓名	
团队成员					
考评项目		分值	要求	学生自评（30%）	团队互评（30%）	教师评定（40%）
知识能力	五大运输方式交通运输事故分类及影响因素分析	20分	分析全面			
	五大运输方式运输安全管理方法介绍	25分	介绍全面			
	对智慧交通系统在运输安全管理方面的应用介绍	25分	介绍全面			
职业素养	文明礼仪	10分	举止端庄用语文明			
	团队协作	10分	相互协作互帮互助			
	工作态度	10分	严谨认真			
成绩评定		100分				
心得体会						

牛刀小试

一、单项选择题

1. （　　）年，在《国家智慧城市（区、镇）试点指标体系（试行）》中，提出了智能交通的概念。

A. 2012　　　　　B. 2013　　　　　C. 2014　　　　　D. 2015

2. 2019 年 9 月，中共中央、国务院印发了《交通强国建设纲要》，提出到（　　），全面建成人民满意、保障有力、世界前列的交通强国。

A. 2025 年　　　　B. 2030 年　　　　C. 2035 年　　　　D. 21 世纪中叶

3. （　　）是基于人工智能和物联网技术的综合应用。它通过车载传感器、摄像头和通信设备等组件收集车辆和道路信息，并利用算法和模型进行实时的数据分析和决策。

A. 智能车辆安全系统　　　　　　　B. 应急救援系统

C. 智能监控系统　　　　　　　　　D. 全球定位系统

二、多项选择题

1. 2021 年，《交通运输领域新型基础设施建设行动方案（2021—2025 年）》中提出重点发展的领域有（　　）。

A. 智慧公路　　　B. 智慧航道　　　C. 智慧港口　　　D. 智慧枢纽

2. 《公安部关于修订道路交通事故等级划分标准的通知》将公路交通事故等级划分为以下几类：（　　）。

A. 轻微事故　　　B. 一般事故　　　C. 重大事故　　　D. 特大事故

3. 水路运输安全管理常见的技术有（　　）。

A. 船舶安全技术　　　　　　　　　B. 水上交通安全监控技术

C. 船舶航行警告系统和航行通告　　D. 船舶遇险报警和搜救技术

三、判断题（对的打"√"，错的打"×"）

1. 《国家综合立体交通网规划纲要》指出，到 2035 年，全面建成现代化高质量国家综合立体交通网，新技术广泛应用，实现数字化、网络化、智能化、绿色化。（　　）

2. 水上交通事故的特别重大事故指造成 30 人以上死亡（含失踪）的，或者 100 人以上重伤的，或者船舶溢油 1000 吨以上致水域污染的，或者 1 亿元以上直接经济损失的事故。（　　）

3. 公路养护包括日常养护、定期养护、特别养护和改善工程四个方面。（　　）

4. 应急救援系统可以在车辆内部设置紧急呼叫按钮，当发生交通事故或紧急情况时，

驾驶员可以迅速按下按钮，向救援中心发出求救信号。（　　）

5. 随着车辆的增多以及城市道路建设的发展，智能监控系统使用越来越广泛，目前智能交通系统是单一的车辆处理系统。（　　）

四、案例分析题

数智新重庆的智慧交通与智能交通管理

数智新重庆在智慧交通与智能交通管理领域发挥着重要的作用。它致力于推动智能交通技术的应用和发展，通过引入先进的技术和智能化的解决方案，提升交通系统的效能和便利性。

智慧交通是指通过运用信息与通信技术，实现交通系统的智能化、高效化和可持续发展。数智新重庆致力于推动智慧交通技术在重庆的应用创新，通过与政府机构、交通部门以及科研机构的合作，提供一系列智慧交通解决方案。

首先，数智新重庆推动智慧交通的智能化管理。通过引入人工智能、大数据分析以及云计算技术，数智新重庆帮助交通管理部门实现对交通流量、拥堵状况和道路设备状态等信息的实时监控和管理。

其次，数智新重庆推动智慧交通的信息互联互通。通过建立智能交通管理平台和交通大数据平台，数智新重庆实现了交通信息的集中管理和共享。

最后，数智新重庆推动智慧交通与智能车辆的融合。通过与汽车制造商和智能交通设备供应商的合作，数智新重庆推动智能车辆与交通基础设施的互联互通，通过智慧交通的智能化管理、信息互联互通以及与智能车辆的融合，数智新重庆提供了一系列解决方案，提升交通系统的效能和便利性。未来，数智新重庆将继续加强智慧交通与智能交通管理的创新与发展，为交通出行提供更加智能化、高效化的解决方案，促进城市交通的可持续发展。

请结合上述案例分析下列问题：

1. 重庆市的智慧交通系统给重庆市的交通管理带来了哪些改变？

2. 重庆市采用哪些方法实现城市交通智能化的？

03

PROJ

项目三
智慧运输系统
与技术应用

◎**知识目标**

●掌握智慧运输系统的概念和构成。

●掌握智慧运输系统涉及的相关技术。

●了解智慧运输系统的应用领域。

●掌握我国智慧运输系统的发展现状及存在的问题。

◎**能力目标**

●能够分析智慧运输系统的功能。

●能够认识到智慧运输系统对企业的重要性。

●能够诠释智慧运输系统在现代物流中的具体应用。

●能够分析我国智慧运输系统和技术发展存在的机遇与
挑战。

◎**思政目标**

●了解智慧运输,增强行业视野,加强对职业的认同感。

●学习智慧运输系统,提升爱国情怀和职业自豪感。

●学习智慧运输技术,培养一丝不苟、精益求精、专注工作
的工匠精神。

●了解智慧运输系统和技术存在的一些挑战,培养努力奋斗
的拼搏精神。

智慧运输系统与技术应用

- 智慧运输系统概述
  - 智慧运输系统的定义
  - 智慧运输系统的作用
  - 智慧运输系统的基本构成
  - 智慧运输系统的功能和在现代物流中的具体应用

- 智慧运输系统核心技术
  - 物联网技术
  - 大数据技术
  - 物流云技术
  - 人工智能技术
  - 区块链技术
  - 智慧作业技术

- 智慧运输系统的优势与面临的挑战
  - 智慧运输系统的优势
  - 智慧运输系统面临的挑战

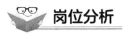 **岗位分析**

岗位1：智慧运输系统跟单员

- **岗位职责**：负责跟进客户订单，解决货物在运输途中产生的问题；跟踪与反馈订单情况，回复客户问题；以积极的工作状态服务于客户，维护客户关系等。
- **典型工作任务**：跟踪货物运输过程，跟进物流车辆反馈，及时解决问题。
- **职业素质**：责任意识、服务意识、效率意识、成本管理意识、法律意识。
- **职业能力**：能够维护客户订单信息，保持运输作业稳定推进。
- **可持续发展能力**：能进行客户关系管理和业务扩展，具有全局协调能力。

岗位2：智慧运输专员

- **岗位职责**：负责统计各仓每日排线审核情况，跟进各仓排线明细反馈，定期同步反馈结果；负责协助仓配主管做好运输时效达成，审核排线合理性，跟踪在途情况和到达情况；负责监控仓库车辆到仓、发运、到店及时率，跟进每日异常发运事件，及时汇报并协助跟进，确保运输平稳运行；制作每日运输看板并登记台账，定期输出结果分析。
- **典型工作任务**：负责跟进运输计划的执行情况，确保车辆、基地各相关部门能够有效配合运输计划的执行，满足货物交付及时性的要求。
- **职业素质**：吃苦耐劳，抗压性强，具备较强的沟通能力，良好的职业操守和团队精神，主动积极，责任心强。
- **职业能力**：具备良好的沟通协调能力，学习和接受能力强，能尽快适应岗位要求并不断积累。
- **可持续发展能力**：能掌握智慧运输作业方案的设计。

 项目导读

　　智慧仓中，多种物流机器人紧密配合，协作完成分拣、搬运等作业；大屏幕上，上千辆运货车的行驶状况实时更新，让工作人员一目了然；无人车满载大大小小的货物，为消费者提供"最后一公里"的无接触服务……近年来，随着新一代信息技术的发展，以"互联网+物流"为特征的智慧物流建设正加速推进，铺就产业发展的"快车道"。

　　所谓智慧物流，是指利用一系列智慧化技术，使物流系统能模仿人的智慧，具有思维、感知、学习和推理判断能力，并能自行解决物流中的某些问题。据统计，2020年中国智慧物流整体市场规模是356.7亿元，到2022年10月增长至1280.5亿元，年均复合增长率超过70%。

　　从"汗水流淌"到"智慧流动"，智慧物流装备制造业的发展，赋予行业多少"科技含量"？

任务一 智慧运输系统概述

任务描述

圆通的智慧运输系统

圆通采用枢纽转运中心自营化和末端加盟网络扁平化的运营模式，有效保障了公司对整体快递服务网络的管控平衡能力，同时可以根据行业动态及企业现状，及时灵活地进行管理调整以协调平衡全网利益，是公司快递服务网络多年来保持稳定性和灵活度的重要基础。

目前，圆通已经在揽收、中转、配送、客服等全业务流程中形成了包括"金刚系统""罗汉系统""管理驾驶舱系统"等在内的行业领先的互联网信息技术平台，基本实现了对快件流转全生命周期的信息监控、跟踪及资源调度，以保障所有包裹安全、快速、准确地到达所有客户手中，如图3-1所示。

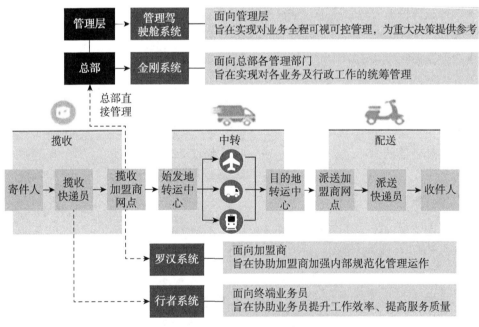

图3-1 圆通智慧运输系统架构

1. 管理驾驶舱系统

管理驾驶舱系统通过对各种信息系统的整合，实现信息数据自动抓取汇总、自动分析、自动预警和自动推送，为管理层的决策提供依据。

2. 金刚系统

金刚系统是指定地址登录的订单信息系统，对于总部、省区转运中心和各加盟网点有不同的授权等级。借助金刚系统，圆通实现了快递路由的全自动生成，实现了每一票快件全生命周期可视可控的管理。在运输领域，金刚系统的使用主要表现在以下两方面。

（1）信息交接和收集

帮助省区转运中心与各加盟网点进行信息交接，转运中心利用金刚系统可以掌握加盟网点的货量和运力需求。

（2）走件查询功能

圆通总部和省区转运中心都有 IT（互联网技术）库，在金刚系统、罗汉系统等的使用过程中，分公司数据有时候由于更新不及时会产生一些问题，由省区来进行升级，从而对信息系统进行不间断的更新。

3. 基于互联网的货物信息查询追踪管理系统

基于互联网的货物信息查询追踪管理系统为圆通自主研发的基于 Internet（互联网）的快件条形码运单和货物信息查询追踪管理系统，在运输领域实现条码全程扫描。

（1）揽收

客户在平台提出发货请求后，就近的圆通网点会及时派出业务员到指定的地点，收取客户指定的快件。随着圆通"电子面单"的推进，现在可以直接将电子面单系统接入公司的信息化平台。快件揽收完成后，揽收加盟商根据快件的目的地信息、尺寸和重量，进行初步分拣、建包，并运送至始发地转运中心。

（2）转运

下车扫描：当快件运输到转运中心后，转运中心的操作人员将对每一件货物进行下车扫描，并与核心业务系统中的快件信息进行比对，确保快件安全、及时地进入转运环节。

上车扫描：建包后的快件将按照系统预设的路由线路进行装车，在装车时对每一件货物进行上车扫描。

发车扫描：在所有快件装车完毕后，进行物流单号的扫描，货物出库，运送到下一个转运中心。

（3）干线运输

圆通在天津的所有运输车辆上都安装了车载北斗定位系统，通过北斗定位系统、无线通信技术等多技术集成并结合传感器、摄像头、蓝牙等设备，圆通就可以对道路数据进行采集，并将采集的数据传送至系统，系统对获取的数据进行全面分析，结合 GIS 应用技术将数据和地图进行匹配，并形成相应的路网数据库，实现物流运输智慧路网的可测、可管、可控、可用，最终达到路网整体控制效益的协调优化，为车辆调度、物流运输提供最优路径方案。

（4）跟踪

通过北斗定位系统、地理信息系统以及 RFID 技术，圆通可以很方便地利用视频监控系统对每一票货物传输的每一个环节进行实时的监控和跟踪。具体来说，可以进行两个方面的监控与跟踪。

监控时限，圆通将 RFID 的应用进一步扩展到全程时限监控方面，尤其是对于高价值邮件的时限监控。继提出"承诺达"服务以后，2017 年 5 月，圆通又推出了"计时达"服务。

跟踪路况实时信息，通过车载北斗定位系统，管理中心可随时和被跟踪车辆进行对话，及时应对各种突发状况。对于雨雪天气等特殊状况，管理中心还会启动紧急预警机制。

要求：请以小组为单位，认真阅读案例，通过分析圆通应用智慧运输系统实现的全流程追踪服务，回答"任务实施"中的问题。

 **知识链接**

✤ 知识点 1：智慧运输系统的定义

智慧运输系统是指通过 GPS、传感器等技术实现对车辆的实时监控和管理，同时还可以通过交通预测、天气预测等技术，实现路线规划的最优化。

智慧运输是指利用物联网、大数据、AI（人工智能）等技术实现运输信息化和智慧化。随着城市化的进展和汽车的普及，交通问题日益严重，道路车辆拥挤，交通事故频发，交通环境不断恶化。交通问题不仅在发展中国家，即使在发达国家也是令人困扰的严重问题。

✤ 知识点 2：智慧运输系统的作用

智慧运输系统可以通过分析历史数据、运输数据等信息，提高运输效率和精度。智慧运输可实现物流的自动化、可视化、可控化、智慧化、网络化，从而提高资源利用率和生产力水平，实现物流行业的降本增效。

智慧运输系统还可以实现车辆人员智慧管理，能做到高峰期车辆分流控制，避免车辆的闲置，降低物流对资源的浪费和对自然的破坏。智慧运输系统可以帮助企业实现智慧物流，提升物流效率，能给企业带来以下好处。

1. 提升运输效率

智慧运输系统可以实现对所有运输订单的监控，可实时了解货物的位置和状态，以更准确地安排配送计划和路线，增加运输效率和及时性。

2. 降低运输成本

智慧运输系统可以帮助企业进行实时运输成本分析，比如路费、燃油费、司机的工资费用等，以便控制成本。

3. 提高管理水平

智慧运输系统可以记录每一件货物的运输信息，包括时间、路线、货主信息，以便更好地管理货运业务。同时，智慧运输系统可以提供数据分析服务，根据数据特征，为企业提供物流管理方案的优化建议。

✥ 知识点3：智慧运输系统的基本构成

智慧运输系统主要由物流信息平台、智慧运输设备和数据分析系统三个组成部分构成。物流信息平台是智慧运输系统的核心，它通过云计算和物联网技术，实现了物流信息的实时采集、存储和共享。物流企业可以通过物流信息平台对运输过程进行全面监控和管理，实时了解货物的位置、运输状态和运输环境等信息，从而提高运输效率和安全性。

智慧运输设备是智慧运输系统的重要组成部分，它包括智慧车载终端、智慧仓储设备和智慧运输工具等。这些设备通过传感器和通信技术，可以实现货物运输过程的可视化和可控化。

数据分析系统是实现智慧运输的重要手段之一，可通过对大批量的运输数据进行分析，提取数据中的规律和趋势，并通过算法预测运输路线、配送时间、物流市场的供需情况，提供相应的库存部署策略等。

✥ 知识点4：智慧运输系统的功能和在现代物流中的具体应用

1. 智慧运输系统功能

智慧运输系统是在交通基础设施的基础上，应用先进的技术与算法，将运输的各个组成部分联系、整合、协同运作，从而安全、高效、环保地实现运输目标。智慧运输系统的建设对于提升现代物流行业的综合服务水平、降低物流成本、优化产业结构意义重大。

（1）调度指挥功能

智慧运输系统最初被应用在铁路运输体系之中，主要根据制定的列车时刻表、实际运行路线进行铁路车辆的指挥和调度，保证铁路车辆的顺畅运行，保证列车的正点到达，保证旅客出行安全和顺利。

（2）货物管理功能

智慧运输系统可对运输中的货物进行跟踪与管理，确保货物安全，提升周转效率，降低延误率，进而提高运输的综合服务水平。智慧运输系统会为系统内的车辆统一安装管理系统，借助卫星定位技术、传感技术、计算机技术、信息技术等实现对货运车辆的统一管理，降低车辆失联、货物丢失等问题出现的可能性，提高货运运输质量和效率。货物的跟踪与管理有助于减少货物丢失、车辆失联、运输效率低等问题。

（3）客运组织功能

智慧运输系统还可用在旅客运输系统，利用智慧化系统技术对售票、检票、预发票、统计计算、旅客信息服务等相关工作进行优化，满足不同旅客的需求，还可以对客运服务相关工作人员的工作内容进行完善，从根源上为客运服务相关工作人员减轻工作量，提高工作效率。

2. 智慧运输系统在现代物流中的具体应用

下面以物流源的智慧运输系统（以下简称"物流源系统"）为例，分析其如何为物流企业构建协同体系，打通发货方、承运方、司机、收货方之间的信息流，与上下游企业在各个环节实现信息实时共享，消除信息壁垒。

（1）连接上下游企业，互联互通

物流源系统打通了物流链条上的发货方、承运方、专线、司机、收货方等各个参与角色之间的信息流，从签约、下单、运输到签收、对账等运输的全生命周期，物流信息快速流转，互联互通，不仅赋予系统智慧化办公作用，同时作为纽带连接了上下游的物流业务，如图3-2所示。

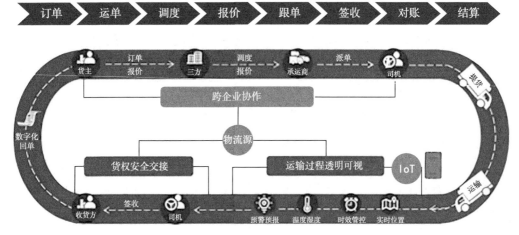

图3-2 覆盖运输全生命周期的管理

（2）开放的集成能力，消除信息孤岛

物流源系统具有开放的集成能力，支持多终端接入，比如打通系统与手机微信的连接，免费提供标准API接口（应用程序编程接口），无缝集成企业各类异构软件，可与各个企业的ERP（企业管理系统）、TMS（运输管理系统）、WMS（仓库管理系统）等打通，消除信息孤岛，实现跨企业高效协作。物流源云开放平台如图3-3所示。

（3）订单管理：智慧归集，高效处理

通过系统开放的集成能力，OMS（订单管理系统）模块可统一归集和执行企业各个渠道和终端的物流订单，无须人工整理，提高订单的处理效率。同时，全链路采集订单信息，跟踪订单进度，实时发现异常并处理，帮助企业做到了订单全流程实时透明化管理。订单管理系统如图3-4所示。

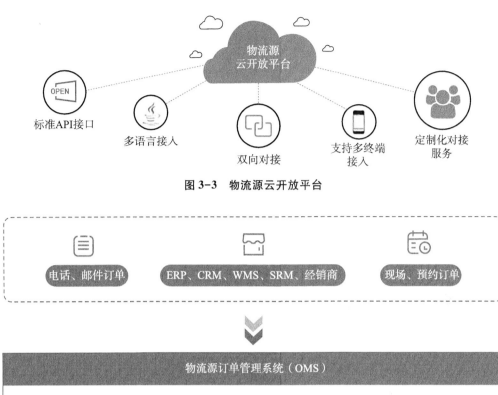

图3-3　物流源云开放平台

图3-4　订单管理系统

（4）运输管理：在途可视化跟踪管控

物流源系统和货物跟踪设备结合使用，系统的 TMS 模块对物流运单的接单、调度、在途跟踪、签收等实行全程智慧跟踪管理，并记录货物的实时运输信息，在协同体系的支撑下，实现多方货物信息的实时共享、在途可视可查，使各主体能够灵活实现运输管理目标，提升企业竞争优势。

任务实施

阅读案例《圆通的智慧运输系统》，回答以下问题。

1. 圆通拥有哪些信息技术平台?

_____

_____

2. 圆通是如何在运输领域实现条码全程扫描的?

_____

_____

3. 圆通如何实现货物信息查询追踪管理?

_____

_____

_____

4. 圆通未来发展有什么优势?

_____

_____

5. 各组派 1 名代表上台分享本组的分析结果。

任务评价

在完成上述任务后，教师组织三方评价，并对学生任务执行情况进行点评。学生完成考核评价表（见表 3-1）的填写。

表 3-1 　　　　　　　　　　考核评价表

班级		团队名称			学生姓名	
团队成员						
考评项目		分值	要求	学生自评（30%）	团队互评（30%）	教师评定（40%）
知识能力	对智慧运输系统定义和作用的分析	20 分	分析正确			
	对智慧运输系统构成的分析	20 分	分析正确			
	对智慧运输系统的功能和具体应用的分析	30 分	分析合理			

续　表

考评项目		分值	要求	学生自评（30%）	团队互评（30%）	教师评定（40%）
职业素养	文明礼仪	10分	举止端庄 用语文明			
	团队协作	10分	相互协作 互帮互助			
	工作态度	10分	严谨认真			
成绩评定		100分				
心得体会						

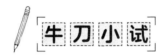

一、单项选择题

1. 下列关于智慧运输系统说法错误的是（　　　）。

A. 智慧运输系统的核心技术是 GPS 技术

B. 智慧运输系统可实现物流行业的降本增效

C. 智慧运输系统容易提高运输成本，增加环境污染

D. 智慧运输系统是实时、准确、高效的"人—车—路"三位一体的综合运输和管理系统

2. 下列不属于智慧运输系统在现代物流中的具体应用的是（　　　）。

A. 定位管理运输车辆的运输信息

B. 对车辆运行状态进行监督和控制

C. 为物流系统的维护勘测提供数据

D. 实现仓库的智慧拣选

二、多项选择题

1. 智慧运输系统涉及的相关技术有（　　　）。

A. 条形码技术　　　　B. EDI 技术　　　　C. RFID 技术

D. 物联网技术　　　　E. 云计算

2. 智慧运输系统的作用有（　　　）。

A. 提高运输效率　　　　　　　B. 降低运输成本

C. 提高管理水平　　　　　　　D. 增加运输成本

三、判断题（对的打"√"，错的打"×"）

1. 智慧运输系统的投入使用会增加环境污染。（　　　）

2. 智慧运输可实现物流的自动化、可视化、可控化、智慧化、网络化，从而提高资源利用率和生产力水平，实现物流行业的降本增效。（　　　）

3. 智慧运输是指利用物联网、大数据、AI 等技术实现运输信息化和智慧化。（　　　）

4. 智慧运输系统可以实现对运输过程的实时监控和管理，提高运输效率，降低成本，提高客户满意度。（　　　）

5. 数据分析系统可以从大量的运输数据中发现规律和趋势，帮助物流企业优化运输路线、提高运输效率和降低成本。（　　　）

四、案例分析题

"人车货"跑得更精准

货品仓储、分拣更加智慧化的同时，货品运输环节也在整合资源、不断完善。

步入江苏镇江惠龙易通国际物流股份有限公司的信息数据中心，智慧物流的滚滚热浪扑面而来。墙上巨大的电子屏滚动显示着全国各地的即时交易信息，几十名工作人员目不转晴地盯着运输订单动态。"全国 12 万单运输交易在这里精准匹配、实时掌握。"公司董事长×××说。

车找货，货等车——这是过去物流运输业信息不对称、配载效率低造成的普遍现象。一次偶然机会，×××发现，很多从事货物运输的车辆经常空驶，造成能源和运力的巨大浪费。他突发奇想，能不能搭建起一个"网络货运"运输平台，将缺乏运单的车辆重新组织起来。

公司自主研发运营了"惠龙易通卫星定位监控平台"。"在我们的调度呼叫中心，可以实现所有运输业务的实时监控。"×××介绍，一辆车什么时间出发、起点在哪儿、终点在何处，这些都能在线上显示，向互联网借力借智，"人车货"可以跑得更精准。

物流运输过程中，如果有部分货物受损，客户该如何溯源？天翼智联科技有限责任公司给出了他们的应对方式：给每件货物都装上"黑匣子"。

这个"黑匣子"名为"天翼镖星"，是一个仅有名片 1/4 大小的芯片。每个芯片都采用了卫星定位、5G 等技术。运输期间，不论是收货方还是发货方，都可以通过手机小程序实时查看货物的行进轨迹，并知晓货物在何时何地被打开，实现精细化溯源管理。

请结合上述案例分析下列问题：

1. 搭建起一个"网络货运"运输平台有哪些好处？

2. 惠龙易通卫星定位监控平台是如何实现货物全过程追溯的？

任务二 智慧运输系统核心技术

 **任务描述**

智慧系统"高速路"跑出发展"加速度"

煤流运输作为煤矿生产和运营管理的核心环节,直接关系到矿井的生产效率和经济效益,是煤矿生产的"大动脉"。近年来,榆北涌鑫矿业有限公司安山煤矿依托科技创新,利用智慧装备、先进技术,不断提高煤矿主煤流运输系统的智慧化水平,努力打造"安全、高效、少人"的煤流运输系统。

一、智慧调控实现煤流平衡

皮带跑偏、低速运转、杂物磨损等是安山煤矿煤流运输面临的现实难题,借助智慧化建设解决煤流运输系统难题,是安山煤矿寻求的"一方良策"。据了解,安山煤矿智慧煤流运输系统搭载主运输智慧调速系统,具备煤流量监测、顺煤流启动和自动变频调速功能,能够根据煤流量大小自动控制带速,从而达到皮带"多煤快跑、少煤慢跑"的运行状态,实现煤流平衡、安全环保、节能降耗的目标。

2021年3月,安山煤矿自主研发完成主煤流运输系统的通信改造,利用手机应用软件对煤流运输系统进行远程操控、监控及设备参数修改、故障查询、简单故障处理,减轻检修人员的劳动强度,提高检修、故障处理效率。

二、智慧感知实现煤流安全

此前,煤流运输受制于传统原煤输送过程中点多、线长、面广的作业环境,以及由此造成的内部系统繁多、协调性差、传感器数据量大等问题,是煤矿智慧化建设的"短板"。

"皮带上出现的大块煤、大矸石和异物往往都是靠岗位工肉眼观察,再进行停机清理,严重影响了生产效率以及人员与设备安全。"该矿机运队生产班班长说。

针对这一生产难题,安山煤矿依托科技创新,借鉴智慧化建设经验,对主煤流运输系统进行可靠性分析及智慧化设计,引进视频 AI 识别与电子预警系统,由通用数字摄像仪、AI 智慧摄像仪、控制主机、智慧分析装置、远程控制设备等组成一个智慧化、多功能、全天候的动态视频智慧识别系统,对皮带机运输的物料进行扫描,分析视频信息,对大块煤、水煤、锚杆等杂物进行辨识,联动控制皮带开停,提高安全保障。该系统可识别皮带上的大块煤、水煤等并进行报警,必要时可自动紧急停车,实现对生产关联机电设备的自动保护停机、智慧调速控制等,以实现安全、节能的目标。

三、智慧监测实现安全作业

主煤流运输系统有了"智慧眼",能够智慧识别、科学分析皮带运输过程中装载的大

块煤、水煤、锚杆等杂物，以及皮带跑偏、人员违章等异常行为，及时报警并联动控制，大大降低了工作强度和难度，只需要坐在计算机前点击鼠标，就可以解决井下问题。

要求：请以小组为单位，认真阅读案例，通过分析智慧运输系统在煤流运输中发挥的作用，回答"任务实施"中的问题。

 **知识链接**

✤ 知识点 1：物联网技术

物联网技术是在互联网基础上，利用扫描器、定位系统、射频识别、传感器、数据通信技术等，对物流运作过程中的载体、流程、流体、流向、流速、流量等基础要素进行智慧处理、智慧感知、智慧管控和智慧传输，实现智慧物流全程可控、可视、可追溯。近年来，随着互联网的快速发展和传感器的大量应用，物联网的应用在我国呈现快速增长趋势，为智慧物流的发展奠定了硬件基础。典型应用场景有以下几种。

产品溯源：通过 RFID 实现商品生产、运输和交付各环节信息的追踪、查询、识别、采集和可视化管理等功能。

调度监控：使用 GPS、传感技术和 RFID 实现车辆定位、在线调度、安全运输、冷链控制、运输物品监控与配送管理。

路径优化：通过车辆上安装的信息采集设备，可以采集运输车辆情况、路况、天气等信息，上传给信息中心，分析后进行路径优化。

✤ 知识点 2：大数据技术

物流的在线化会产生大量数据，利用大数据技术对这些数据进行分析、处理与挖掘，发现对企业运营和管理有价值的信息，进而进行更科学、合理的管理决策，是物流相关企业的普遍诉求。当前，国内已有多家物流企业成立了独立的大数据分析团队或部门，专门进行大数据技术的研究、分析和应用布局，对物流各环节上的风险进行分析预测。典型应用场景有以下几种。

需求预测：利用先进算法对商家销售情况、用户消费特征等历史数据进行收集和分析，提前预测用户需求，前置仓储和运输环节。

设备维护预测：在物联网设备上安装集成芯片，实时监控各设备的运行状态，通过大数据分析预先对设备进行维护，增加其使用寿命。

供应链风险预测：通过对供应链上异常数据的收集与分析，对由于不可抗因素造成的货物损坏、贸易风险等情况进行预测和规避。

网络优化布局：利用历史数据的覆盖范围和时效性构建网络分析模型，对仓储、运输、配送环节的网络进行优化布局。如通过对消费者数据的分析，提前在离消费者最近的仓库备货；通过实时路线优化，指导运输车辆采用最佳线路进行同城配送和跨城运输等。

✤ 知识点 3：物流云技术

物流云技术分为云存储和云计算两部分，是物流大数据实施的基础和保障；物流云能高效整合、调度和管理资源，为智慧物流各参与方按需提供算法应用和信息系统服务。近年来，以菜鸟和京东为代表的物流服务商都纷纷推出自己的物流云服务。典型应用场景有以下几种。

软件运营服务（SAAS）：实现订单管理、仓库管理和运输管理等信息系统的 SAAS 化，为相关企业的信息管理系统提供更加多样化、快捷的服务迭代升级。

统筹资源：整合社会上闲散的配送人员、仓库和车辆等资源，通过对设备使用状态、人力资源和仓库租赁等要素进行需求分析、合理配置，实现资源利用效益的最大化。

算法组件化服务：将车辆调度、装箱、路线优化和耗材推荐等进行算法组件化，为物流企业提供组合式或单个算法的应用服务。

✤ 知识点 4：人工智能技术

人工智能技术在物流行业的影响主要聚集在智慧搜索、推理规划、智慧机器人等领域，能为物流各流通环节进行智慧赋能，实现物流资源的智慧化配置和物流作业的高效率完成。典型应用场景有以下几种。

智慧运营规则管理：通过机器深度学习，物流运营规则引擎具备自适应和自学习的能力，能够在感知物流业务条件后进行自主管理和决策。

智慧仓库选址：对现实环境中的劳动力可获得性、税收制度、顾客、供应商和生产商的地理位置、建筑成本、运输经济性等各类约束条件进行充分的自主学习优化，从决策上给出物流仓库的最优选址方案。

智慧决策辅助：利用机器学习技术去自动识别院场内外的物、人、车、设备的状态，学习实际作业中优秀管理人员和操作人员的指挥决策和调度经验，辅助实现货场智慧决策。

图像识别：利用卷积神经网和计算机图像识别技术提升手写运单的识别率和准确率，从而大幅降低人工输单的出错率和工作量。

智慧调度：通过对商品体积、数量、品类等数据进行分析和学习，对包装、仓储、运输、配送等环节进行智慧调度。如利用深度学习算法对百万 SKU（最小存货单元）商品的包装尺寸和体积数据进行测算，智慧推荐商品所需耗材和打包排序，进而合理安排商品摆放和包装箱型方案。

✤ 知识点 5：区块链技术

区块链是加密算法、分布式数据存储、共识机制、点对点传输等计算机技术相结合的新型应用模式，本质是应用分布式数据库去记载、传播和识别信息的智慧型对等网络，显著特征是去中心化、开放、自治且共识、信息不可篡改且可追溯、交易透明且匿名。近年来，随着区块链技术在全球迅速兴起，很多业内人士认为，区块链技术的应用将会对智慧物流的发展产生深远影响。典型应用场景有以下几种。

保证货物安全：通过区块链技术真实、可靠地记录货物流通全过程，确保信息可追溯，避免快递投递环节爆仓丢包、伪造签名、错领冒领等事件的发生。

促进物流实名制落实：区块链技术掌握货物流通方向，物流数据的不可篡改性防止了调包和窜货，这均有利于打假和物流实名制的落实。

改善物流业营商环境：区块链技术可以实现物流商品的价值化、资产化，继而使资金快速、有效地流入物流行业，进而解决中小物流企业融资难的问题，改善营商环境。

✦ 知识点6：智慧作业技术

智慧作业技术是基于物联网、大数据、物流云、人工智能和区块链等智慧底盘技术对传统物流"仓运配"环节的技术实践应用，体现在软、硬件两方面。仓储环节主要包含货物自动识别、自动化分拣设备与机器人、无人驾驶叉车、可穿戴设备、自动货架等；运输环节主要包括新能源车、车货匹配平台、无人驾驶技术等；配送环节主要包括智慧快递柜、送货机器人、无人机等。

典型应用场景有以下几种。

1. 智慧仓储

一个完整的智慧仓储系统涉及软件和硬件两方面。软件方面通过开发全自动仓储系统对仓储信息集成、共享、跟踪和挖掘，实现订单处理准确化、进出货无缝化、取货自动化等操作；硬件方面通过AGV（自动导引车）机器人、RFID标签、立体仓库以及专门从事码垛工作的码垛机器人完成货物上架、贴标签、拣选、打包等操作。当前自动分拣设备与机器人技术已相对成熟并广泛应用于仓内搬运、上架、分拣等操作中。

2. 智慧运输

车货匹配平台技术解析如图3-5所示，车货匹配平台利用互联网技术将线下分散的车源、货源在线上进行有效整合与对接，实现货运供需信息的实时共享和双向精准匹配，化解车货信息孤岛困境，改进运输组织方式，进而降低空驶率、节约运输成本、提高干线运输行业运营效率。目前市场上以"运满满""货拉拉""卡行天下"等为代表的一大批车货匹配平台正积极开拓市场，积累和沉淀用户数据，努力打造公路运输一体化生态体系。

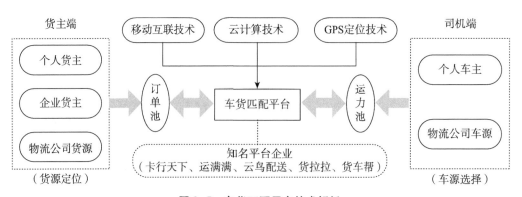

图3-5　车货匹配平台技术解析

3. 智慧配送

为适应本地生活服务需要，借助互联网平台整合末端人力资源、服务网络和智慧终端，搭建城市末端配送运力池，采用集中配送、智慧配送、共同配送等先进模式，实现资源分布式布局与共享式利用，解决"最后一公里"配送难题。以智慧快递柜为例，其结构分为后台管理系统和储物终端，利用物联网、智慧识别、无线通信等技术实现信息管理、智慧取件、智慧存件、信息发布和远程监控。目前智慧快递柜市场竞争激烈，在国内布局的主要有：以京东、苏宁为代表的电商系；以丰巢、邮政易邮柜为代表的快递系；以速递易、日日顺、云柜为代表的第三方。

任务实施

阅读案例《智慧系统"高速路"跑出发展"加速度"》，回答以下问题。

1. 智慧系统给煤流运输解决了哪些难题？

_____

_____

_____

2. 智慧煤流运输系统使哪些运输环节得到了改善？

_____

_____

_____

3. 各组派 1 名代表上台分享本组的分析结果。

任务评价

在完成上述任务后，教师组织三方评价，并对学生任务执行情况进行点评。学生完成考核评价表（见表3-2）的填写。

表 3-2　　　　　　　　考核评价表

班级		团队名称		学生姓名	
团队成员					
考评项目		分值	要求	学生自评（30%）	团队互评（30%）	教师评定（40%）
知识能力	对智慧煤流运输要点的分析	20分	分析正确			
	对智慧煤流运输技术要点的分析	20分	分析正确			
	对智慧运输系统核心技术的分析	30分	分析合理			
职业素养	文明礼仪	10分	举止端庄用语文明			
	团队协作	10分	相互协作互帮互助			
	工作态度	10分	严谨认真			
成绩评定		100分				
心得体会						

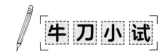

一、单项选择题

1. （　　）是在互联网的基础上，利用扫描器、定位系统等技术，对物流运作过程做到智慧处理、智慧感知、智慧管控和智慧传输，实现智慧物流全程可控、可视、可追溯。

A. AI 技术　　　　B. 末端技术　　　　C. 干线技术　　　　D. 物联网技术

2. 以下技术中，（　　）具有需求预测和供应链风险预测功能。

A. 大数据技术　　B. 物流云技术　　C. 区块链技术　　D. 物联网技术

二、多项选择题

1. 大数据技术典型应用场景包括（　　）。

A. 需求预测　　　B. 设备维护预测　　C. 供应链风险预测　D. 网络优化布局

2. 智慧作业技术典型应用场景包括（　　　）。

A. 智慧仓储　　　　B. 智慧运输　　　　C. 智慧配送

D. 智慧包装　　　　E. 智慧加工

3. 人工智能技术典型应用场景包括（　　　）。

A. 智慧运营规则管理　　　　　　　B. 智慧仓库选址

C. 智慧决策辅助　　　　　　　　　D. 图像识别

E. 智慧调度

三、判断题（对的打"√"，错的打"×"）

1. 通过车辆上安装的信息采集设备，可以采集运输车辆情况、路况、天气等信息，上传给信息中心，分析后进行路径优化。（　　　）

2. 物流的在线化会产生大量数据，利用大数据技术对这些数据进行分析、处理与挖掘，发现对企业运营和管理有价值的信息，进而进行更科学、合理的管理决策，是物流相关企业的普遍诉求。（　　　）

3. 物流云技术分为大数据计算和云计算两部分，是物流大数据实施的基础和保障；物流云能高效整合、调度和管理资源，为智慧物流各参与方按需提供算法应用和信息系统服务。（　　　）

4. 人工智能技术在物流行业的影响主要聚集在智能搜索、推理规划、智能机器人等领域，不能为物流各流通环节进行智慧赋能，实现物流资源的智能化配置和物流作业的高效率完成。（　　　）

5. 区块链是加密算法、分布式数据存储、共识机制、点对点传输等计算机技术相结合的新型应用模式。（　　　）

四、案例分析题

智慧铁水运输系统

在钢铁、矿山等流程制造业领域，生产场区内的物流运输任务往往由大型机车承担，运输特点是重载、低速，且很多时候运载的是高温或高粉尘的物品，其环境危险性和对人力的依赖对企业提出多项挑战。

随着钢铁技术装备和管理水平的不断提升，高炉和炼钢智慧化系统不断升级，传统的铁水运输模式逐渐成为制约钢铁生产效率再提升的瓶颈，为推动企业高质量发展，铁水运输智慧化升级势在必行。而传统铁水运输作业在生产环境、流程、安全等诸多方面均存在痛点。

（1）对人力依赖性强：传统的场区运输方式是司机驾驶机车往返于场内各相关单位之间，对人力的依赖性较强，整体运输效率受人为因素影响较大。

（2）场区作业环境恶劣：铁水运输过程具有高温、重载的特点，工作危险系数较高。

（3）智慧化升级困难：铁水运输作为高炉与炼钢厂之间的传输纽带，解决方案的复杂性和定制化要求高，需对生产过程有较深入的了解，体系工艺复杂，多专业协同，技术门槛高，对传统工业企业而言，智慧化升级困难。

下面，以宝钢湛江钢铁有限公司打造智慧铁水运输系统为例进行分析。

1. 智慧铁水运输系统主要涉及的技术

（1）无人驾驶技术：行业内首创重载机车高精度无人驾驶控制技术，针对不同气候条件、室内/室外场景自学习鲁棒控制；牵引负载达 80~1500t 时，控制精度可达 5~10cm。

（2）环境感知技术：基于多目标跟踪算法、多传感器融合算法，达到对障碍物的精准高效识别，可实现车载移动感知、道口固定感知、全天候条件感知、全类别障碍物精准识别，保障无人化作业安全。

（3）深度学习算法：基于智慧算法的铁水调度系统，实现铁水智慧分配、高炉智慧配罐、机车智慧配载、路径智慧选择等功能。

（4）数字仿真技术：构建与生产实际相对应的虚拟模型（机车、罐车、轨道、高炉等）；对调度数据进行预演，验证正确性；模拟生产数据以生成无人驾驶新规则。

2. 应用效果

通过部署智慧铁水运输系统，铁水调度工作实现智慧化，取消人员电话的沟通流程，实现高效调度，提高整体调度作业效率，降低人工操作带来的业务偏差及作业等待的不确定性。另外，智慧铁水运输系统具备机器智慧学习能力，在相对稳定的铁水运输周期内，提高了铁水运输调度计划的精确性，提升了铁水运输管理效率。

基于智慧铁水运输系统多方面的优化，赛迪奇智在为南方某钢铁公司设计铁水运输方案时，成功减少与高炉配套的机车 1 台，减少混铁车 3 台，直接减少经济投入约 3600 万元；提高了机车产能，罐车周转率从 3.4 提高至 4.3，预计减少铁水温降 5~10℃；降低了设备维护费用和机车油耗，实现了路径自动规划，整体衔接顺畅带来油耗减少 10%；可节约劳动力成本 70%。

请结合上述案例分析下列问题：

1. 智慧铁水运输系统克服了传统铁水运输作业哪些缺点？

2. 智慧铁水运输系统是如何实现智慧调度的？其中，应用了哪些核心技术？

任务三　智慧运输系统的优势与面临的挑战

 **任务描述**

我国智慧运输系统标准的研究与制定

智慧运输系统经过几十年的发展，逐步从技术研究开发走向应用。标准化作为推动技术向产业转化的主要手段之一，日益受到世界各国的重视。智慧运输系统标准的应用效果，是衡量产业发展程度的重要方面。无论是在国际还是在国内，智慧运输系统标准制定过程中的竞争日益白热化。

大部分传统交通运输标准是对现有应用技术的总结与提炼。而智慧运输系统既有传统交通运输的特点，又带有明显的信息技术的特征。智慧运输系统发展时间不长，很多技术没有经过实践的验证，因此，在制定标准时，仔细分析研究相应的技术路线及其在我国的适应性是非常重要的。

在制定标准之前，相关部门对不同领域的技术路线进行了近 30 项专项研究，主要包括：我国 ITS 标准化发展规划、我国采用国际通行标准及国外 ITS 标准的对策、电子收费、道路交通控制、公交管理、城市交通共用信息平台、交通运输业 GPS 和 GIS 技术应用、道路的综合管理与设施信息化、道路运输安全新技术、交通拥挤程度指标、交通信息服务发布、物流公共信息服务技术等。

专项研究详细分析了该领域的技术发展趋势，以及不同类型技术在我国的实用性等，为标准的制定打下了坚实的基础。在智慧运输系统标准体系的指导下，经过十余年的努力，有关智慧运输系统的国家及行业标准陆续发布，具体涉及的内容包括以下方面。

（1）数据字典及数据登记管理要求；

（2）地理信息编码及数据质量要求；

（3）数据安全服务及数字证书；

（4）用于电子收费的交通专用短程通信；

（5）电子收费设备及数据交换；

（6）车载导航通信、交通信息服务数据分类编码、数据存储与交换、通过无线蜂窝网和电台发布的交通信息服务；

（7）道路交通状况、路面损坏情况检测、图像管理系统平台互联、道路交通管理数据字典、交通信号控制机与上位机的数据通信协议；

（8）公共交通调度通信协议和设备要求、快速公交（Bus Rapid Transit, BRT）设备要求、客运综合枢纽智慧化、公共停车场；

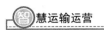
（9）物流电子单证，水路、道路运输基础数据元；

（10）汽车倒车、换道、前撞、车道偏离报警，车辆自适应巡航控制技术要求及检测方法。

要求：请以小组为单位，认真阅读案例，通过分析我国智慧运输系统标准的研究与制定过程，回答"任务实施"中的问题。

知识链接

✤ 知识点 1：智慧运输系统的优势

智慧运输系统是物流领域的一项创新技术，通过运用人工智能、物联网和大数据分析等先进技术，实现物流运输的自动化、智慧化和高效化。智慧运输系统的出现标志着物流行业进入了一个新的发展阶段。传统的人工操作容易出现疏忽和误差，而智慧运输系统则凭借其先进的技术手段，有效解决了这些问题。

首先，智慧运输系统利用人工智能技术实现自动驾驶功能，无须人工干预，大大提高了运输效率和安全性。其次，通过物联网技术，智慧运输系统可以与相关设备进行实时的信息交互，实现物流环节的高效协同与管理。最后，借助大数据分析，智慧运输系统可以对运输过程中的各种数据进行实时监测和分析，为物流企业提供精确的运营管理决策支持。

智慧运输系统在物流领域的应用前景广阔。首先，在同城配送领域，智慧运输系统可以利用无人驾驶技术和路况信息实时调度，提高配送效率和准确率。其次，在物流仓储方面，智慧运输系统可以与自动化仓储设备相结合，实现自动化的物料搬运和储存管理，大大提高仓储的效率和准确率。最后，智慧运输系统还可以应用于跨境物流领域，解决物流过程中的信息不对称和协同难题，推动跨境贸易的便利化和规模化发展。

✤ 知识点 2：智慧运输系统面临的挑战

智慧运输系统在应用中也面临一些挑战。首先，技术成熟度和可靠性是智慧运输系统发展的关键问题。当前，无人驾驶技术和物联网技术尚处于发展初期，需要经过更多的实践验证和改进优化。其次，智慧运输系统的推广和应用需要相关政策法规的支持和规范，以确保其安全性和合规性。最后，智慧运输系统还需要充分考虑人类因素，如与人员配合工作的协作模式和人机交互界面的设计等，以提升用户体验和接受度。具体挑战有如下几个方面。

1. 数据隐私和安全

智慧运输系统涉及大量的交通数据，包括车辆信息、车主信息等，如何保证这些数据的隐私性和安全性是一个亟待解决的问题。人工智能技术在数据采集、数据处理和数据存储等环节中需要加强安全机制，防止数据泄露和滥用。

2. 技术可靠性和安全性

智慧运输系统还面临着核心技术的研发和创新困难。现阶段，物流业在智慧化、自动化等领域还存在技术的瓶颈问题，需要加强核心技术的掌握和研发。

人工智能技术在智慧运输系统中的应用需要具备高度的可靠性和安全性。一旦智慧运输系统出现故障，可能导致交通事故等严重后果。因此，如何保证智慧运输系统的可靠性和安全性是一个重要的挑战。

3. 法律与道德问题

人工智能技术在智慧运输系统中的应用涉及许多法律与道德问题。例如，自动驾驶汽车是应该优先保护乘客还是行人，如何划定法规和责任等。相关法律法规的建立和完善需要与技术发展同步进行。

4. 技术标准和互操作性

智慧运输系统涉及多个不同的技术和设备，如感知设备、通信设备等。由于缺乏统一的技术标准和互操作性，不同厂商生产的智慧运输设备往往无法联合运行，限制了智慧运输系统的发展。

5. 完整的物流信息系统的建设

完整的物流信息系统是实现智慧运输至关重要的基础设施，但目前物流业内部信息系统缺乏统一、有效的标准，加强信息化的建设和推进物流信息系统的完备性是智慧运输发展的必经之路。

6. 监管与标准的推行

智慧运输跨越了很多行业和企业的利益边界，监管和标准的立法也需要在智慧运输发展中跟进。虽然已有许多行业和企业推动智慧运输的实现，但在监管和标准化制定方面，尚需加强规范，以确保行业健康发展。

综上所述，智慧运输系统作为物流领域的一项重要创新方向，具有广阔的应用前景和巨大的发展潜力。它以人工智能、物联网和大数据分析为基础，通过实现自动化、智慧化和高效化的物流运输，为物流行业的发展带来了新的机遇和挑战。在未来，随着技术的不断进步和应用的日益成熟，智慧运输系统将为物流行业的发展注入更多的活力和创新力。

任务实施

阅读案例《我国智慧运输系统标准的研究与制定》，回答以下问题。

1. 为什么要制定智慧运输系统标准?

_____

_____

_____

2. 物流标准化助力绿色物流发展，物流标准化给现代物流行业的发展带来了哪些益处?

_____

_____

3. 各组派 1 名代表上台分享本组的分析结果。

 任务评价

在完成上述任务后，教师组织三方评价，并对学生任务执行情况进行点评。学生完成考核评价表（见表3-3）的填写。

表 3-3 考核评价表

班级		团队名称		学生姓名	
团队成员					
考评项目		分值	要求	学生自评（30%）	团队互评（30%）	教师评定（40%）
知识能力	对智慧运输系统的优势进行描述	20分	描述正确			
	对智慧运输系统存在的挑战进行分析	20分	分析正确			
	对智慧运输系统的未来发展进行描述	30分	描述合理			
职业素养	文明礼仪	10分	举止端庄用语文明			
	团队协作	10分	相互协作互帮互助			
	工作态度	10分	严谨认真			
	成绩评定	100分				
心得体会						

牛刀小试

一、单项选择题

1. （　　）是物流领域的一项创新技术，通过运用人工智能、物联网和大数据分析等先进技术，实现物流运输的自动化、智慧化和高效化。

A. 智慧运输系统　　B. 无人车　　　　C. 智慧物流　　　　D. 无人机

2. 通过（　　），智慧运输系统可以与相关设备进行实时的信息交互，实现物流环节的高效协同与管理。

A. 大数据技术　　B. 云计算　　　　C. 物联网技术　　　D. 人工智能技术

3. 在物流仓储方面，智慧运输系统可以与（　　）相结合，实现自动化的物料搬运和储存管理，大大提高仓储的效率和准确率。

A. 立体仓库　　　B. 自动化仓储设备　C. 智能存储设备　D. 智能拣选设备

二、多项选择题

1. 智慧运输系统可以实现物流运输的（　　）。

A. 自动化　　　　B. 智慧化　　　　C. 高效化　　　　D. 网络化

2. 人工智能技术可以通过大数据分析，实时获取交通信息，如（　　）等，为驾驶员提供准确的路况信息，帮助其选择最优路径，缓解交通拥堵。

A. 交通流量　　　B. 道路拥堵情况　C. 车辆位置　　　D. 交通状况

3. 智慧运输系统面临的挑战包括（　　）。

A. 数据隐私和安全　　　　　　　　B. 技术可靠性和安全性

C. 法律与道德问题　　　　　　　　D. 技术标准和互操作性

E. 完整的物流信息系统的建设　　　F. 监管与标准的推行

三、判断题（对的打"√"，错的打"×"）

1. 智慧运输系统的出现标志着物流行业进入了一个新的发展阶段。（　　）

2. 智慧运输系统利用人工智能技术实现自动驾驶功能，无须人工干预，大大提高了运输效率和安全性。（　　）

3. 智慧运输系统还可以应用于跨境物流领域，解决物流过程中的信息对称和协同难题，推动跨境贸易的便利化和规模化发展。（　　）

4. 人工智能技术在智慧交通系统中的应用不需要具备高度的可靠性和安全性。（　　）

5. 智慧运输系统作为物流领域的一项重要创新方向，具有广阔的应用前景和巨大的发展潜力。（　　）

四、案例分析题

智慧物流让货运"畅快跑"

作为一家从事大型公共网络货运及供应链管理的综合性公司，近年来，弘嘉孚国际物流有限公司（以下简称弘嘉孚公司）抢抓智慧物流的发展机遇，借力"互联网+"打造行业新生态，改变了传统货运行业"小、乱、散、差"的现状，实现了货运全网互联互通。

2016年，弘嘉孚公司正式成立。初创时期，公司规模仅10人左右，以无车承运集装箱运输业务为主，发展不到半年，便被交通运输部确定为首批无车承运试点企业。

经过三年多的发展，弘嘉孚公司结合自身特点，加快数字化转型步伐，于2020年1月投资近2000万元，自主研发了全国性的供应链物流信息化运营平台——中车运智慧物流网络货运平台（以下简称中车运平台）。该平台一经上线，便吸引大量物流企业和个体司机注册运营。

网络货运的本质是效率变革、动力变革，是数字经济对传统产业的改造提升和全新赋能。相对于传统物流货运，弘嘉孚公司开发的中车运平台，不仅具备智慧匹配、轨迹跟踪、预警系统、智慧对账、数据分析等功能，还可跨地区集约整合车辆、货源、场站、仓储、船运等物流资源，实现了货物流、信息流、票据流、资金流、合同流"五流"合一。

"有数据"不等于"有智慧"。要实现数据驱动、平台运营、智慧物联、柔性配送，数字化仅仅是第一步。智慧物流，意味着对物流要素、资源与市场的重新组合、高效对接。

2021年是弘嘉孚公司转型升级的关键之年。这一年，正处于稳步发展期的弘嘉孚公司面临自成立以来最大的挑战：一方面是公司受外部环境冲击影响，营收大幅下滑，亏损严重；另一方面是在做大平台还是孵化平台外包的问题上，公司经管理念出现分歧。弘嘉孚公司负压前行，做出了两个关键选择：一是持续增加研发投入400万元，升级中车运平台到2.0版本的综合性智慧物流运营平台；二是用货源信息撬开了改造传统物流的第一道"关口"。迭代升级后的中车运平台，合作企业进一步增多，先后与600余家物流企业达成合作，进一步拓宽了货源池。

如何精准配对，着力解决"堵点""痛点"？

"现在去固定目的地找货，在手机上分分钟就能办好。"跑了近8年东北三省货运的货车司机赵师傅感慨地说。

找不到合适的运营车辆、运输没保障等问题是传统物流行业中的"堵点"，大大制约了货运物流行业的健康发展。为了解决这些问题，弘嘉孚公司一方面利用平台对车货进行分析配对，另一方面通过大数据将货主需求和司机运力匹配，为司机找到最优质的货源，为货主匹配最合适的车辆。

同时，运输空返率高也是货车司机绕不开的"痛点"。为了解决沿途"沉睡"的货运需求，弘嘉孚公司从两个方向发力：一是扩大司机的找货视野，以货车司机所在位置及固定目的地为圆心，向外扩大找货半径，为司机提供更多的货源选择；二是在司机去固定目的地的途中，为其重新规划中转路线，匹配更多货源。通过精准配对，平均消除运费中10%～15%的中间商费用，司机月行驶里程从8000千米上升到12000千米，月承运次数从12次上升到20次。

"目前在外运输货车5869辆，暂时熄火货车580辆……"在弘嘉孚公司中车运平台大厅，实时更新的货车运行数据让管理人员能够随时了解车辆信息，及时指挥调度。"通过平台可以看到每天都有成千上万辆货车在运营。每辆车的行车轨迹一目了然，可随时对车、货进行精准配对。"工作人员说道。

请结合上述案例分析下列问题：

1. 弘嘉孚公司是如何精准配对，解决"堵点""痛点"的？

2. 弘嘉孚公司如何利用大数据加快货运物流，以达到降本增效的目的？

04

项目四
智慧运输方式选择

PROJ

◎**知识目标**

●掌握五种基本运输方式的概念和特点。

●掌握各种运输方式的优缺点。

●了解不同运输方式的载运工具。

●理解运输方式选择的影响因素。

●掌握选择运输服务商的方法。

◎**能力目标**

●能够了解我国在载运工具上的智慧发展方向。

●能够根据运输需求合理选择运输方式。

●能够根据客户需求制定运输方案。

●能够妥善解决运输中存在的问题。

●能够根据运输情况选择合适的运输服务商。

◎**思政目标**

●培养行业企业观念，增强对专业的认同感。

●培养严谨、细致、精益求精的学习态度与作风。

●培养民族自信，树立运输人的责任感和自豪感。

●培养团队合作精神和自主学习能力。

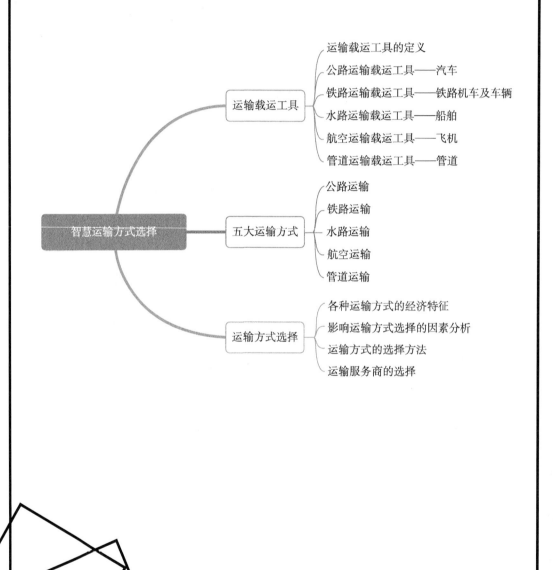

智慧运输方式选择

运输载运工具
- 运输载运工具的定义
- 公路运输载运工具——汽车
- 铁路运输载运工具——铁路机车及车辆
- 水路运输载运工具——船舶
- 航空运输载运工具——飞机
- 管道运输载运工具——管道

五大运输方式
- 公路运输
- 铁路运输
- 水路运输
- 航空运输
- 管道运输

运输方式选择
- 各种运输方式的经济特征
- 影响运输方式选择的因素分析
- 运输方式的选择方法
- 运输服务商的选择

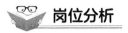 **岗位分析**

岗位：智慧运输队队长

● **岗位职责**：负责组织与领导运输任务；根据运输需求合理安排车辆，制订运输计划，并对运输执行的情况进行监控、反馈；负责运输车队的内部管理工作，包括行车路线规划，行车监控（GPS）及千米数核定，路桥费审核，车辆出勤情况统计等；组织车辆救援与事故处理，确保运输任务的完成并尽量节约成本；对驾驶员进行管理；和其他部门进行沟通。

● **典型工作任务**：安排车辆；制订运输计划；规划运输路线；行车监控、事故处理。

● **职业素质**：责任意识、服务意识、效率意识、成本管理意识、法律意识。

● **职业能力**：能够根据车队运输任务安排车辆、管理车队司机、处理事故等。

● **可持续发展能力**：能和多部门进行有效沟通；能通过合理调度车队资源提升车队运输能力、提高运输效率；能进行业务扩展；具有全局协调能力。

 项目导读

我国高度重视交通运输工作，新中国成立以来，几代人逢山开路、遇水架桥，建成了交通大国，正在加快建设交通强国，交通成为中国现代化的开路先锋。党的二十大报告强调："高质量发展是全面建设社会主义现代化国家的首要任务。"交通运输业是国民经济的基础，是社会在生产得以顺利进行的必要条件，因此运输业的高质量发展是我们未来的重要发展方向。近年来，伴随着科学技术日新月异的发展，公路运输、铁路运输、航空运输等各种运输方式都发生了许多新变化，在基础设施建设上，我国公路、铁路建设的总里程居世界第一位，在智慧运输技术的应用上更是处于领先水平。在运载工具的制造上，我国自主研发了 C919 大飞机、"复兴号"高铁、LNG 运输船等，在运载工具制造上处于领先水平。

虽然我们在智慧运输的很多方面都取得了长足的进步，但是不可否认的是在运输方式的选择和运输的组织方面还有很大的进步空间，在今后的工作中要积极在运输技术和运输组织方法上创新，进一步推动智慧运输的发展。

任务一 运输载运工具

**任务描述**

信息技术让地铁运行更智能

地铁，是城市轨道交通线路制式的一种，指在城市中修建的，快速、大运量、用电力牵引的轨道交通。如今地铁已经成为城市出行的重要交通工具，经常乘坐地铁的你对地铁了解多少呢？

交通运输部 2023 年的统计数据显示，北京拥有 27 条地铁线路，总里程达到 836 千米，居全国第一位。那么北京地铁是如何运行的呢？

随着自动驾驶系统的不断迭代升级，2017 年，北京地铁在信息技术的帮助下进入了自动驾驶的新时代。依托先进的列车控制系统，全自动运行地铁可有效降低人为干预处理特殊事件可能造成的失误，保障了运营安全。

北京地铁的智慧化程度之高，令人惊叹，列车可以准时从休眠中自动唤醒，完成自检后自动出库，按照时刻表正线运营，完成站间行驶、到站精准停车、自动开闭车门、自动发车离站等一系列运营工作，最终自动回库、自动洗车、自动休眠，全过程均无须人工操作。系统还具备强大的数据处理和学习能力，能够不断优化列车运行策略，减少列车开关门反应时间，提高运行速度。

要求：请以小组为单位，认真阅读案例后分析，相对于传统地铁，全自动驾驶的地铁的优势有哪些？如何将在地铁运行中取得的智慧运输成果应用到其他载运工具？

**知识链接**

❖ 知识点 1：运输载运工具的定义

运输载运工具是指汽车、船舶、飞机、运载火箭、铁路车辆等，即交通运输的运输工具部分。在现代物流系统中所使用的载运工具主要包括汽车、铁路机车及车辆、船舶、飞机、管道等。

❖ 知识点 2：公路运输载运工具——汽车

汽车是公路运输的基本载运工具，它由车身、动力装置和底盘三部分组成，是一种非轨道承载的机动车辆，主要用于载运人员或者货物，牵引载运人员或者货物等。

在货物运输中所使用的汽车主要是货车。货车是一种主要为载运货物而设计和装备的商用车辆。现如今得益于智慧运输技术的应用，新型货车在设计时聚焦智能驾驶、智慧座舱和智慧大脑三大核心，在动力、节油、安全等基本品质和人机交互体验方面均有很大提升。

❖ 知识点 3：铁路运输载运工具——铁路机车及车辆

1. 铁路机车

铁路机车是铁路运输的基本载运工具，客货列车的牵引和车站上的调车工作都要由机车来完成。按照原动力来分，铁路机车可分为内燃机车和电力机车两种。

2. 车辆

车辆是运送旅客和货物的工具。当今社会铁路运输需求量大，因此在铁路上必须保持数量充足、质量良好的车辆，才能满足不断增长的客货运输的需求。

在我国运行的铁路车辆根据不同的标准可以划分为以下几种。

（1）按照运输任务，分为客车和货车两大类。

（2）按照装运货物需求，分为敞车、漏斗车、自翻车、棚车、家畜车、平车、长大货车、集装箱平车、罐车、保温车、冷藏车等。

（3）按照货车的制作材料，分为钢骨车和全钢车两类。

（4）按照车的轴数，分为二轴车、四轴车、六轴车和多轴车等。

铁路机车及运载客货的车辆合成了铁路运输的列车。在碳中和的背景下，我国运输面临产业结构调整，铁路运输在电气化改革方面占有优势，对环境的污染小，因此近年来我国大力发展铁路运输。

随着科技的不断发展，智慧列车成为新的发展趋势，智能化技术的应用使得列车可以实时获取和处理大量的数据，并根据这些数据进行精准的调度和管理。例如，利用人工智能技术，列车可以通过学习和分析大数据，提前预知车辆故障和维修需求，从而减少故障发生的可能性，降低维修成本，并提高列车的运行效率和安全性，同时智慧列车在车辆信号方面也有了很大的提升。智慧信号系统可以实现列车与信号的无线通信，通过实时监测列车位置、速度和行驶状态，有效减少事故的发生，并提高铁路运输的精确度和可靠性。此外，智慧列车还可以根据实时交通情况进行智能调度，优化列车运行方案，减少拥挤和延误。

❖ 知识点 4：水路运输载运工具——船舶

船舶是水路运输的载运工具。船舶的种类很多，根据用途可以分为民用船舶和军用船舶两类。民用船舶又可分为货船、港务船、工程船、农用船、渔业船、科学考察船等。在运输研究中，我们主要研究货船，货船的种类主要有以下几种。

1. 散货船

散货船主要承担粉末状、颗粒状或块状等裸装大宗货物的运输任务。常见的散货船主要有煤炭船、谷物船、矿砂船、散装水泥船和化肥船等。

在国际货物运输中，散货船的数量仅次于油船，在世界商船队中所占的比例约为1/3。

其中大宗散货船是最常见的散货船，它通常分为如下几个级别。

灵便型散货船：指载重量在2万~5万吨的散货船，其中超过4万吨的船舶又被称为大灵便型散货船。众所周知，干散货是海运的大宗货物，这些吨位相对较小的船舶对航道、运河及港口具有较强的适应性，载重吨位适中，且多配有起卸货设备，营运方便灵活，因而被称为灵便型散货船。

巴拿马型散货船：指在满载情况下可以通过巴拿马运河的最大型散货船，即主要满足船舶总长不超过274.32米，型宽不超过32.30米的运河通航规定的散货船。该型船载重量一般为6万~7.5万吨。

好望角型散货船：指载重量在15万吨左右的散货船，该船型以运输铁矿石为主，由于尺度限制不可能通过巴拿马运河和苏伊士运河，需绕行好望角和合恩角。近年来，由于苏伊士运河当局已放宽通过运河船舶的吃水限制，该型船多可满载通过该运河。

2. 油船

油船也称油轮，从广义上讲是指散装运输各种油类的船舶，除了运输原油外，还可以装运成品油、各种动植物油等。通常所称的油船，是指运输原油的船舶。装运成品油的船舶称为成品油船。

油船根据不同标准可以分为以下几类。

按有无自航能力可分为自航油船、非自航油船、浮式生产储油卸油船。

按油船用途可分为专用油船、多用途油船。

按所装油品可分为原油油船、成品油油船、原油/成品油兼运船、油/化学品兼运船、非石油的油类运输船。

按载重量可分为小型油船（载重0.6万吨以下，以运载轻质油为主），中型油船（载重0.6~3.5万吨，以运载成品油为主），大型油船（载重3.5~16万吨，以运载原油为主，偶尔载运重油），巨型、超级油船［载重16万吨及以上（巨型油船）、30万载重吨及以上（超级油船），专门载运原油］。

3. 液化气船

专门运输散装液化石油气和天然气的船舶为液化气船，也称特种油船。根据运输时液化气的温度和压力，液化气船可以分为三种：压力式液化气船、低温压力式液化气船、低温式液化气船。

在"双碳"背景下，天然气这种清洁能源在全世界范围内呈现强劲的市场需求。专门装载液化天然气的船舶叫作液化天然气船，简称LNG船或LNG运输船。根据中石油经济技术研究院发布的数据，2024年我国液化天然气进口量预计将同比增长8.1%，达到7711万吨（1064亿立方米）。在液化天然气船舶的制造上，我国也处于世界领先水平。2024年5月，中国船舶集团旗下大连船舶重工集团有限公司研发建造的17.5万立方米LNG运输船首制船顺利出坞，这艘LNG运输船的总长达到了295米，型宽46.4米，其货舱总舱容为 17.5 万立方米。

4. 杂货船

可装载包装、桶装、箱装或成捆的各种杂货的运输船舶，统称为杂货船。杂货船的吨位一般较小，而且目前设计的杂货船大多向多用途型发展，既能装载杂货，又能按需要装载散货、集装箱或大件货物等。

相对其他船舶，杂货船具有以下优势。

（1）吨位小、机动灵活

一般来说，远洋的杂货船总载重量为 10000～14000 吨，有的杂货船可达 20000 吨以上；近洋的杂货船总载重量为 5000 吨左右；沿海的杂货船总载重量为 3000 吨以下。在过去的几十年间大于 10000 吨的杂货船数量无论在班轮还是租船市场上都发生了大幅度的下降，而小于 10000 吨的杂货船数量却保持相对平稳。现全球杂货船队中有 80% 以上的杂货船是小于 10000 吨的，这些小于 10000 吨的杂货船吃水一般在 8.5 米以下，对航道的要求低，且操纵性好，可以轻松地通过狭窄水道、桥梁、船闸。又因其所需的转弯半径小，故对港口的水域面积要求低，因此可以方便地进出各中小港口。

（2）可自带起货设备

因为杂货船要装载各种各样的货物，运往条件不同的港口，自给自足是杂货船的特点，它们都自备吊杆，有的还有重型吊装设备。杂货船自带起货设备对码头的要求就大大降低了，哪怕是光杆码头，甚至是普通的由岩石组成的海岸，只要前沿的水深足够、海况允许，杂货船就可以靠上去装卸，所以杂货船的活动范围可延伸到各个小型码头。因为小型码头的造价低，那么船舶所支付的港口费就低，进而拉低了货物的运费。

（3）舱口舱内空间大

新造的杂货船，倾向于大舱、较宽的装卸口，以便于装载大型货物。不同吨位的杂货船其舱口尺寸也不同，如一艘 5000 吨的杂货船其舱口尺寸在 10.5 米左右，而万吨杂货船的舱口尺寸超过了 14 米。同时，杂货船的底舱都被设计成大舱，底舱的甲板强度大，固定货物的配件多，这就为装运重大件货提供了方便。再者，装运重大件货的杂货船很多都配备了重型吊装设备，杂货码头也大多配备了重型门机或重型浮吊，这些设备的起重量一般在百吨以上，足以保证重大件货的正常装卸。

（4）建造营运成本低

杂货船的建造成本低于集装箱船。杂货船被设计成几个船舱，而大多数集装箱船却是单一船舱，这样一来集装箱船由于没有横舱壁，其船体的横向强度要低于同吨位的杂货船，所以杂货船可以选用在硬度、屈服极限等参数上比集装箱船要求低的船体材料。此外，杂货船航行速度慢，因此可以选用低功率、价格便宜的主机。在船舶导航、通信设备和船员配备等方面，国家标准和国际公约对杂货船的要求也比集装箱船要低。

5. 集装箱船

集装箱船是以载运集装箱为主的运输船舶。其载运能力一般以装载的标准箱（TUE）计。集装箱船可分为三种类型：全集装箱船，也称全格栅式集装箱船，是一种专门装运集装箱的船，不装运其他形式的货物；半集装箱船，以船的中部区域作为集装箱的专用货舱，而船的两端货舱装载其他杂货；可变换的集装箱船，这是一种多用途船，这种船的货舱根据需要可随时改变设施，既可装运集装箱，又可装运其他杂货，以提高船舶的利用率。

6. 滚装船

滚装船是指货物装卸不是从甲板上的货舱口垂直地吊进吊出，而是通过船舶首、尾或两舷的开口以及连接到码头上的跳板，用拖车把集装箱或货物连同带轮子的底盘，从船舱运至码头的一种船舶。

滚装船的主要优点：不需要起货设备，货物在港口不需要转载就可以直接托运至收货地点，缩短了货物周转的时间，减少了货损。

7. 载驳货船

载驳货船又称子母船，是一种把驳船作为"浮动集装箱"，利用母船升降机和滚动设备将驳船载入母船，或利用母船上的起重设备把驳船由水面上吊起，然后放入母船体内的一种船舶。

2023 世界航海科学技术大会发布世界智能航运十大案例，包括：国际海事组织（IMO）通过制定 MASS CODE 的路线图、挪威"Yara Birkeland"号自主航行集装箱海船、中国港口大力推进全自动化和智能化转型、国际标准化组织（ISO）推进智能航运标准建设、俄罗斯自主和遥控航行试验项目 ARNTP 项目、日本"MEGURI 2040"项目、中国发布《智能航运发展指导意见》、荷兰制定智能航运发展路线图、中国船舶智能航行与控制关键技术研发项目、韩国"Prism Courage"号超大型 LNG 自主航行船。《智能航运发展指导意见》的战略目标及十大任务如图 4-1 所示。

✤ 知识点 5：航空运输载运工具——飞机

飞机，是指具有机翼和一台或多台发动机，靠自身动力能在大气中飞行的重于空气的航空器。飞机按用途可以分为军用机和民用机两大类。军用机是指用于各个军事领域的飞机，而民用机则是泛指一切非军事用途的飞机（如旅客机、货机、农业机、运动机、救护机以及试验研究机等）。按不同的标准，飞机可分为如下几类。

按飞机的用途划分：有国家航空飞机和民用航空飞机之分。国家航空飞机是指军队、警察和海关等使用的飞机。民用航空飞机主要是指民用飞机和直升机。按飞机用途划分，民用飞机可分为三种：一是全客机，主舱载人，下舱载货；二是全货机，主舱及下舱全部载货；三是客货混用机，在主舱前部设有旅客座椅，后部可装载货物，下舱内也可以装载货物。

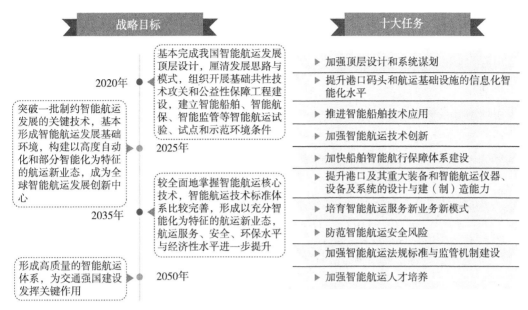

图 4-1　《智能航运发展指导意见》的战略目标及十大任务

按飞机的构造划分：按机翼的数量可以将飞机分为单翼机、双翼机和多翼机；单翼机还可细分为上单翼机、中单翼机和下单翼机。按机翼平面形状，飞机可分为平直翼飞机、梯形翼飞机、后掠翼飞机、三角翼飞机、变后掠翼飞机、前掠翼飞机、飞翼式飞机。

按飞机的发动机划分：有螺旋桨飞机和喷气式飞机之分。

按飞机的航程远近划分：有远程、中程、近程飞机之别。远程飞机的航程为 11000 千米左右，可以完成中途不着陆的洲际跨洋飞行；中程飞机的航程为 3000 千米左右；近程飞机的航程一般小于 1000 千米。近程飞机一般用于支线，因此又称支线飞机。中程、远程飞机一般用于国内干线和国际航线，又称干线飞机。

2021 年 12 月，国家发展和改革委员会、交通运输部、中国民用航空局联合发布《"十四五"民用航空发展规划》，提出要提升我国民航智慧化水平。2022 年 1 月，中国民用航空局发布《智慧民航建设路线图》，其中明确智慧民航就是民航运行管理全流程的数字化和智能化。智慧民航核心建设内容包括：智慧出行、智慧空管、智慧机场和智慧监管。在这些政策的引导下，2022~2023 年我国许多机场启动了智慧化建设项目，投入资金超过 10 亿元人民币。在建设过程中，国内机场广泛采用人工智能、物联网、大数据等先进技术。物联网技术的应用，使机场可以实时监测和调控机场设施的运行状态，保障机场设施高效运营；大数据技术的应用使包括机场在内的民航企业可以更好地了解旅客需求，提供更个性化的服务；全新的智能技术还推动了民航服务中航班调度、行李追踪、安检、值机等各个环节的智能化发展。

❖ 知识点 6：管道运输载运工具——管道

管道运输是一种理想的运输方式，把运输途径和运输工具集中在管道中。管道运输的原理是通过压力差，使管内的流体从高压处向低压处流动。输送过程中，由于摩擦损失及高程差，流体的压力逐渐下降。为了给流体加压，长距离管道中需要设置中间泵站（液体管道）或压缩机站（气体管道）。

按铺设方式，管道可以分为埋地管道、架空管道与水下管道。陆地上大多数输送管道都采用埋地方式铺设。

按输送介质，管道可以分为原油管道、成品油管道、天然气管道、液气混输管道、固体物料浆体管道等，其中石油、天然气管道占绝大多数。

任务实施

阅读案例《信息技术让地铁运行更智能》，回答以下问题。

1. 有哪些信息技术应用到了地铁中？

_____

_____

_____

2. 物联网技术是如何应用的？

_____

_____

_____

3. 你是如何理解信息技术在运输工具上的应用的？

_____

_____

_____

4. 各组派 1 名代表上台分享本组的分析结果。

任务评价

在完成上述任务后，教师组织三方评价，并对学生任务执行情况进行点评。学生完成考核评价表（见表 4-1）的填写。

表 4-1　　　　　　　　　　　　考核评价表

班级		团队名称		学生姓名	
团队成员					

考评项目		分值	要求	学生自评（30%）	团队互评（30%）	教师评定（40%）
知识能力	列举不同运输方式的载运工具种类	20 分	列举正确			
	分析载运工具的特点	20 分	分析正确			
	简述载运工具的智慧运输技术	30 分	简述正确			
职业素养	文明礼仪	10 分	举止端庄用语文明			
	团队协作	10 分	相互协作互帮互助			
	工作态度	10 分	严谨认真			
成绩评定		100 分				
心得体会						

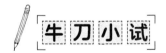

牛 刀 小 试

一、单项选择题

1. 公路运输的载运工具是（　　　）。

A. 飞机　　　　　　　B. 火车　　　　　　　C. 汽车　　　　　　　D. 管道

2. 按照原动力来分，铁路机车可以分为（　　　）。

A. 内燃机车和电力机车　　　　　　　B. 蒸汽机车和内燃机车

C. 核能机车和电力机车　　　　　　　D. 内燃机车和清洁能源机车

3. 装载液化天然气的船被称为（　　　）。

A. GS1 船　　　　　　B. LNG 船　　　　　　C. EOS 船　　　　　　D. G1S 船

二、多项选择题

1. 汽车由（　　　）组成。

A. 车身　　　　　　B. 动力装置　　　　C. 底盘　　　　　D. 车厢

2. 船舶主要包括（　　　）。

A. 散货船　　　　　B. 油船　　　　　　C. 液化气船　　　D. 集装箱船

3. 按铺设方式管道可分为（　　　）。

A. 埋地管道　　　　B. 空中管道　　　　C. 架空管道　　　D. 水下管道

三、判断题（对的打"√"，错的打"×"）

1. 管道运输是一种理想的运输方式，把运输途径和运输工具都集中在管道中。（　　　）

2. 我国的船舶技术十分落后。（　　　）

3. 运用了物联网等信息技术的智慧运输，提高了运载工具的安全性。（　　　）

四、案例分析题

智慧航运 足不出户便知船舶事

日前，在深圳船务监管大厅内，十余个终端监管大屏正实时刷新画面，工作人员有条不紊地发出航行指令，看似风平浪静，信息数据的传输与处理却格外"汹涌"。

船舶管理涉及的数据较多，如船舶轨迹、船舱实时画面、船舶油耗参数、发动机参数等，如何做到对数以万计的航船进行精准管理？如何在航行过程中保障船员和乘客的安全？中国电子科技集团公司第十研究所研发的"船舶跟踪与服务系统"发挥了关键作用。

"不仅能收集船舶行进的实时数据，当遭遇突发的恶劣天气或航线上突发险情时，监管人员可通过终端将险情信息即时通知到船舶，并提供事故应急处理等辅助决策信息，大大降低了事故发生率，有力保障了航运安全。"船舶跟踪与服务系统软件工程师介绍系统的数据分析能力时说道。

船舶跟踪与服务系统是集监控、管理为一体的信息化服务系统，通过采集船舶的航行数据、设备数据、视频数据，并通过卫星/3G/4G网络传递到岸端数据中心服务器，在服务器上存储、分析和挖掘，形成一个船舶服务平台，实现船舶位置实时跟踪、即时短信、实时沟通，同时可进行高效的信息发布、气象服务、电子预警、船艇远程故障诊断、数据回放、指挥调度、海上救援等。

"船舶跟踪与服务系统打通了数据'任督二脉'，让信息获取更便利，复杂的航班统计变得简单，纷繁的航线变得有序，船舶行驶更加安全。船舶跟踪与服务系统为船舶管理人员提供手机端查看功能，管理人员在手机上就可进行查看和管理，真正实现了'足不出户，便知船舶事'。"工程师介绍，船舶跟踪与服务系统以云平台为核心，一面连接监控中心，一面连接船载设备，同时包含云服务器后台数据处理软件、云数据库和前端展示软件三大类系统软件，系统可兼容 AIS（船舶自动识别系统）、铱星、海事、北斗、天通、欧星设备等第三方终端设备，也可接入各类传感器数据。

除上述功能外，系统的另一大亮点则是船载卫星宽带设备通过宽带卫星通道，为船舶提供互联网服务，游客出海也可以及时处理商务信息，满足了船上人员的网上互联需求。

目前，船舶跟踪与服务系统已应用于贵州省乌江数字航道管理、甘肃省刘家峡库区航运安全管理等实际场景。未来，依托"智慧海洋"业务，该系统将进一步融合物联网、人工智能、大数据等信息技术，结合生产生活的各类应用场景和用户需求，打造更广泛、高效、易用、可信赖的"智慧海洋"产品及解决方案。

请结合上述案例分析下列问题：

1. 哪些技术运用到了船舶中？

2. 如何实现船舶的智慧运输？

五、技能训练题

目前，我国在各种运输方式中都应用了大量的信息技术以助力智慧运输的达成，针对我国现状分析任一种运输方式的智慧运输实现方式及其发展方向。

任务二　五大运输方式

任务描述

跨越山河新途径——中欧班列

中欧班列（China Railway Express，CR Express）是指按照固定车次、线路、班期和全程运行时刻开行，往来于中国与欧洲以及"一带一路"沿线各国的集装箱国际铁路联运班列。

中欧班列有西、中、东3条通道：西部通道由中国中西部经阿拉山口（霍尔果斯）出境，中部通道由中国华北地区经二连浩特出境，东部通道由中国东南部沿海地区经满洲里（绥芬河）出境。2011年3月，首趟中欧班列从重庆发出，开往德国杜伊斯堡，开启了中欧班列创新发展的序章。中欧班列的开通加强了与欧洲国家的商业贸易联系，成为国际物流陆路的运输骨干。

相关统计显示，2023年，中欧班列全年开行超过1.7万列、发送190万标箱，同比分别增长6%、18%；西部陆海新通道班列全年发送86万标箱，同比增长14%。中欧班列2023年月度开行列数如图4-2所示。

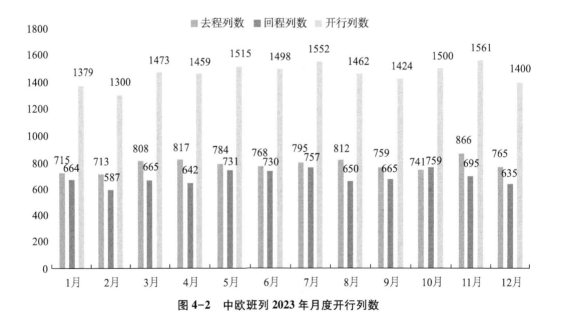

图 4-2　中欧班列 2023 年月度开行列数

自2011年中欧班列开通以来，中国同欧洲的贸易量和贸易效率提升，运输方式的选择更加多元。但是数据显示，目前铁路运输只占中欧之间贸易总量的5%左右，其他运输方式占到了 95%。

要求：请以小组为单位，认真阅读案例，自主查找相关知识并回答问题，中欧之间运输采用的方式有哪些？分别分析各类货物选择哪种运输方式更加合适。

 **知识链接**

根据不同的研究目的，按照不同的标准可以将运输分成不同的种类。通常按照运输过程中使用的设施不同，分为公路运输、铁路运输、水路运输、航空运输和管道运输五种运输方式。

✥ 知识点 1：公路运输

1. 公路运输的概念

公路运输是利用汽车为运载工具，沿公路运送旅客和货物的运输方式。公路运输是运输系统的重要组成部分。

2. 公路运输的特点

相对其他运输方式来说，公路运输具有其独特的特点。

（1）机动灵活。公路运输最显著的特点就是其灵活性，首先，它们能够在各种类型的公路上进行运输，不像铁路运输那样受到铁轨和站点的限制。其次，相对其他运输方式，公路的覆盖面较广，截至 2023 年年底，我国公路总里程达到 544.1 万千米，高速公路里程为 18.4 万千米。公路网络规模已位居世界前列，高速公路里程居世界第一。

（2）运送速度较快。在中、短途运输中，由于公路运输可以实现"门到门"直达运输，中途不需要倒运、转乘就可以直接将客货运达目的地，因此，与其他运输方式相比，其客货在途时间较短，运送速度较快。

（3）技术易掌握。与火车司机或飞机驾驶员的培训要求相比，汽车驾驶技术比较容易掌握，对驾驶员的各方面素质要求相对也比较低。

（4）运量小，单位成本高。由于汽车载重量小，行驶阻力比铁路大，所消耗的燃料又是价格较高的液体汽油或柴油，因此，除了航空运输，就是公路运输成本最高了。

3. 智慧公路运输

公路运输是我国运输体系的重要组成部分，根据交通运输部数据，2023 年全国营业性货运量达 547.5 亿吨，其中公路运输的货运量达到了 403.4 亿吨，占总货运量的比例约为 74%。因此在智慧运输的道路上，智慧公路运输占据了非常重要的地位。目前智慧公路运输的发展方向有以下几方面。

（1）发展智慧公路。公路货运物流的飞速发展，离不开智慧公路的支撑。智慧公路对公路货运的运行效率提升、运输压力缓解、安全保障、智能引导等起到了关键性的作用。

①提高车辆运行效率。智慧公路通过智能感知、车路信息交互及交通大数据分析技

术，使公路与车辆、司机之间的交互和协同更加紧密。根据路网流量和交通状态，可以生成全局最优的出行路径；路端获取局部交通状态后生成瓶颈处的限速、限流控制策略，司机可同步获取路况预测、拥堵提示、匝道口关闭等信息预报，随时调整路线，避免拥堵。无感收费是智慧公路的一种实际应用场景，车辆进入收费虚拟标志区域，通过路端定位及云端身份认证，完成车辆身份识别，行驶路径实时发送至云平台，全程自动缴费，提高车辆通行效率。

②提高公路运输安全性。智能路侧系统能够对公路运行过程中的道路交通信息进行采集，如车流情况、平均车速、道路异常情况、路面状况等；车载传感器可对车辆情况以及周围环境进行感知，并与智能路侧系统进行交互，从而为车辆行驶提供全面、安全的服务。

③智能路况管理。智慧公路可对运行数据进行分析和预测，有助于更好地处理车辆和道路承载力之间的矛盾；通过精确获取路面交通流和特殊车辆或紧急场景的通行需求，将专用车道的管理转变为柔性的动态调整，如潮汐车道、可移动式护栏等，实现对车流的智能引导。

（2）引入信息技术降低公路运输成本。智慧公路可引入 GPS、GIS 技术，对公路运输路线进行规划，减少迂回运输和过远运输现象，提高公路运输的效率，降低公路运输成本。

✤ **知识点2：铁路运输**

1. 铁路运输的概念

铁路运输是指利用铁路列车运送旅客和货物的一种运输方式。铁路运输适宜承担远距离的大宗客、货运输，如煤炭、水泥和农林产品等。我国幅员辽阔、人口众多、资源丰富，铁路运输是我国运输体系的重要一环。虽然目前运量占比较小，但是在碳中和的背景下铁路运输占据了更大的优势，因此在可预见的未来，铁路运输必将占据更大的比例。

2. 铁路运输的特点

铁路运输的特点如下：

①运输能力强。

②运行速度快。

③运输成本低。

④运输经常性好。

⑤能耗低。

⑥通用性好。

⑦机动性差。

⑧投资大，建设周期长。

⑨占地面积小。

⑩受自然环境影响小。

⑪连续性好。

3. 智慧铁路运输

（1）智能铁路的概念

智能铁路，是一种新型的铁路交通解决方案。通过智能系统的运用，在提高速度的同时保证了交通工具的安全性。这个系统是一个由全球定位系统、天气预报系统、电子导航系统、实时路人信息、交通运输管理系统、交通信号系统等集成架构的新型网络。

（2）智能铁路的系统构成

①智能监控。智能监控是智能铁路必不可少的组成部分，在初级智能铁路系统下，仍然需要通过人工方式来监控影像的变化。但是先进的视像识别技术能够把从摄像头所收集到的影像数据进行智能分析和筛选，协助发现潜在危机，从而节省大量的人力资源成本。智能监控系统如图4-3所示。

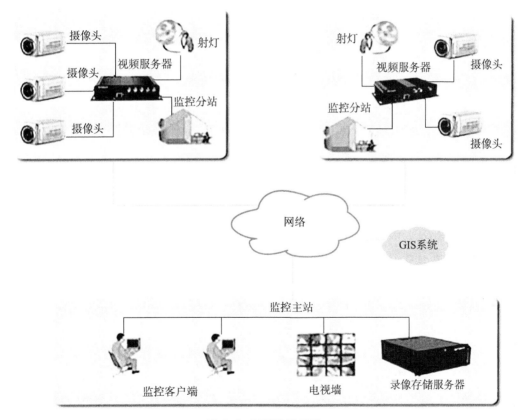

图4-3 智能监控系统

②传感器。智能铁路系统包括数以百万计的传感器，企业通过以传感器为基础的网络和数据分析，能够及时发布信息，调整资源配置，实现优化调度。传感器技术在提高列车

安全运行方面也功不可没。在火车的关键组件上部署的传感器和智能装置，可以及时提供车况信息，对可能出现的危险情况发出警报，防患于未然。

③固定基础设施。固定基础设施可通过 RFID 技术识别轨道车辆，检测声音信号、热量和车轮摩擦，并且能够对车头、车厢以及铁路各个区段的铁轨、隧道、桥梁和车站进行监控。

✤ 知识点 3：水路运输

1. 水路运输的概念

水路运输简称水运，是指借助船舶在江河湖海等水域进行的旅客和货物的运输活动。水路运输包括内河水运、沿海水运和远洋运输。

2. 水路运输的特点

水路运输与其他运输方式相比，具有如下特点：

①水路运输运载能力强、成本低、能耗少、投资小，是一些国家国内和国际运输的重要方式之一。例如，一条密西西比河相当于 10 条铁路，一条莱茵河抵得上 20 条铁路。此外，修筑 1 千米铁路或公路约占地 3 公顷（1 公顷=10000 平方米），而水路运输利用海洋或天然河道，占地面积很小。在我国的货运总量中，水路运输所占的比重仅次于铁路运输和公路运输。

②受自然条件的限制与影响大。水路运输受海洋与河流的地理分布及其地质、地貌、水文与气象等因素的制约与影响；水运航线无法在广大陆地上任意延伸，所以，水运要与铁路、公路和管道运输配合，并实行联运。

③开发利用涉及面较广。如天然河流涉及通航、灌溉、防洪排涝、水力发电、水产养殖以及生产与生活用水的来源等；海岸带与海湾涉及建港、农业围垦、海产养殖、临海工业和海洋捕捞等。

3. 水路智慧运输

（1）智能水运系统

智能水运系统是指利用先进的信息、通信和自动化技术，对水路运输过程进行全程监控、优化和管理的系统。该系统旨在提高水路运输效率、降低成本、提高安全性和服务水平，是水运行业未来发展的重要趋势。

智能水运系统由船舶设备、通信网络、数据中心、应用平台等多个部分组成，涵盖了水路运输的各个方面。该系统具备船舶状态检测、运输计划制订、调度指挥、安全管理等多种功能，为水路运输提供全方位的支持。

（2）智能船舶

智能船舶指利用传感器、通信、物联网、互联网等技术手段，自动感知和获得船舶自身、海洋环境、物流、港口等方面的信息和数据，并基于计算机技术、自动控制技术和大数据分析技术，在船舶航行、管理、维护保养、货物运输等方面实现智能化运行的船舶。

✥ 知识点4：航空运输

1. 航空运输的概念

航空运输，是使用飞机及其他航空器运送人员、货物等的一种运输方式。航空运输具有快速、机动的特点，是现代旅客运输，尤其是远程旅客运输的重要方式，在国际贸易中，主要用于贵重物品、鲜活货物和精密仪器的运输。

2. 航空运输的特点

航空运输具有下列特点：

（1）商品性

航空运输所提供的产品是一种特殊形态的产品——"空间位移"，其产品形态是使航空运输对象在空间上实现位移，产品单位是"人公里"和"吨公里"（1公里＝1千米），航空运输产品的商品属性是通过产品使用人在航空运输市场的购买行为得以实现的。

（2）服务性

航空运输业属于第三产业，是服务性行业。它以提供"空间位移"的多寡反映服务的数量，又以服务手段和服务态度反映服务的质量。这一属性决定了承运人必须不断扩大运力，以满足社会上日益增长的产品需求，遵循"旅客第一，用户至上"的原则，为产品使用人提供安全、便捷、舒适、正点的优质服务。

（3）国际性

航空运输已成为现代社会重要的交通运输形式，成为国际政治往来和经济合作的纽带。这里面既包括国际友好合作，也包含着国际激烈的竞争，在服务、运价、技术协调、经营管理和法律法规的制定实施等方面，都要受国际统一标准的制约和国际航空运输市场的影响。

（4）准军事性

人类的航空器首先投入军事领域，而后才转为民用。现代战争中制空权的掌握是取得战争主动地位的重要因素，因此很多国家在法律中规定，航空运输企业所拥有的机群和相关人员在平时服务于国民经济建设，作为军事后备力量，在战时或紧急状态时，民用航空可依照法定程序被国家征用，服务于军事上的需求。

（5）资金、技术、风险密集性

航空运输业是一个高投入的产业，无论是运输工具，还是其他运输设备都价值昂贵、成本巨大。因此其运营成本非常高，航空运输业由于技术要求高，设备操作复杂，各部门间互相依赖程度高，因此其运营过程中风险性大。任何一个国家的政府和组织都没有相应的财力，像贴补城市公共交通一样去补贴本国的航空运输企业。出于这个原因，航空运输业在世界各国都被认为不属于社会公益事业，都必须以盈利为目标才能维持其正常运营和发展。

（6）自然垄断性

由于航空运输业投资巨大，资金、技术、风险高度密集，投资回收周期长，对航空运输主体资格限制较严，市场准入门槛高，加之历史的原因，因此航空运输业在发展过程中形成自然垄断。

3. 智慧民航

在航空智慧化的道路上，我国的航空企业极具代表性。目前的民航以智慧建设为主线，以智慧出行、智慧空管、智慧机场、智慧监管为抓手，着力推进智慧航空运输和产业协同发展。目前，我国民航的智慧运输取得了很好的建设成效，构建了智能空运系统。

（1）建设成效

以智慧机场建设为例，截至2022年1月，全国234个机场实现了国内航班无纸化便捷出行，40家千万级机场开通旅客"易安检"服务。预计"十四五"期间，我国新建和改造的机场将往智慧化方向发展，占总投资金额的99%，在"十四五"期间，我国智慧机场投资规模将达到14947亿元。

（2）智能空运系统

智能空运系统是一种通过技术和数据分析来提升空运物流效率和可视化的系统。这类系统通常包括以下功能和特点。

①货物追踪和实时监控：通过传感器和物联网技术，可以实时监控货物的位置、状态和环境条件。

②数据分析和预测：系统通过大数据分析和机器学习预测能力，提供货物运输的效率和时间预测。

③自动化操作：包括自动化仓储、自动化装载和卸载，可以减少人工干预和提高效率。

④航班管理和舱位预订：系统可以整合航空公司的信息和舱位预订系统，帮助用户选择合适的航班和舱位。

⑤通关和报关：对于跨境货物运输，系统还有通关和报关的功能，以提供全流程的服务。

✦ 知识点5：管道运输

1. 管道运输的概念

管道运输是用管道作为运输工具的一种运输方式，主要运输液体和气体货物。

2. 管道运输的特点

①运输通道与运输工具合二为一。

②高度专业化，适用于运输气体和液体货物。

③永远是单方向运输，起讫点固定，无回空运输问题。

④不受地面气候影响，可连续作业。

⑤运输货物不需要包装，节省包装费用。

3. 管道运输的优点

货物在管道内移动，货损货差率低，环境污染小。石油在其他运输方式的装卸过程中，大量的油、气从装卸口挥发到大气中，这种情况在夏季更加严重，会影响成品油质量，同时也会对环境造成污染。管道运输的优点如下。

①成本低、运量大。一条管道可以源源不断地输送货物，根据油管线管径的大小，每年的输油量可达数百万吨到几千万吨，甚至超过亿吨。一条直径为 1020 毫米的管道，年输油能力可达 5000 万吨（当运距为 3000 千米时），相当于一条双轨铁路的运输量，而铁路运输为了达到这个运输量需要配备 1400 多台机车和 5.5 万辆油槽车。

②管道建设周期短，投资费用低。管道建设只需要铺设管线、修建泵站，土石方工程量等比修建铁路小。在相同运量条件下，其建设周期与铁路相比要短 1/3 以上。根据有关资料统计，管道建设的费用比铁路低 60% 左右。

③占地少。根据地面条件，管道既可建在地面，也可埋在地下，管道埋藏于地下的部分约占管道总长度的 95%，因而占用的土地少，分别仅为公路的 3% 和铁路的 10% 左右。

4. 管道运输的发展趋势

（1）气力输送管道。气力管道输送是利用气体为传输介质，通过气体的高速流动来携带颗粒状或粉末状的物质完成物流过程的管道运输方法。气力输送管道多见于港口、车站和大型工厂等，用于装卸大批量的货物。

（2）浆体输送管道。浆体管道输送是将颗粒状的固体与液体输送介质混合，采用泵送的方法运输，并在目的地将其分离出来而完成物流过程的管道运输方法。浆体管道输送的介质通常是清水。

浆体管道一般可分为两种类型，即粗颗粒浆体管道和细颗粒浆体管道。

①粗颗粒浆体管道借助液体的紊流使得较粗的固体颗粒在浆体中呈悬浮状态并通过管道进行输送。

②细颗粒浆体管道输送的较细颗粒一般为粉末状，有时可均匀悬浮于浆体中，类似于气力输送。

粗颗粒浆体管道的能耗和对管道的磨损都较大，通常只适用于特殊材料的短距离输送；而细颗粒浆体管道则相反，由于能耗低、磨损小，在运输距离超过 100 千米时，其经济性也比较好。

（3）Cargo Cap 地下管道物流配送系统。该系统的目标是形成一个连接城市各居民楼和生活小区的地下管道物流运输网络，并达到高度智能化，人们购买任何商品都只需要点一下鼠标，所购商品就像自来水一样，通过地下管道很快流入家中。

任务实施

阅读案例《跨越山河新途径——中欧班列》，回答以下问题。

1. 在中欧班列开通之前，中欧之间的运输通过什么方式来解决？

_____

_____

2. 中欧班列相对于传统的运输方式有哪些优势？

_____

_____

3. 在中欧之间运输的货物哪些需要采用航空运输？哪些需要采用水运？哪些需要采用中欧班列运输？为什么？

_____

_____

4. 各组派 1 名代表上台分享本组的分析结果。

任务评价

在完成上述任务后，教师组织三方评价，并对学生任务执行情况进行点评。学生完成考核评价表（见表4-2）的填写。

表 4-2　　　　　　　　　　　考核评价表

班级		团队名称			学生姓名	
团队成员						
	考评项目	分值	要求	学生自评（30%）	团队互评（30%）	教师评定（40%）
知识能力	掌握不同运输方式的概念和特点	20分	正确掌握			
	了解不同运输方式的智慧运输发展方向	20分	了解全面			
	能够根据货物的类型，进行不同运输方式的选择	30分	选择合理			

续　表

考评项目		分值	要求	学生自评 （30%）	团队互评 （30%）	教师评定 （40%）
职业素养	文明礼仪	10分	举止端庄 用语文明			
	团队协作	10分	相互协作 互帮互助			
	工作态度	10分	严谨认真			
成绩评定		100分				
心得体会						

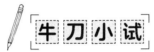

牛刀小试

一、单项选择题

1. 以下运输方式中（　　）的成本最高。

A. 航空运输　　　　B. 水路运输　　　　C. 公路运输　　　　D. 铁路运输

2. 以下运输方式中（　　）可以实现"门到门"运输。

A. 航空运输　　　　B. 水路运输　　　　C. 公路运输　　　　D. 铁路运输

二、多项选择题

1. 我国的管道运输目前多用于运输（　　）。

A. 石油　　　　　　B. 化学品　　　　　C. 天然气　　　　　D. 矿砂

2. 航空运输一般适合运输（　　）。

A. 军服　　　　　　B. 救灾物资　　　　C. 草鱼　　　　　　D. 精密仪器

三、判断题（对的打"√"，错的打"×"）

1. 公路运输适合运输小批量、短距离的货物。（　　　）

2. 航空运输是所有运输方式中速度最快的。（　　　）

3. 水路运输能够运载的货运量最大。（　　　）

四、案例分析题

大秦铁路线的奇迹

大秦铁路是我国利用铁路重载技术在20世纪80年代修建的第一条双线电气化运煤专

线，专门开行重载单元列车。

大秦铁路最高年运输量达到 4.5 亿吨，平均每日运输量达到 123 万吨。大秦铁路是如何做到一年运输 4.5 亿吨煤炭的？大秦铁路是如何满足重载运输要求的？

1. 铁路线路

大秦铁路是双线双向自动闭塞的Ⅰ级电气化铁路，从大同到秦皇岛全长 653 千米。大秦铁路的限制坡度是上行 4‰（重车向秦皇岛方向），下行 12‰（空车向大同方向）。国外重载铁路的限制坡度各不相同：澳大利亚重载铁路的重车方向限制坡度为 4‰～10‰，空车方向限制坡度为 15‰～20‰；美国的重载铁路限制坡度空重车方向均为 5‰。大秦铁路线所经地带大多为山区，地形复杂，但是同国外几个国家重载线路相比也是经济可行的，符合开行万吨级以上的重载列车的条件。大秦铁路最小曲线半径：一般地段 800 米，困难地段 400 米。

2. 机车车辆

大秦铁路使用的牵引机车主要是 SS4 改进型机车和 HXD1、HXD2 型机车三种。

SS4 改进型机车是我国直流传动电力机车的代表，机车额定功率为 6400 千瓦，电制动采用加馈电阻制动。

3. 机车无线同步操纵技术

当前世界上的机车无线同步操纵技术主要有两种：一种是美国通用公司开发的 LOCO-TROL 技术，另一种是有线电控空气制动技术（简称 ECP 技术）。2003 年 12 月，铁道部组织考察组对美国和南非铁路重载技术进行了考察，对 LOCOTROL 技术和 ECP 技术进行了对比分析。

由于 LOCOTROL 技术结构简单，可以减少货车的改造工作量，易于列车按不同目的地解除编制发车，技术可行，经济合理，安全可控，更符合中国铁路路情和大秦铁路线运输实际，因此铁道部最终引进了 LOCOTROL 技术。

4. 通信信号系统

利用移动通信技术的发展，与华为共同开发了铁路综合数字移动通信系统（GSM-R），系统带宽大，可满足较大容量的通信需求；对大秦线既有通信系统进行改造，将有线与无线通信方式相结合，确保通信方便、快捷，信号稳定、可靠。

大秦线 60% 左右的线路处于山区，其余 40% 为平原和丘陵交织地带。在恶劣的地形条件下，GSM-R 系统为重载列车提供全程通信，消除了多年来因山区通信盲区对运输造成的困扰，既保证了容量的要求，又保证了实时性的要求。

信号系统由计算机联锁系统、自动闭塞系统、DMIS 系统及建立在 DMIS 系统平台上的 CTC 系统、车载信号系统、环境监控系统组成。在大秦线建设 TETRA/GSM-R 铁路移动信息化基础平台，满足了无线调度、无线传输、无线预警、车机联控、区间工务无线维护通信、区间应急救援无线通信、DMIS 无线传输、列车尾部装置传输等移动通信需要，彻底解决了枢纽干扰问题，确保车机联控及机车与机车、机车与调度（大三角）的通话问题，满足信号调度集中使用的需求，同时可有效地防止尾追事故，保证了大秦线重载列车的运输安全。

请结合上述案例分析下列问题：

1. 大秦铁路采用了哪些高科技来保障运输的顺利实施？

2. 如何实现铁路货物的高效率运输？

任务三 运输方式选择

运输方式的选择

小王是一个货代公司的新员工，今天他面临的任务是运输方式的选择，主管让他完成以下两个任务，你能帮他完成吗？

1. 某公司欲将产品从位置 A 的工厂运到位置 B 的公司自有仓库，年运量为 700000 件，每件产品的价格为 30 元，年存货成本率为产品价格的 30%。公司希望选择使总成本最低的运输方式。据估计，运输时间每减少 1 天，平均库存成本可以降低 1%。各种运输方式的基本参数如表 4-3 所示。

表 4-3　　　　　　　　　　各种运输方式的基本参数

项目	费率（元/件）	时间（天）	年运送批次（次）	平均存货量（件）
铁路运输	0.1	21	10	100000
驮背运输	0.15	14	20	46500
公路运输	0.2	5	20	42000
航空运输	1.4	2	40	20250

2. 某制造商分别从两个供应商处购买了共 3000 个配件，每个配件 100 元。目前这 3000 个配件是由两个供应商平均提供的，可用铁路、公路、航空三种方式运输。如供应商缩短运输时间，则可多得到交易份额，每缩短一天，可从总交易量中多得 5% 的份额，即 150 个配件。供应商从每个配件中可赚得占配件价格 20% 的利润。于是供应商 A 考虑，如将运输方式从铁路运输转为公路运输或航空运输是否有利可图。各种运输方式的运费率和运输时间如表 4-4 所示。

表 4-4　　　　　　　　　　各种运输方式的运费率和运输时间

项目	运费率（元/天）	运输时间（天）
铁路运输	2.5	7
公路运输	6	4
航空运输	10.35	2

要求：请以小组为单位，认真阅读案例，根据案例提供的信息采用合理的方法进行运

输方式的选择。

知识链接

✤ 知识点 1：各种运输方式的经济特征

各种运输方式各有自己的特点，在选择运输方式时要充分考虑各种因素，各种运输方式的技术经济特征比较如表 4-5 所示。

表 4-5　　　　　　　　　　　各种运输方式的技术经济特征比较

项目	公路运输	铁路运输	水路运输	航空运输	管道运输
运输成本	成本高于铁路运输、水路运输和管道运输，仅比航空运输成本低	成本低于公路运输	成本一般较铁路运输低	成本最高	成本与水路运输接近
速度	速度较快	长途快于公路运输，短途慢于公路运输	速度较慢	速度较快	—
能耗	能耗高于铁路运输和水路运输	能耗高于水路运输	能耗小，船舶单位能耗低于铁路运输，更低于公路运输	能耗较多	能耗最小，在大批量运输时与水路运输接近
便利性	机动灵活，能够进行"门到门"运输	机动性差，需要其他运输方式的配合和衔接才能实现"门到门"运输	需要其他运输方式的配合和衔接才能实现"门到门"运输	难以实现"门到门"运输，必须借助其他运输工具进行集、疏运	运送货物种类单一，且管线固定，运输灵活性差
投资	投资小，投资回收期短	投资大，建设周期长	投资小	投资大	建设费用比铁路低 60% 左右
运输能力	载重量不大，运送大件货物较为困难	能力强，仅次于水路运输	运输能力最强	只能承运小批量、体积小的货物	运输量大
对环境的影响	占地多，环境污染严重	占地多	土地占用少	—	占用的土地少，对环境无污染

续　表

项目	公路运输	铁路运输	水路运输	航空运输	管道运输
适用范围	适用于近距离、小批量的货运或水路运输和铁路运输难以到达地区的长途、大批量货运	适用于大宗低值货物的中、长距离运输，也适用于大批量、时间性强、可靠性要求高的一般货物和特种货物的运输	适用于运距长、运量大、对送达时间要求不高的大宗货物运输，适用于集装箱运输	适用于价值大、体积小、送达时间要求高的特殊货物	适用于单向、定点、量大的流体且连续不断货物的运输

✤ 知识点2：影响运输方式选择的因素分析

如何选择适当的运输方式是物流合理化的重要问题。应根据物流系统要求的服务水平和可以接受的物流成本来决定，既可以采用一种运输方式，也可以采用联运的方式。选择运输方式时，可以在具体条件的基础上，对下列项目进行认真研究。

1. 货物品种、形状

货物品种、形状应在包装项目中加以说明，要选择适合这些货物品种和形状的运输方式。

2. 运输期限

运输期限必须与交货日期相联系，以保证及时送达。必须调查各种运输工具需要的运输时间，根据运输时间来选择运输工具。运输时间从快到慢的运输方式一般情况下依次为航空运输、铁路运输、公路运输、水路运输。管道运输因其运输物品的限制及相对固定的路线一般不做比较。

3. 运输成本

运输成本因货物的种类、重量、容积、运距不同而不同。运输工具不同，运输成本也会发生变化。在考虑运输成本时，必须考虑运输费用与其他物流子系统之间存在的互为利弊的关系，不能单从运输费用角度出发来决定运输方式，要从总成本角度来考虑。

4. 运输距离

根据经验，在运输距离的选择上可以参考以下原则：300千米以内用公路运输，300~500千米用铁路运输，500千米以上用水路运输或航空运输。当然这只是基于各种运输方式的端点成本和运距成本的关系给出的参考意见，具体运输方式的选择还需要考虑其他因素。

5. 运输批量

在五种运输方式中，水路运输的载运工具（船舶）的运输批量最大，目前我国最大的集装箱船能装载2万多个集装箱，铁路运输的批量也很大，单列货运列车的运量可以达到

3000 吨。航空运输的批量较小。公路运输的载货量根据车辆类型的不同差别很大，从几百千克到上百吨都可能，但是受到道路的载重限制，公路运输的批量最小。

✥ **知识点3：运输方式的选择方法**

1. 定性分析法

影响运输方式选择的因素有货物品种、货物形状、运输批量、运输距离、运输期限和运输成本等，企业在选择运输方式时可以以此为依据，结合企业实际情况和运输市场环境，进行综合分析与比较，选择最为合理的运输方式或运输方式组合。

2. 定量方法

定量方法是指通过构建模型，根据运输目标对运输的多个因素进行分析，将相关参数导入模型，最终导出结果的方法。目前定量方法主要有成本比较法、竞争因素比较法、综合评价法等。为提高这些方法的科学性和准确性，目前被引入的技术包括智能算法和大数据分析。

（1）成本比较法

如果不将运输服务作为竞争手段，那么能使运输服务的成本与运输服务水平导致的相关间接库存成本之间达到平衡的运输服务就是最佳服务方案，即运输的速度和可靠性会影响托运人和买方的库存水平，以及他们之间的在库库存水平。

（2）竞争因素比较法

在运输方式选择过程中，如果涉及竞争优势，运输方法的选择可采用竞争因素比较法。当买方通过供应渠道从若干供应商处购买商品时，物流服务和价格就会影响买方对供应商的选择。反之，供应商也可以通过供应渠道运输方式的选择控制物流服务的这些要素，影响买方的选择。

在使用这种方法时，有必要考虑运输方式对库存成本和运输绩效对物流渠道成员购买选择的影响。然而，除此之外，还有其他一些因素需要考虑，其中有些是决策者不能控制的，如表4-6所示。

表4-6　　　　　　　　　　　　决策者不能控制的因素

因素	详述
对彼此成本的了解	如果供应商和买方对彼此的成本有了一定了解，将会促进双方的有效合作
分销渠道中有相互竞争的供应商	如果分销渠道中有相互竞争的供应商，买方和供应商都应该采取合理的行动来平衡运输成本，以获得最佳收益。当然这无法保证各方都会照此行事
对价格的影响	假如供应商提供的运输服务优于竞争对手，供应商可能会提高产品的价格来补偿增加的成本，因此，买方在决定是否购买时应同时考虑产品价格和运输绩效
动态因素	运输费率、产品种类、库存成本的变化和竞争对手可能采取的反击措施都增加了问题的动态因素

因素	详述
运输方式选择的间接作用	这里没有考虑运输方式的选择对供应商存货的间接作用。供应商也会和买方一样由于运输方式变化改变运输批量，进而导致库存水平的变化。供应商可用调整价格来反映这一变化。这反过来又影响运输服务的选择

（3）综合评价法

在综合评价法中首先确定评价因素，在运输方式的选择上一般考虑经济性、迅速性、安全性和便利性等因素。

①经济性：主要表现为费用（运输费、装卸费、包装费、管理费等）的节省，根据其重要度，赋予其权重。

②迅速性：货物从发货地到收货地所需要的时间，即货物的在途时间，其时间越短，迅速性越好。

③安全性：通常指货物的完整程度，以货物的破损率表示，破损率越小，安全性越好。

④便利性：在一般情况下，可以近似用发货人所在地到装车地之间的距离来表示。

在使用这种方法时，将每种因素的权重和其赋值相乘后求和，根据其数据来选择最佳的运输方式。

❖ 知识点 4：运输服务商的选择

在运输方式的选择中，运输服务商的选择也是非常重要的一个模块。在选择运输服务商时主要考虑以下两方面。

1. 影响运输服务商选择的主要因素

不同的运输方式和同种运输方式都存在运输服务商的竞争，不同的客户有不同的喜好，但总体来说，可以从运输成本、运输时间、可靠性、可达性、服务能力、安全性等方面来考虑。

2. 运输服务商的评价方法

（1）服务质量比较法

在同等的运费水平下，客户总是期待更高质量的运输服务。因此，服务质量往往成为客户选择不同服务商的首要标准。运输服务的质量可以通过很多方面展现，目前来说主要表现为以下几点。

①过程质量。考虑的因素包括运输企业所使用的运输工具的数量、性能完备和先进程度、技术状态、现代化水平；运输企业所提供的装卸服务的质量；运输企业员工的工作责任心、知识和技能水平、工作经验；运输企业货物运输控制流程的科学性和合理性；运输企业的管理制度和服务理念；运输风险防范机制和措施；运输企业的资本和资金实力；运

输企业服务网络的规模和完善程度。

②功能质量。运输市场服务商的服务质量的提升让客户对服务的要求也越来越高，于是客户在选择不同的运输服务商时也会考虑其他方面的服务水平，具体如表4-7所示。

表4-7　　　　　　　　　　　客户考虑其他方面的服务水平

考虑因素	详述
运输企业的业务历史和客户口碑	运输企业在业界的声誉及口碑对客户的选择有着重要的影响
运输完成的准时率	较高的准时率方便客户对货物的库存和发运进行控制，当然也为其安排接运等提供了方便
运输的时间间隔、发货密度	合理的时间间隔同样也将方便客户选择托运的时间及发货的密度等
运输服务的可靠性	客户可以通过查阅其历史业绩，了解运输企业完成运输合同的稳定性和可靠性
单证处理的准确率	包括品种、规格、数量、价格、起止时间、地址等的填写和打印的准确性
信息查询的方便程度	部分服务商除了提供运输以外，还在附加服务上进行投入，如价格查询、班次查询以及货物跟踪服务等，这是货主选择服务商时考虑的重要因素
货运纠纷的处理	无论服务商如何提高运输质量，改进服务水平，货运纠纷都难免会发生，发生纠纷后如何及时圆满地处理也是客户所关心的

（2）运输价格比较法

目前运输市场上服务商众多，竞争激烈，有些市场客户服务的同质化严重，因此很多服务商用运输价格作为竞争手段。客户在进行选择时，如果面临的服务质量类似，那么价格就是其决策的重要准则。

（3）综合因素加权求和法

根据市场调研和客户分析，得到影响客户选择服务商的相关因素，通过对运输服务商在各因素上的表现，对其进行赋分。通过分析客户对该因素的重视程度，对不同的因素赋予相应的权重，最后通过综合计算其得分，选择最佳运输服务商。

这种方法的难点在于如何准确掌握客户的需求，通过传统方法调研获得的信息的准确度相对较低，目前很多的企业采用大数据分析、客户画像和算法等技术了解客户的真实需求，提高分析的科学性和准确性。

任务实施

阅读案例《运输方式的选择》，回答以下问题。

1. 第一个任务适合采用哪种方法进行运输方式选择？如何去做？

2. 第二个任务适合采用哪种方法进行运输方式选择？如何去做？

_____

_____

3. 在选择运输方式时有哪些注意事项？

_____

_____

4. 你认为客户在选择运输方式时应该最注意哪些因素？为什么？

_____

_____

5. 各组派 1 名代表上台分享本组的分析结果。

任务评价

在完成上述任务后，教师组织三方评价，并对学生任务执行情况进行点评。学生完成考核评价表（见表4-8）的填写。

表 4-8   考核评价表

班级		团队名称			学生姓名	
团队成员						
	考评项目	分值	要求	学生自评（30%）	团队互评（30%）	教师评定（40%）
知识能力	掌握运输方式选择的影响因素	20分	正确掌握			
	能够构建模型并根据企业需求选择运输方式	20分	构建正确			
	分析选择运输服务商的方法	30分	分析合理			

续　表

考评项目		分值	要求	学生自评 （30%）	团队互评 （30%）	教师评定 （40%）
职业素养	文明礼仪	10分	举止端庄 用语文明			
	团队协作	10分	相互协作 互帮互助			
	工作态度	10分	严谨认真			
成绩评定		100分				
心得体会						

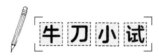

一、单项选择题

1. 从北京运输紧急药品到乌鲁木齐，应该采用（　　）。

A. 公路运输　　　　B. 航空运输　　　　C. 铁路运输　　　　D. 水运

2. 考虑建设成本，在长期大量运输天然气及石油等产品时应该采用（　　）。

A. 公路运输　　　　B. 航空运输　　　　C. 铁路运输　　　　D. 水运

3. 运输大宗低值的货物从上海到悉尼，一般采用（　　）。

A. 公路运输　　　　B. 航空运输　　　　C. 铁路运输　　　　D. 水运

二、多项选择题

1. 影响运输方式选择的因素有（　　）。

A. 运输期限　　　　B. 运输成本　　　　C. 运输距离　　　　D. 运输批量

2. 运输方式选择的方法有（　　）。

A. 成本比较法　　　　　　　　B. 竞争因素比较法

C. 综合评价法　　　　　　　　D. 量本利分析法

3. 运输服务商的评价方法有（　　）。

A. 服务质量比较法　　　　　　B. 目标成本法

C. 运输价格比较法　　　　　　D. 综合因素加权求和法

三、判断题（对的打"√"，错的打"×"）

1. 航空运输是时效性最高的运输方式。（　　　）

2. 管道运输适合所有产品。（　　　）

3. 在选择运输服务商时要注重服务质量。（　　　）

4. 运输方式的选择方法既有定性分析法又有定量分析法。（　　　）

四、技能训练题

某制造商分别从三个供应商（A、B、C）处购买了 4500 个配件，每个配件 100 元。目前这些配件是由三个供应商平均提供的，如供应商缩短运输时间，将得到更多的交易份额。每缩短一天，可从总交易量中多得 6% 的份额，即 270 个配件。供应商在每个配件上可赚得占配件价格 25% 的利润。各种运输方式的运费率和运输时间如表 4-9 所示。

表 4-9　　　　　　　　各种运输方式的运费率和运输时间

运输方式	运费率（元/件）	运输时间（天）
铁路运输	4	7
水路运输	2.5	10
公路运输	6	4
航空运输	10.8	2

根据以上资料选择使供应商 A 获得最高利润的运输方式。

05 项目五
PROJ 运行调度与路线优化

◎ **知识目标**
- 掌握运输合理化的概念和措施。
- 了解不合理运输的表现形式。
- 了解车辆调度相关岗位的职责要求。
- 理解车辆运行调度系统的原理。
- 掌握多种常见运输问题的路线规划管理。

◎ **能力目标**
- 能够根据要求进行运输合理化的规划。
- 能够用扫描法进行路线规划。
- 能够用最短路线规划法进行路线规划。
- 能够用节约里程法进行路线规划。
- 能够制定车辆调度方案。

◎ **思政目标**
- 增强对专业的认同感。
- 培养独立解决问题的能力。
- 培养民族自信，树立运输人的责任感和自豪感。
- 培养团队合作精神和自主学习能力。
- 培养劳模精神和工匠精神，增强劳动意识。
- 培养创新精神，增强创新意识和绿色发展意识。

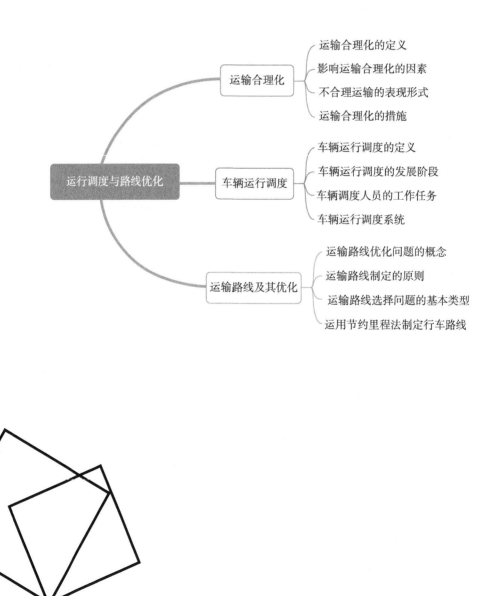

运行调度与路线优化

运输合理化
- 运输合理化的定义
- 影响运输合理化的因素
- 不合理运输的表现形式
- 运输合理化的措施

车辆运行调度
- 车辆运行调度的定义
- 车辆运行调度的发展阶段
- 车辆调度人员的工作任务
- 车辆运行调度系统

运输路线及其优化
- 运输路线优化问题的概念
- 运输路线制定的原则
- 运输路线选择问题的基本类型
- 运用节约里程法制定行车路线

 **岗位分析**

岗位1：智慧运输营运员

- **岗位职责**：调度排线；进行智慧运输系统的操作；承运商管理，稳定运力，优化运输质量；按组织要求推进运输方案实施。

- **典型工作任务**：调度排线；操作系统；运力管理；推进运输方案实施。

- **职业素质**：责任意识、服务意识、效率意识、成本管理意识、法律意识。

- **职业能力**：能够针对货物特点进行运输方案的执行。

- **可持续发展能力**：能进行客户关系管理；能进行业务扩展；具有全局协调能力。

岗位2：智慧运输调度员

- **岗位职责**：根据平台的客户运单信息调配合适的车源；针对平台客户及业务部门的运价需求，参与现场调研及线路报价；登记司机的相关信息，完成日常的收集工作，补充平台的运力池；针对客户对运价有异议的运单，与司机洽谈沟通，促进交易的达成；负责指导司机掌握相关操作，遵守平台的交易规则；根据运力情况做好装卸货协调、在途跟踪、异常处理、运费结算等全流程服务。

- **典型工作任务**：调配车源；线路报价；司机信息登记、收集；沟通洽谈及平台操作指导。

- **职业素质**：标准化作业意识、成本意识、团队意识、安全管理意识、客户服务意识、创新意识、责任意识等。

- **职业能力**：能执行和完善运输的规范作业标准及流程，提高效率、降低成本；能做好协调及配合工作。

- **可持续发展能力**：能掌握智慧运输作业流程，能与第三方合作企业进行协调。

 **项目导读**

党的二十大报告强调："深入实施科教兴国战略、人才强国战略、创新驱动发展战略，开辟发展新领域新赛道，不断塑造发展新动能新优势。"

运输发展的合理化就是一个促进我国经济发展的新赛道。2023年，我国经济在波动中恢复，稳定因素不断累积，物流运行环境持续改善，行业整体向好。市场需求规模恢复加快，全年社会物流总额超过352万亿元。交通运输、仓储和邮政业等物流相关固定资产投资额，同比增长超过10%，物流基础设施保障体系进一步完善。2023年新增建设国家物流枢纽30个，累积形成125个覆盖全国、类型丰富的物流枢纽体系，为产业物流聚集发展提供有力支撑；建成1000多个县级寄递配送中心和30.3万个村级寄递物流综合服务

站，农村物流网络日益健全，短板领域逐步加强。

虽然我国在物流方面取得了很大的进步，但是运输业仍然存在很多的问题。例如，不合理的运输方式、效率低下的人工车辆调度方式等，这些都导致我国的运输成本较高、运输效率低。

关于运输业的降本增效，智慧运输中的智能软件和技术给我们带来了希望，在智能运输调度系统的帮助下，很多企业在运输调度上实现高效率的运输车辆运行调度。同时这些软件也融入了路线规划、运输合理化等多方面的内容，让我们的运输更加智能、高效、节约。

任务一　运输合理化

任务描述

沃尔玛的运输合理化

在物流运营过程中，尽可能地降低成本是沃尔玛经营的哲学。

（1）沃尔玛尽可能使用大的卡车运输，卡车有大约16米的货柜，而且通过合理装载，尽可能提高车辆的装载率。

（2）沃尔玛的运输车辆是自有的，为了减少安全事故，节约成本，制定了严格的管理制度。

（3）沃尔玛采用全球定位系统对车辆进行定位，因此，调度中心可以随时掌握车辆的位置和路线。

（4）沃尔玛车队利用晚上进行运输，保证货物送达时间，合理安排装卸时间，提高装卸效率。

（5）沃尔玛的货物从工厂直接运输到卖场，减少中间环节，减少成本。

要求：请以小组为单位，认真阅读案例，分析沃尔玛通过哪些途径实现的合理运输，并回答"任务实施"中的问题。

知识链接

✛ 知识点1：运输合理化的定义

所谓运输合理化，就是在保证货物运量、运距、流向和中转环节合理的前提下，在整个运输过程中确保运输质量，以适宜的运输工具、最少的运输环节、最佳的运输路线、最低的运输成本，将货物从始发地运送至目的地。

✛ 知识点2：影响运输合理化的因素

1. 外部因素

（1）政府。在我国，政府主要在宏观上对运输活动进行调节和干预，以保证运输市场稳定发展。政府对运输活动的影响主要通过相关法规和政策引导来实现，例如通过《中华人民共和国道路运输条例》《国内水路货物运输规则》《危险货物道路运输规则》《中华人民共和国国际货物运输代理业管理规定及实施细则》等法律法规对各种运输方式进行调节，或者通过多式联运试点城市和试点工程的建设来引导企业选择多式联运，以此实现运输合理化。

（2）资源分布状况。我国资源分布不平衡，这也在很大程度上影响了运输布局的合理性。如能源工业中的煤炭、石油运输总体是"北煤南运""西煤东运""北油南运""东油西运"的格局。

（3）国民经济结构的变化。当运输系数较大的产品比重提高时，运输量也会以较快的速度增长；反之亦然。工农业生产结构的变动会引起运输布局的变化。

（4）运输网布局的变化。运输网布局的合理化，直接影响着企业运输的合理化，从而促进货运量的均衡。近年来，我国投入大量的财力在运输基础设施建设上，现代化的高质量综合立体交通网络正在加快形成。我国拥有世界最大的高速铁路网、高速公路网、邮政快递网和世界级港口群，国家综合立体交通网"6轴7廊8通道"格局基本形成。

（5）运输决策的参与者。运输决策的参与者主要有托运人、承运人、收货人及公众。公众按合理价格产生对周围商品的需求，并最终确定运输需求。显然，运输决策参与者的活动及决策直接影响着某一具体运输作业的合理性。

2. 内部因素

（1）运输距离。运输的经济性与运输距离有紧密的关系。不同运输方式的运输距离与成本之间的关系有一定的差异。

（2）运输环节。运输环节直接影响运输路径的优化选择。

（3）运输工具。由于技术及经济的原因，各种运输方式的运载工具都有其容量范围，从而决定了其运输能力。

（4）运输速度。物流运输产品是货物的空间位移，以什么样的速度实现它们的位移是物流运输中一个重要的技术经济指标。决定各种运输方式运输速度的一个主要因素是各种运输方式载体能运行的最高技术速度。

（5）运输成本。运输成本主要由四项内容构成：基础设施成本、转运设备成本、营运成本和作业成本。它直接影响运输方式的选择。

❖ 知识点 3：不合理运输的表现形式

不合理运输是指在组织货物运输过程中，违反货物流通规律，不按经济区域和货物自然流向组织货物运输，忽视运输工具的充分利用和合理分工，装载量少，流转环节多，运输时间长，从而浪费运力、增加运输成本的运输现象。

1. 与运输方向有关的不合理运输

（1）对流运输，也称"相向运输""交错运输"，指同一种货物，或彼此间可以互相代用而又不影响管理、技术及效益的货物，在同一路线上或平行路线上进行相对方向的运送，而与对方运程的全部或一部分发生重叠交错的运输现象。

（2）倒流运输，指货物从销地或中转地向产地或起运地回流的一种运输现象。倒流运输也可以看作对流运输的一种特殊形式，除非是退货或者返厂重修而引发的倒流运输，否则倒流运输纯粹是一种运力的浪费，其不合理程度高于对流运输。

2. 与运输距离有关的不合理运输

（1）迂回运输，指有两条以上的同类运输路线可以采用时，未利用最短距离的路线而绕道运送货物或旅客到目的地的一种不合理运输现象。

（2）过远运输，指选择进货单位或调运物资时，可以采取近程运输而未选取，舍近求远而造成的拉长货物运距的浪费现象。过远运输往往是由厂商信息不对称造成的，或者是厂商供应端过于单一造成的。

3. 与运量有关的不合理运输

（1）重复运输，指同一批货物由产地运往目的地，没经任何加工和必要的作业，也不是为联运及其他需要，又重新转运到别处的现象。运输过程中多余的中转、倒装，虚耗装卸费用，造成车船非生产性停留，增加了作业量，延缓了流通速度，增大了货损，增加了物流费用。

（2）无效运输，指被运输的货物杂质较多，如煤炭中的水，石英砂中的杂质等较多。

（3）返程或启程空驶。从经济学的观点看，空驶使得固定成本不能得到分摊，是一种不经济的运输方式。

4. 与运力有关的不合理运输

与运力有关的不合理运输是指在选择运输方式时，没有充分考虑各种运输方式的经济技术特点而进行不恰当的选择造成的不合理运输。

（1）弃水走陆。陆上运输方式（公路运输、铁路运输）运输成本较高，而水路运输运量大，运输成本低，因此在运输方式选择时可以使用水路运输的，应选择水路运输。

（2）运距与运输工具的经济里程不匹配的运输。公路运输一般适合运距在 300 千米以内的运输，航空运输适合运距在 500 千米以上的运输，而在一些实际运输中没有考虑经济里程的问题，产生了成本的浪费。

（3）货运批量与运量不匹配的运输。在运量比较大的路线上，采用小吨位汽车进行运输，这与大吨位汽车进行运输相比，带来了比较大的浪费。

✤ 知识点 4：运输合理化的措施

1. 合理配置运输网络，优化运输路线

在运输网络的搭建上，应充分考虑基础设施、运输装备、运输服务等方面的情况，企业运输网络的搭建需要结合企业运输需求，合理搭建运输网络。

2. 选择最佳运输方式

了解不同运输方式的经济特征，根据企业需求进行不同运输方式的选择。在短途运输中用公路运输，时间性较强的用航空运输等。

3. 采取减少动力投入，增加运输能力的措施

例如，采用汽车挂车法，形成汽车列车，可以节约成本，常用的措施还有"满载超

轴"法、水运拖带法、顶托法等。

4. 提高运输工具运行效率

充分利用运输工具的额定能力，减少车船空驶和不满载行驶的时间，减少浪费，从而使运输合理化。

5. 发展社会化运输体系

社会物流可以接受社会资源，将多家企业的货物进行配装，以达到容积和载重的充分运用。而单个企业自营物流即使企业规模较大也容易出现运力浪费的问题。因此发展社会化运力是运输合理化的一个标志。

6. 采用先进的运输技术装备

先进的运输技术装备有以下几类。

（1）自动化设备：全自动化智能分拣输送系统、货车无人驾驶系统、无人配送小车、无人机、分拣机器人、仓储机器人等。

（2）信息化技术：传感技术、计算机视觉技术、人工智能技术等。

（3）信息采集技术：GPS 车载导航仪器、GPS 导航手机、车辆通行电子信息卡、红外雷达检测器、线圈检测器、光学检测仪等。

（4）信息处理分析系统：专家系统、GIS 应用系统等。

（5）智能交通系统：交通信息服务系统、交通管理系统、公共交通系统、车辆控制系统、货运管理系统等。

先进的运输技术装备可以提高运输效率，比如自动化设备可以快速准确地转运货物；智能交通系统可以规避交通拥堵问题，优化运输路线，节省时间，减少货物的延误。

先进的运输技术装备可以降低成本，目前的技术装备很多都具有智能性，不仅节约了人力成本，还可以减少管理成本。

先进的运输技术装备还可以提高运输服务质量，更好地保证货物的安全。自动化的运输设备可以对客户的需求进行快速响应和系统分析，精准掌握客户需求，提升客户满意度。先进的运输技术装备还可以更好地保障货物安全、交通安全、数据安全。

7. 采用合理的运输策略和模式

企业可以根据战略以及培植核心竞争力的需要，选择适合企业的运营管理模式，比如采用运输外包模式或者采用自营运输和运输外包相结合的模式。

任务实施

阅读案例《沃尔玛的运输合理化》，回答以下问题。

1. 沃尔玛为了实现运输合理化采取了哪些措施？

2. 哪些先进的智慧运输技术可以助力企业实现运输合理化？

3. 我国的企业应如何借鉴沃尔玛的成功经验找到合理化的突破点？

4. 结合我国实际分析，我国企业实现运输合理化的途径有哪些？

5. 各组派 1 名代表上台分享本组的分析结果。

任务评价

在完成上述任务后，教师组织三方评价，并对学生任务执行情况进行点评。学生完成考核评价表（见表 5-1）的填写。

表 5-1　　　　　　　　　　　　　　　考核评价表

班级		团队名称			学生姓名	
团队成员						
	考评项目	分值	要求	学生自评（30%）	团队互评（30%）	教师评定（40%）
知识能力	对影响运输合理化的因素进行分析	20分	分析正确			
	对不合理运输现象的产生原因进行分析	20分	分析正确			
	对企业追求运输合理化的措施进行分析	30分	分析合理			

考评项目		分值	要求	学生自评 （30%）	团队互评 （30%）	教师评定 （40%）
职业素养	文明礼仪	10分	举止端庄 用语文明			
	团队协作	10分	相互协作 互帮互助			
	工作态度	10分	严谨认真			
成绩评定		100分				
心得体会						

牛刀小试

一、单项选择题

1. （　　），就是在保证货物运量、运距、流向和中转环节合理的前提下，在整个运输过程中确保运输质量，以适宜的运输工具、最少的运输环节、最佳的运输路线、最低的运输成本，将货物从始发地运送至目的地。

A. 运输合理化　　　B. 储存管理　　　C. 装卸搬运　　　D. 流通加工

2. 以下选项中，不属于影响运输合理化的外部因素的是（　　）。

A. 政府　　　　　B. 运输距离　　　C. 资源分布状况　　D. 运输网布局的变化

3. 以下选项中，不属于影响运输合理化的内部因素的是（　　）。

A. 运输距离　　　　　　　　　　B. 运输决策的参与者

C. 运输环节　　　　　　　　　　D. 运输成本

二、多项选择题

1. 以下选项中，属于和运输方向有关的不合理运输的有（　　）。

A. 对流运输　　　B. 倒流运输　　　C. 迂回运输　　　D. 过远运输

2. 以下选项中，属于和运输距离有关的不合理运输的有（　　）。

A. 对流运输　　　B. 倒流运输　　　C. 迂回运输　　　D. 过远运输

3. 以下选项中，属于和运量有关的不合理运输的有（　　）。

A. 重复运输　　　B. 无效运输　　　C. 返程或启程空驶　D. 对流运输

三、判断题（对的打"√"，错的打"×"）

1. 从成本分析，最不合理的运输就是空驶。（　　　）

2. 运距与运输工具的经济里程不匹配也属于不合理运输。（　　　）

3. 减少动力投入，增加运输能力可以推动运输的合理化。（　　　）

4. 车辆的满载率和运输合理化没有关系。（　　　）

5. 合理进行物资调配也是运输合理化的途径。（　　　）

四、案例分析题

三星集团合理化运输

企业物流的根本目标就是通过在采购、销售过程中有效地掌握物流、信息流去满足客户的需求，也就是在最合适的时间、最合适的地点给客户提供需要的产品。

今天的商业环境正在发生显著的变化，市场竞争愈加激烈，客户的期望值正在日益提高。为适应这种变化，企业的物流工作必须进行革新，创建出一种适合企业发展、让客户满意的物流运输合理化系统。

三星集团（以下简称三星）从1989年到1993年实施了物流运输工作合理化革新的第一个五年计划。这期间，为了减少成本和提高配送效率进行了"节约成本200亿""全面提高物流劳动生产率"等活动，最终降低了成本，缩短了前置时间，减少了40%的存货量，并使三星获得首届韩国物流大奖。

三星从1994年到1998年实施了物流运输工作合理化革新的第二个五年计划，重点是将销售、配送、生产和采购有机结合起来，实现公司的目标，即将客户的满意程度提高到100%，同时将库存量再减少50%。为了这一目标，三星将进一步扩展和强化物流网络，同时建立了一个全球性的物流链使产品的供应路线最优化，并设立全球物流网络上的集成订货交货系统，从原材料采购到交货给最终客户的整个路径，实现物流和信息流一体化，这样客户就能以最低的价格得到高质量的服务，从而对企业更加满意。基于这种思想，三星物流工作合理化革新小组从配送选址、实物运输、现场作业和信息系统四个方面进行物流革新。

三星是这样做的：

1. 实行配送选址革新措施，提高配送中心的效率和质量

三星将其配送中心分为产地配送中心和销地配送中心。前者用于原材料的补充，后者用于存货的调整。这样对每个职能部门都确定了最优工序，配送中心的数量减少，规模得以最优化，便于向客户提供最佳的服务。

2. 实行实物运输革新措施，及时交货给零售商

配送中心在考虑货物数量和运输所需时间的基础上确定出合理的运输路线，同时，一个高效的调拨系统也被开发出来，这方面的革新加强了支持销售的能力。

3. 实行现场作业革新措施，让进出工厂的货物更方便快捷地流动

为此公司建立了一个交货点查询管理系统，可以查询货物的进出库频率，高效地配置资源。

4. 实行信息系统革新措施，将生产、配送和销售一体化

三星开发了一个客户服务器系统，公司集成系统（SAPR）的 1/3 将投入物流中使用。由于将生产、配送和销售一体化，整个系统中不同的职能部门能信息共享。客户如有涉及物流的问题，都可以通过订单跟踪系统得到回答。

三星通过一系列措施提升了自己在客户心中的形象，从而更加有利于企业的经营。

三星充分利用车船载重吨位和装载容积，对不同的货物进行搭配运输或组装运输，最大限度地利用了船的载重吨位，提高了运输工具的使用效率。

三星提高运输工具使用效率的主要做法有以下三种：①将重货物和轻货物组装在一起；②对一些体大笨重、容易致损的货物解体运输，分别包装，使之易于装卸和搬运；③根据不同货物的包装形状，采取各种有效的堆码方法。

请结合上述案例分析下列问题：

1. 三星通过哪些措施来实现运输合理化？

2. 三星在实现运输合理化的过程中运用了哪些智慧运输技术？

五、技能训练题

福州某货物运输企业有 10 辆 10 吨的普通货车、5 辆 5 吨的厢式货车，通常从事福州到广州的货物运输。现接到三批货物：50 吨的钢材，从福州发到上海；3 吨的服装，从福州发到杭州；30 箱的药物（约 1 吨），从福州发到宁波。请进行运输合理化设计。

任务二　车辆运行调度

 **任务描述**

广州公交的智能车辆运行调度

目前，广州已经建成涵盖 15000 多辆公交车、1200 多条公交线路、7000 多个站点的庞大公交体系，在为公众提供全面公交服务的同时，也面临着日常运营和管理调度方面的极大挑战。

当前公交线路的发班主要采用传统"计划排班+一定的人工干预"的方式，班车发运效果对调度员的专业水平和工作经验依赖性较强。

部分调度员无法精准、及时、高效地响应道路交通实时状况和客流变化需求，造成公交运力资源供需不平衡，降低了服务质量。

此外，在 2020 年，公交运营调度工作出现了新要求，亟须上线新功能。因此，对公交自动化多模式调度进行研究与实践应用探索具有重要的现实意义。

目前，结合 GPS、CAN（控制器局域网）总线、5G（第 5 代移动通信技术）等技术手段，初步实现了对车辆状态和线路运营状态的远程监控，为开发与实际客流相匹配的公交自动排班发班系统奠定了一定的基础。

本研究基于人工智能、物联网、大数据等新一代信息技术构建公交体系，分析车辆运行线路的客流规律，建立公交自动排班发班模型和公交运行态势仿真评估模型，并在此基础上进行系统开发，以期实现车辆最优调度、驾驶员最合理排班、运力最合理配置，从而整体提升公交服务水平。

1. 总体框架及关键技术

（1）总体框架

本研究基于人工智能技术、物联网技术、大数据技术，结合 GPS、车载视频、CAN 总线、客流检测等技术手段深入挖掘分析公交线路客流数据，提出"实际公交系统+仿真公交系统"并行的解决策略，形成"面向常态公交调度+异常公交情形"的解决方案，从而克服公交企业和乘客普遍关注的首末站服务断位（如发车间隔超过三十分钟）、中间站点串车及站点乘客等待时间过长等实际问题，大幅提升了公交车辆调度的智能化水平。总体框架如图 5-1 所示。

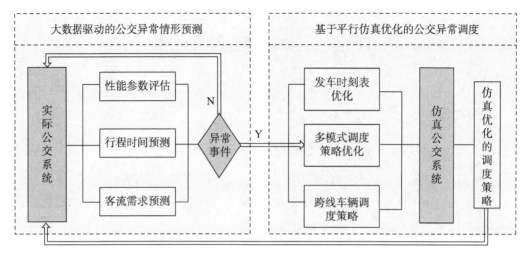

图 5-1　总体框架

（2）关键技术

为实现公交自动化多模式调度，进行了一系列关键技术研究，具体如下：

①基于大数据的客流 OD（起止点）分析

利用乘客刷卡信息，进行公交线路的换乘、通勤规律分析，并通过出行轨迹恢复得到可靠的客流 OD；对于其他波动性强的客流，采用站点吸引率估算下车比例。

②基于神经网络的到站预测

从社会车流与公交车流的具体交互关系和规律的视角，针对以下 3 种情形开展研究。

a. 针对无专用车道的情形，分析社会车流对公交车流的影响机理并建立模型，研究基于 2 种车流密度、速度的整体性关联关系。

b. 针对有专用车道、外部干扰弱的情形，分析公交车流的密度和速度规律，实现基于实时密度检测的公交车辆速度估计。

c. 针对有专用车道、外部干扰强的情形，采用 SVM（支持向量机）或神经网络预测方法进行行程时间预测。

总体上，针对不同公交路段采取不同预测方法，探求多模式交通流交互规律下的公交串车、服务中断、乘客长时间等待等事件的预测。

③仿生智能优化的多模式公交调度

多线路多模式公交调度是充分考虑线路客流方向的不均匀性，采用全程车、大站车和区间车组合的形式，对车辆进行调度的一种模式。这种调度模式通过时段划分，确定不同时段内的公交发车形式及每种形式的车辆数。

④仿真驱动的公交运行态势评价

建立与现实公交系统并行的公交仿真平台，实时接入公交车辆 GPS 数据等信息，基于仿真公交系统预测公交运作异常情形，并开展有针对性的实时调度策略优化。对多组可行的调度策略进行仿真评价，根据企业需求进行多性能指标评价。

2. 主要功能

（1）排班计划自动生成

应用客流分析预测技术，对截面站点的客流进行预测，再利用历史数据分析公交班次的周转时间，得到这一天上行下行的周转时间，结合周转时间与截面客流高峰，综合考虑企业一些较为刚性的经营指标，包括最大发班时间间隔、长短线最低间隔、营运工时以及车辆充电需要，从而生成全天的排班计划。

（2）异常情形预测

常态公交调度研究的核心是生成发车时间表和司机排班表等调度策略。在公交车辆的实际运行过程中，受客流和路况等原因影响，车辆在完成前序趟次后，返回首末站时与预先规划的时间经常会出现偏差。

因此，常态调度策略往往是作为一种参考依据，企业更为重视的是公交系统运行出现异常时的动态管控策略。针对企业关注度高、影响公交服务水平的异常情况，建立客流延误、到站时间等关键参数的预测模型，实现提前半小时以上的异常情形预判，从而为后续调度方案的调整奠定基础。

（3）公交调度方案

公交仿真平台接入公交车辆实时 GPS 数据等信息，可实现公交运营异常情形预测，并生成具有针对性的实时调度策略优化方案。根据企业需求对多组可行的调度策略进行仿真及多性能指标评价。

此外，应用自主研究的客流预测技术，合理制订计划，并可结合公交运力实时监测数据，动态调整发班时间。

（4）5G 公交智能调度创新试点

利用 5G "高带宽、低延时、大连接" 的优势，在广州 B27 公交车线路已试点实现智能安排出车班次。

该线路通过 5G 公交智能调度系统传输公交客流、运营调度、安全提醒等信息资源，建立合理性评估指标体系，实现 5G 公交智能排班、车辆运行指标分析、安全驾驶预警提醒、客流检测等 20 多项功能，提高了公共交通资源周转效率。

（5）车厢高密度载客自动预警

通过抽取线路客流特征和上车乘客历史出行特征构建 AI 模型，结合站台乘客拥挤度信息，实现对车厢满载度的精准预测、自动预警，当车厢满载度超过设定阈值，立即发出 "警报"，提醒公交企业及时响应，增加运力。

要求：请以小组为单位，认真阅读案例，回答 "任务实施" 中的问题。

知识链接

✦ 知识点 1：车辆运行调度的定义

车辆运行调度是指运输企业调度部门以车辆运行作业计划为主要依据，监督、控制、组织车辆运行作业计划实施的一项管理工作。

以公路运输为例，汽车在运行过程中，有关的人（驾驶员、行人和装卸工人）、车辆、道路、运输对象（旅客和货物）及环境等因素处于经常变化而又互相影响和制约之中。为了实现运输的合理化，达到最佳的运输效果，需要根据运输要求、运输环境、车辆经济技术特征等情况进行综合协调，实现运输合理化。

为做好车辆运行调度工作，需要坚持以下原则。

①按制度调度：坚持按制度办事，按车辆使用的范围和对象派车。

②科学合理调度：所谓科学性，就是要掌握单位车辆使用的特点和规律。合理调度就是要按照现有车辆的行驶方向，选择最佳行车路线，不跑弯路和绕道行驶，在一条线路上不重复派车，在一般情况下，车辆不能一次安排全部发运，要留备用车辆，以应急需。

③灵活机动：对于制度没有明确规定而确定需要用车的、情况紧急的，要从实际出发，灵活机动，恰当处理，不能误时误事。

✦ 知识点 2：车辆运行调度的发展阶段

车辆运行调度的发展经历了三个阶段。

1. 早期阶段

车辆调度主要依靠人工经验，受限于信息的不对称和沟通效率低，车辆调度工作效用低。

2. 信息化阶段

随着信息技术的发展，许多的信息化技术应用于车辆运行调度中，出现了一些专业的车辆调度软件。

3. 智能化阶段

近年来，人工智能技术的发展为车辆调度的发展带来了新的突破，出现了许多智能化车辆调度系统。智能化车辆运行调度系统可以实现精准调度、可视化监控、轨迹监管、准确计算等功能。

✦ 知识点 3：车辆调度人员的工作任务

为保证运输目标的实现，车辆运行调度需要做好以下工作：检查运输生产前的有关准备工作；检查作业计划执行情况；对计划完成情况进行检查、记录、统计分析等。做好车辆运行调度工作还要建立调度值班、调度报告、调度会议以及各种信息的传递等制度。

1. 车辆调度的总体要求

（1）根据运输任务和运输生产计划，编制车辆运行作业计划，并通过运行作业计划组织企业内部的各个生产环节，使其形成一个有机的整体，进行有计划的生产，最大限度地发挥公路运输潜力。

（2）掌握货物流量、流向、季节性变化，全面细致地安排运输生产，针对运输工作中存在的主要问题，要及时反映，并向有关部门提出要求，采取相应措施，保证运输生产计划的顺利完成。

（3）加强现场管理和运行车辆的调度指挥，根据调运情况，合理组织运输，不断研究和改进运输调度工作，尽可能以最少的人力、物力完成最多的运输任务。

2. 车辆调度人员的责任

为了做好各项工作，一般调度部门设置计划调度员、值班调度员、综合调度员和调度长。

（1）计划调度员的责任

①编制、审核车辆平衡方案和车辆运行作业计划，并在工作中贯彻执行，检查、总结计划执行情况。

②掌握运输生产计划及重点物资运输完成情况，及时进行分析研究，提出相应的改进措施和意见。

（2）值班调度员的责任

①正确执行车辆运行作业计划，发布调度命令，及时处理日常生产中发生的问题，保证上下级调度机构之间的联系。

②随时了解运输计划和重点任务的进度，听取各方面的意见，做好调度记录，发现有关情况及时向领导汇报。

③随时掌握车况、货况、路况，加强与有关单位的联系，保证单位内外协作。

④签发行车路单，详细交代任务和注意事项。

⑤做好车辆动态登记工作，收集行车路单及有关业务单据。

（3）综合调度员的责任

①及时统计运力及其分布、增减情况和运行效率指标。

②统计安全运输情况。

③统计运输生产计划和重点物资运输进度。

④统计车辆运行作业计划的完成情况及保养对号率。

⑤及时进行有关资料的汇总和保管。

（4）调度长的责任

全面领导和安排工作，在调度工作中正确贯彻执行有关政策法令，充分发挥全组人员的积极性，确保运输任务的完成。

❖ 知识点 4：车辆运行调度系统

1. 基于遗传算法的车辆运行调度系统

遗传算法（Genetic Algorithm，GA）最早于 20 世纪 70 年代提出，该算法是根据大自然中生物体的进化规律而设计提出的，是模拟达尔文生物进化论的自然选择和遗传学机理的生物进化过程的计算模型，是一种通过模拟自然进化过程搜索最优解的方法。该算法通过数学的方式，利用计算机仿真运算，将问题的求解过程转换成类似生物进化中的染色体基因的交叉、变异等过程。

基于遗传算法的车辆运行调度系统可以应用于智慧场站的车辆运行调度系统，解决装卸搬运、车辆调度和运输问题。

2. 基于蚂蚁算法的车辆运行调度系统

蚁群算法（Ant Colony Optimization，ACO），也称蚂蚁算法，是一种模拟自然界中蚂蚁寻找食物路径的行为的概率型算法。蚂蚁算法在解决诸如旅行商问题（TSP）等组合优化或图优化的问题时表现出色，其收敛速度快，求解质量较高。因此在智能运输中可以根据蚂蚁算法进行需求分析，将其应用于配送的智能调度工作中。

3. 智能交通系统

智能交通系统（ITS）的中心思想是利用最先进的计算机技术、通信技术、监视技术、控制技术等，使交通运输达到"人—车—路"综合协调的新境界，提高道路的使用效率，节约能源，保护环境。

任务实施

阅读案例《广州公交的智能车辆运行调度》，回答以下问题。

1. 传统车辆运行调度是如何运作的？

_____

_____

2. 智能车辆运行调度系统的关键技术有哪些？

_____

_____

3. 智能车辆运行调度系统的优势有哪些？

_____

_____

4. 还有哪些运输场景适合采用这种智能车辆运行调度系统？

_____

_____

5. 各组派 1 名代表上台分享本组的分析结果。

任务评价

在完成上述任务后，教师组织三方评价，并对学生任务执行情况进行点评。学生完成考核评价表（见表5-2）的填写。

表 5-2　　　　　　　　　　考核评价表

班级		团队名称		学生姓名	
团队成员					

	考评项目	分值	要求	学生自评（30%）	团队互评（30%）	教师评定（40%）
知识能力	了解车辆运行调度的发展	20分	了解全面			
	了解车辆调度人员的责任	20分	了解全面			
	对智能调度系统的应用范围进行拓展分析	30分	分析合理			
职业素养	文明礼仪	10分	举止端庄用语文明			
	团队协作	10分	相互协作互帮互助			
	工作态度	10分	严谨认真			
成绩评定		100分				
心得体会						

牛刀小试

一、单项选择题

1. （   ）是指运输企业调度部门以车辆运行作业计划为主要依据，监督、控制、组织车辆运行作业计划实施的一项管理工作。

A. 车辆运行调度   B. 车辆管理   C. 装卸搬运   D. 流通加工

2. （   ）是一种模拟自然界中蚂蚁寻找食物路径的行为的概率型算法。

A. 蚂蚁算法   B. 非线性规划法   C. 模拟退火算法   D. 线性规划法

3. 智能交通系统的英文缩写是（   ）。

A. ITS   B. GSL   C. GSI   D. GIS

二、多项选择题

1. 车辆运行调度的发展阶段包括（   ）。

A. 早期阶段   B. 模拟阶段   C. 信息化阶段   D. 智能化阶段

2. 车辆运行调度的原则有（   ）。

A. 按制度调度   B. 灵活机动   C. 科学调度   D. 随机调度

三、判断题（对的打"√"，错的打"×"）

1. ITS 的中心思想是利用最先进的计算机技术、通信技术、监视技术、控制技术等，使交通运输达到"人—车—路"综合协调的新境界，提高道路的使用效率，节约能源，保护环境。（   ）

2. 智能化车辆运行调度系统可以实现精准调度、可视化监控、轨迹监管、准确计算等功能。（   ）

3. 运用了物联网等信息技术的智慧运输，在货物的运输过程中，将大大减少物流运输业信息不对称、配载效率低的现象。（   ）

4. 车辆运行调度系统可以完全避免车辆运行中出现的所有问题。（   ）

四、案例分析题

某科技园区物流车辆智能调度管理解决方案确保车辆畅行无阻

很多大型生产、物流、仓储等企业园区会遇到一个普遍性问题，园区每天会涌入大量物流车辆，如送货车辆、提货车辆等，几百辆车汇集在园区内外，占用道路资源，导致交通堵塞，也给企业带来了安全隐患。

该园区物流车辆智能调度管理解决方案是应用 GPS 定位系统、4G 传输技术、地图导航、地理信息系统、智能识别等前沿技术，对园区内物流车辆进行调度规划，监控车辆信息、行驶路线、运输物品等信息，通过智能运行调度系统合理安排车辆运输计划，提高车辆运营效率，实现对园区物流车辆的智能调度和高效管理。

1. 方案特点

（1）园区物流车辆管理

从车辆接到运输任务，到装卸完毕离开园区，全过程实行综合监控管理，整个过程包括车辆进出管理、签到记录管理、车辆装卸作业时间管理、车辆排队管理、实时信息发布管理等。

（2）车辆跟踪定位

对出入园区的物流车辆进行定位追踪管理，增强对园区车辆的流通管理，保障车辆有序作业、提高工作效率。

（3）车辆智能调度

实现对园区内车辆的统一指挥调度，避免车辆的积压堵塞，确保车辆有序排队进入园区。

（4）车辆实时监控

对车辆实施监控，通过管理系统获取车辆在各物流节点的信息，以便统筹调度车辆。

2. 实现的功能

（1）访客预约信息录入

承运商、供应商通过网页或微信公众号录入预约送货、提货车辆信息。

（2）访客预约管理

通过访客管理系统对从访客预约、访客登记、访问到离开园区的整个过程进行统一管理。

（3）车辆位置查询与获取

司机关注指定微信公众号，管理员通过司机的位置信息获取车辆位置信息。

（4）车辆调度

司机可通过微信公众号查询、查看、获取可入园区信息。

（5）车辆入园确认

扫描入园司机手机上的二维码，查看车辆信息。对不符合条件的，进行反馈，提示车辆等待。

（6）入园地图导航

车辆入园后，司机手机切换到园区内地图导航模式，为司机规划去作业仓库的最佳路径。

（7）作业车辆确认

司机完成指定仓库作业后，库房管理员扫描司机手机上的二维码进行车辆作业确认。

（8）车辆出园确认

车辆完成作业后，扫描出园司机手机上的二维码进行信息确认。

（9）统计分析

系统会对相关作业信息、报警信息、导航信息、车辆运行信息等进行统计，生成报表，提供多元化展现形式以供管理员进行数据分析。

请结合上述案例分析下列问题：

1. 园区智能运行调度系统涉及的智能技术有哪些？

2. 园区智能运行调度系统相对传统车辆运行调度有哪些优势？

任务三　运输路线及其优化

 **任务描述**

公路运输路径规划

甲公司运输作业部与某品牌家电供应商签订了一份长期运输合同。该供应商的产品分别在 A、B、C 三个分厂完成加工，然后用卡车运送到 a、b、c、d 四个分销中心，每周运送一次。3 个分厂的周产量分别为 70 件、40 件和 90 件，4 个分销中心的周需求量分别为 30 件、60 件、50 件和 60 件。表 5-3 所示为两地之间的运费率（元/件）。主管要求你为该供应商规划一个最佳调运方案，确保总的运输费用最低。

表 5-3　　　　　　　　　　　　**两地之间的运费率**　　　　　　　　　　（单位：元/件）

	a	b	c	d
A	30	110	30	100
B	10	90	20	80
C	70	40	100	50

要求：请以小组为单位，认真阅读案例，分析产量、需求量和运价信息，回答"任务实施"中的问题。

 **知识链接**

✤ 知识点 1：运输路线优化问题的概念

运输路线优化问题可以简单地概括为：找到运输工具在公路网、铁路线、水运航道和航空线运行的最佳路线，以尽可能缩短运输时间或运输距离，从而使运输成本降低的同时，客户服务也得到改善。

在实际工作中，选择运输路线时可能需要考虑如下具体限制：

①每个地点既有货物要送又有货物要取。

②有多个运输工具可以使用，每个运输工具都有自己的容量或承载量限制。

③部分或全部地点的开放时间有限。

④因车辆承载量的限制或其他因素，要求先送货再取货。

⑤驾驶员的就餐和休息时间也在考虑的范围内。

✤ 知识点2：运输路线制定的原则

1. 同一车辆服务的客户按距离聚类

将相互接近的停留点的货物装在同一辆车上运送，车辆的运行路线应将相互接近的停留点串起来，以便停留点之间的运行距离最小，这样就使总路线上的运行时间最少。

2. 将集聚在一起的停留点，安排同一天送货

当停留点的送货时间是一周的不同日期时，应当将集聚在一起的停留点安排在同一天送货，要避免不是同一天送货的停留点在运送路线上重叠，这样可使所需的服务车辆数量最少以及车辆在一周内运行时间最少、行驶路线最短。

3. 避免行车路线交叉

运货车辆途经各停留点的路线不应该交叉，应形成凸状。

4. 尽可能使用大载重量车辆，减少出车数量

最好使用一辆载重量大到能将路线上所有停留点所要求运送的货物都装载的货车，这样可以使总运行距离最小或时间最少。

5. 提货/送货混合安排

提货应混在送货过程中进行，而不要在送货结束后再进行，以减少交叉路程。在送货结束后再进行提货经常会产生交叉路程。提货混在送货过程中进行，具体能做到什么程度，主要取决于送货车辆的形状、提货量以及所提货物对车辆内后续送货通道的影响程度。

6. 从距离仓库最远的停留点开始设计路线

合理的运行路线应从距离仓库最远的停留点开始将该集聚区的停留点串起来，然后返回仓库。一旦确认了最远的停留点，送货车辆应依次装载最靠近这个停留点的货物。这辆货车满载后，再选择另一个最远的停留点，用另一辆货车装载最靠近第二个最远停留点的货物，按此程序进行下去，直至所有停留点的货物都分配给运货车辆。

7. 对偏离集聚停留点的停留点，可应用另一个送货方案

偏离集聚停留点的停留点，特别是那些送货量小的停留点，一般要耗费大量的时间和车辆费用，因此使用额定载重量小的车辆专门为这些停留点送货是经济的，其经济收益取决于该停留点的偏离度和送货量。偏离度越大，送货量越小，使用额定载重量越小的车辆专门为这些停留点送货越经济。此外，还可租用车辆为这些停留点送货。

8. 应当避免停留点工作时间太短的约束

停留点工作时间太短，常会迫使途经停留点的顺序偏离理想状态。由于停留点的工作时间约束一般不是绝对的，因此，如果停留点的工作时间确实影响到合理的送货路线，则可以与停留点商量，调整其工作时间或放宽其工作时间约束。

✤ 知识点 3：运输路线选择问题的基本类型

1. 单一起点和单一终点的问题

单一起点和单一终点是指在一次运输任务中，只有一个装货点和一个卸货点。对于单一起点和单一终点的运输路线选择问题，最简单和最直接的方法是最短路线规划法。

计算方法如下：

（1）第 n 次迭代的目标。寻求第 n 次距离始发点最近的节点，重复，$n=1, 2, \cdots$，直到最近的节点是终点为止。

（2）第 n 次迭代的输入值。$n-1$ 个距离始发点最近的节点是由以前的迭代根据距离始发点最短路线和距离计算而得到的。这些节点以及始发点称为已解的节点，其余的节点是尚未解的节点。

（3）第 n 个节点的候选点。每个已解的节点是由以前的迭代根据距离始发点最短路线和距离计算而得到的。这些节点以及始发点称为已解的节点，其余的节点是未解的节点。

（4）第 n 个最近节点的计算。每个已解的节点及其候选点之间的距离和从始发点到该已解点之间的距离加起来，总距离最短的候选点即第 n 个最近的节点。

【练一练】

某配送中心 P 将向德家（A）、德兰（B）、德飞（C）、德来（D）、德麟（E）、德乐（F）、德成（G）、德福（H）、德凯（I）、德翔（J）10 家公司配送货物。图 5-2 中，连线上的数字表示公路里程（千米），靠近各公司括号内的数字表示各公司对货物的需求量。配送中心备有 3 吨和 4 吨载重量的汽车可供使用，且配送车辆一次巡回里程不超过 40 千米。假设送到时间均符合用户要求，试用最短路线规划法制定最优的配送方案。

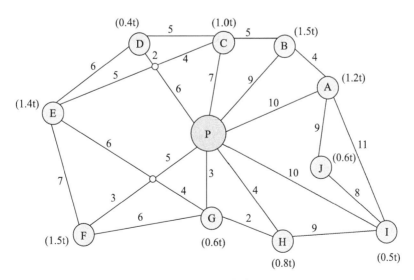

图 5-2　路线数据

2. 起讫点重合的运输问题

在进行运输路线规划时，起讫点重合的运输问题十分常见。例如，从配送中心发运货物到各个门店，最后车辆再回到配送中心。对于这一类问题可以用经验试探法或扫描法。

经验试探法：经验表明，当运行路线不发生交叉时，经过各站点的次序是合理的，同时，如有可能应尽可能使运行路线形成泪滴状。

扫描法：是一种先分群再寻找最佳路线的路线规划法，一般分为两个过程，首先分配车辆服务的站点，最后确定每辆车的行车路线。具体分为以下三步。

第一步，在地图或方格图中确定所有站点的位置。

第二步，自集货中心开始，沿任一方向向外画一条直线。沿顺时针或逆时针方向旋转该直线直到与某站点相交，判断增加该站点是否会超过车辆的载货能力。如果没有，继续旋转直线，直到与下一个站点相交，再次计算货运量，如果超过则剔除，形成第一个服务区域。重复以上的步骤，直到所有的站点都被安排到服务区域中。

第三步，安排每个服务区域中的每个站点的装货顺序，确保行车距离最短。

【练一练】

某运输公司为其客户企业提供取货服务，货物运回仓库集中后，将以更大的批量进行长途运输。所有取货任务均由载重量为 10 吨的货车完成。现在有 13 家客户有取货要求，各客户的取货量（D，单位为吨）、客户的地理位置坐标（X，Y）如表 5-4 所示。运输公司的仓库坐标为（19.50，5.56）。要求合理安排车辆，并确定各车辆行驶路线，使总运输里程最短。

表 5-4　　　　　　　　　　　　　　　　客户信息

客户	1	2	3	4	5	6	7	8	9	10	11	12	13
D(吨)	1.9	2.8	3.15	2.4	2	3	2.25	2.5	1.8	2.15	1.6	2.6	1.5
X	20	18.8	18.3	19.1	18.8	18.6	19.5	19.9	20	19.5	18.7	19.5	20.3
Y	4.8	5.17	5	4.78	6.42	5.88	5.98	5.93	5.55	4.55	4.55	5.19	5.20

3. 多起点多终点运输问题

多起讫点直达运输主要是指将多个供应点的供应分配到多个顾客需求点，常用在产品从工厂到仓库的配送、从仓库向顾客供应等情况。解决这类问题可以用线性规划法求解。

（1）线性规划法的概念

线性规划法是在一定的限制条件下使其规划问题的某个整体指标达到最优的方法。

（2）线性规划法的数学模型

线性规划法的数学模型包括三个要素：决策变量、约束条件、目标函数。

决策变量：用一组定值代表所给问题的一个具体解决方案。一般要求其非负。

约束条件：反映所给问题的客观限制及完成任务的具体要求，一般表示为一组决策变量的线性等式或不等式。

目标函数：问题所要达到的目标。一般表示为决策变量的线性函数，取最大值（或最小值）。

建模步骤如下：

①确定决策变量，根据决策问题，确定 $x = (x_1, x_2, x_3, \cdots, x_n)$。

②找出约束条件，找出所有的限制条件，写出其表达式。

③明确目标函数，写出目标函数的最大值（或最小值）。

$$\max（\min）z = c_1 x_1 + c_2 x_2 + \cdots + c_n x_n$$

$$\begin{cases} a_{11} x_1 + a_{12} x_3 + \cdots + a_{1n} x_n \leqslant (=, \geqslant) b_1 \\ a_{21} x_1 + a_{22} x_2 + \cdots + a_{2n} x_n \leqslant (=, \geqslant) b_2 \\ a_{m1} x_1 + a_{m2} x_2 + \cdots + a_{mn} x_n \leqslant (=, \geqslant) b_m \end{cases}$$

$$x_1, x_2, x_3, \cdots, x_n \geqslant 0$$

【练一练】

现有三个生产地 A、B、C 供应某种商品，四个销售地 1、2、3、4，各自的供应量和需求量如表 5-5 所示。试列出线性规划模型。

表 5-5　　　　　　　　　　供应量和需求量信息

生产地	销售地				供应量
	1	2	3	4	
A	15	18	19	13	50
B	20	14	15	17	30
C	25	12	17	22	70
需求量	30	60	20	40	150

注：阴影区域的数值为两地之间进行货物运输的成本价格。

❖ 知识点 4：运用节约里程法制定行车路线

1. 原理

根据三角形原理，三角形两边长度之和大于第三边。如果将运输问题中的两个回路合并成一个回路，就可以缩短路线总里程，并减少了一辆货车的使用。节约里程数是两个地点到配送中心的距离之和减去两个地点间的距离。

2. 案例解析

某配送中心 P 将向德家（A）、德兰（B）、德飞（C）、德来（D）、德麟（E）、德乐（F）、德成（G）、德福（H）、德凯（I）、德翔（J）10 家公司配送货物。图 5-3 中，连线上的数字表示公路里程（千米），靠近各公司括号内的数字表示各公司对货物的需求量。配送中心备有 2 吨和 5 吨载重量的汽车可供使用，且配送车辆一次巡回里程不超过 40 千米。假设送到时间均符合用户要求，试用节约里程法制定最优的配送方案。

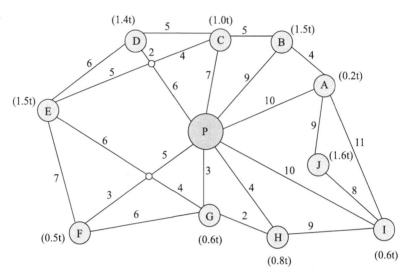

图 5-3　路线数据

（1）根据路线图可知点与点之间的最短里程数如表 5-6 所示。

表 5-6　　　　　　　　　　　　　　　最短里程数

P										
10	A									
9	4	B								
7	9	5	C							
8	14	10	5	D						
11	18	14	9	6	E					
8	18	17	15	13	7	F				
3	13	12	10	11	10	6	G			
4	14	13	11	12	12	8	2	H		
10	11	15	17	18	21	17	11	9	I	
18	9	13	18	23	29	25	19	17	8	J

（2）再由表 5-6 可知点与点之间的节约里程数如表 5-7 所示。

表 5-7　　　　　　　　　　　　　　　　节约里程数

A									
15	B								
8	11	C							
4	7	10	D						
3	6	9	13	E					
0	0	0	3	12	F				
0	0	0	0	4	5	G			
0	0	0	0	3	4	5	H		
9	4	0	0	0	1	2	5	I	
19	14	7	3	0	1	2	5	20	J

（3）将节约里程数排序，如表 5-8 所示。

表 5-8　　　　　　　　　　　　　　　　节约里程数排序

路线	节约里程数	路线	节约里程数	路线	节约里程数	路线	节约里程数	路线	节约里程数
IJ	20	AC	8	EG	4	AF	0	DG	0
AJ	19	BD	7	FH	4	AG	0	DH	0
AB	15	CJ	7	AE	3	AH	0	DI	0
BJ	14	BE	6	DF	3	BF	0	EI	0
DE	13	FG	5	DJ	3	BG	0	EJ	0
EF	12	GH	5	EH	3	BH	0		
BC	11	HI	5	GI	2	CF	0		
CD	10	HJ	5	GJ	2	CG	0		
AI	9	AD	4	FI	1	CH	0		
CE	9	BI	4	FJ	1	CI	0		

（4）根据以上三个表可选出来三条路线，如表 5-9 所示。

表 5-9　　　　　　　　　　　　　　　　路线选择

路线	路线	吨数（吨）	车型	行驶里程数（千米）	节约里程数（千米）
路线一	P-B-A-J-I-P	3.9	5t	40	54
路线二	P-E-D-C-P	3.9	5t	29	23

续　表

路线	路线	吨数（吨）	车型	行驶里程数（千米）	节约里程数（千米）
路线三	P–H–G–F–P	1.9	2t	20	10
总数				89	87

故根据节约里程法可知这一次选用两辆 5 吨的车型与一辆 2 吨的车型，总共行驶 89 千米。

三条路线如图 5-4 所示。

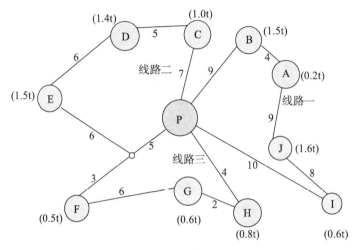

图 5-4　三条路线

任务实施

阅读案例《公路运输路径规划》，回答以下问题。

1. 该案例属于运输路线规划中的哪类问题？

_____

_____

2. 如何进行路线规划？

_____

_____

3. 如果路线更加复杂，有哪些软件可以帮我们解决这类问题？

_____

4. 各组派 1 名代表上台分享本组的分析结果。

 任务评价

在完成上述任务后，教师组织三方评价，并对学生任务执行情况进行点评。学生完成考核评价表（见表 5-10）的填写。

表 5-10　　　　　　　　　　　考核评价表

班级			团队名称			学生姓名	
团队成员							
	考评项目		分值	要求	学生自评（30%）	团队互评（30%）	教师评定（40%）
知识能力	了解运输路线类型		20分	作答正确			
	针对各种类型的运输路线进行规划求解		20分	作答正确			
	分析相关运输规划软件		30分	分析合理			
职业素养	文明礼仪		10分	举止端庄用语文明			
	团队协作		10分	相互协作互帮互助			
	工作态度		10分	严谨认真			
	成绩评定		100分				
心得体会							

牛刀小试

一、单项选择题

1. 单一起点和单一终点的运输是指一次运输任务中（   ）。

A. 只有一个装货点和一个卸货点 B. 有一个装货点和多个卸货点

C. 有一个卸货点和多个装货点 D. 有多个装货点和多个卸货点

2. 大多数的整车干线运输规划主要是（   ）的路线规划问题。

A. 多起点、多终点 B. 单一起点、单一终点

C. 起点和终点重合 D. 共同配送

3. （   ）是一种先分群再寻找最佳路线的路线规划法。

A. 扫描法 B. 标号法

C. 最短路线规划法 D. 表上作业法

二、多项选择题

1. 运输调度工作中可能出现的异常情况包括（   ）。

A. 运输计划变动 B. 车辆变动 C. 人员变动 D. 线路变动

2. 最佳路线可以是（   ），这要根据任务的具体要求来确定。

A. 距离最短 B. 费用最省 C. 运量最小 D. 时间最少

3. 运输路线制定的原则有（   ）。

A. 将集聚在一起的停留点，安排同一天送货

B. 避免行车路线交叉

C. 尽可能使用大载重量车辆，减少出车数量

D. 提货/送货混合安排

三、判断题（对的打"√"，错的打"×"）

1. 扫描法一般可以用于单一起点和单一终点的路线规划问题。（   ）

2. 在起点和终点重合的路线规划问题中，单个停留点的货运量一般较小。（   ）

3. 线性规划法只能解决多起点和多终点的运输问题。（   ）

4. 最短路线的规划和运输成本无关。（   ）

5. 运输路线规划只能解决运输距离问题。（   ）

四、技能训练题

某配送中心 P 将向德家（A）、德来（B）、德乐（C）、德麟（D）、德福（E）、德兰（F）、德成（G）、德飞（H）、德凯（I）、德翔（J）、德华（K）11 家公司配送货物。图 5-5 中，连线上的数字表示公路里程（千米）。靠近各公司的数字表示各公司对货物的

需求量。配送中心备有 5 吨和 8 吨载重量的汽车可供使用，且车辆一次巡回里程不能超过
55 千米。假设送到时间均符合用户要求，试用节约里程法制定最优的配送方案。

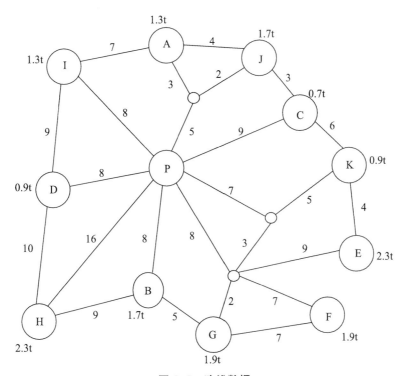

图 5-5　路线数据

06

PROJ

项目六

智慧运输组织管理

◎**知识目标**

●掌握整车运输、零担运输的概念、组织形式、主要特征和流程，熟悉各环节的作业内容和方法。

●了解大件货物运输的概念。

●掌握危险货物、鲜活易腐货物的主要特征。

●掌握集装箱运输的定义、特点。

●掌握多式联运的概念、特征、作业流程。

◎**能力目标**

●能够针对具体公路、铁路整车业务和零担业务设计运输组织流程。

●能够填制相关运输单证。

●能够针对特定集装箱运输业务、多式联运业务的实际情况，提出运输组织方案。

●能够对特定危险货物、大件货物的运输提出运输组织方案。

◎**思政目标**

●增强对专业的认同感。

●培养严谨、细致、精益求精的学习态度与作风。

●培养独立思考能力。

●培养团队合作精神和法制思维。

●培养劳模精神和工匠精神，增强劳动意识。

●培养创新精神，增强创新和绿色发展意识。

智慧运输组织管理

整车运输管理
- 铁路整车运输的条件
- 公路整车运输的条件
- 公路整车运输的形式
- 整车运输的优点
- 整车运输的货物
- 整车运输运费的计算

零担运输管理
- 零担货物的定义
- 零担运输的特点
- 公路零担运输的货源组织
- 公路零担运输的组织形式
- 公路零担运输的组织作业程序
- 公路零担运输运费
- 铁路零担运输组织管理

特殊货物运输管理
- 特殊货物运输的定义
- 特殊货物运输的意义
- 大件货物运输
- 鲜活易腐货物运输
- 危险货物运输

集装箱运输管理
- 集装箱运输的定义
- 集装箱运输的特点
- 集装箱货物的分类
- 集装箱货物运输的作业流程
- 集装箱的选用
- 集装箱的配载

多式联运运输管理
- 多式联运的概念
- 多式联运的特征
- 多式联运的作用
- 多式联运的形式
- 多式联运的构成要素
- 多式联运的作业流程

 **岗位分析**

<h2 style="text-align:center">岗位1：智慧运输管理员</h2>

● **岗位职责**：负责协调和管理公司的运输活动。岗位职责涉及物流规划、运输协调、成本控制和运输安全。

● **典型工作任务**：负责制订并执行运输计划，确保货物按时送达目的地；分析市场需求和供应情况，制定合理的物流策略；协调各个环节的配送方式和运输工具，确保货物的高效运输；协调运输车辆的调度安排，确保车辆的合理利用；分析运输成本，制定成本控制措施。

● **职业素质**：责任意识、服务意识、效率意识、成本管理意识、法律意识。

● **职业能力**：能够针对货物的运输要求及货物特点进行运输计划的制订，协调运输车辆的调度安排并控制好运输成本。

● **可持续发展能力**：具备良好的组织能力和沟通能力，能够协调各方资源，拥有较强的责任心和积极的工作态度。

<h2 style="text-align:center">岗位2：智慧运输单证员</h2>

● **岗位职责**：负责接收来自各方的运输单证，如运输合同、发票、装箱单等，并仔细核对各项信息的准确性和完整性；将处理过的单证进行归档管理，以便日后查阅和审计；与外部合作伙伴或客户进行沟通，确保运输单证能够按时送达；按时输出各类统计报表，如运输量统计、单证处理效率统计等；与客户保持密切沟通，及时了解客户的需求和反馈。

● **典型工作任务**：运输单证的接收、核对与录入；单证归档与系统操作；运输单证的催缴与跟踪；数据统计与报表输出。

● **职业素质**：标准化作业意识、成本意识、团队意识、安全管理意识、客户服务意识、创新意识、责任意识等。

● **职业能力**：具备扎实的专业知识、良好的信息技术应用能力、沟通协调能力、解决问题能力以及细心与耐心的品质，以应对智慧运输领域的挑战和需求。

● **可持续发展能力**：具备良好的组织能力和沟通能力，能够协调各方资源，拥有较强的责任心和积极的工作态度。

 项目导读

　　荷兰鹿特丹港曾是世界上规模最大、设备最先进、集装箱吞吐量最高的港口之一，现在也仍然排在世界前列。年均停靠远洋货轮3.4万艘，拥有国际集装箱班轮航线500多条，每年约 330 万艘次驳船和支线集装箱船舶挂靠。鹿特丹港也是欧洲规模最大的集装箱转运港口，与欧洲各国的 110 多个沿海、内河和内陆港口保持密切经贸联系。随着信息技术的发展和港口集散、运输技术的改进，鹿特丹港到 2026 年码头集装箱吞吐能力将达到 3400 万标准箱。

国际运输信息系统（International Transport Information System，INTIS）是荷兰为满足贸易和运输需求而开发的 EDI（电子数据交换）服务系统，始建于 1985 年，建设成本约 1000 万美元。INTIS 最初是由荷兰的几个港口和运输公司联合开发的。1994 年以前，鹿特丹港 EDI 信息主要用于报关，在开发 EDI 的报文标准方面，其报文标准采用 EDI-FACT 标准。而现在已经建设了港口网络（Portent）、港口信息网（ Port-Information-Net）等信息网络，信息应用的范围就更广了，包括运输指令、国际铁路运单、装运通知、装货清单等，大大提高了服务效率。全面应用 EDI 技术，使鹿特丹港成了欧洲规模最大、效率最高的港口。

任务一　整车运输管理

任务描述

铁路货物运单的填写

A 公司位于兰州市七里河区建兰路 69 号，该公司采购员李××（136××××7425）在银川市出差购得一台五金零件，价值 10 万元，按照价值的 1% 购买了保险并于 2022 年 4 月 3 日提报由银川站运往兰州西站。货物用木箱包装，共 10 件，运价号码为 3，承托双方均确定重量为 14 吨，用 15 吨货车一辆装运直达运输，运输号码为 34599938。

银川站指定 2022 年 4 月 5 日搬入货场 PD0201067 号货位。经查表从银川站至兰州西站运价里程为 679 千米。银川站派车牌号为 TK7841 的车辆进行运输，篷布号码为 345675，供应商地址位于银川市西夏区培华路 118 号，李××作为押货人随车同行，并进行装车和施封，施封号码为 340990，在运输过程中还花费了每吨 5 元的装车费和 60 元的印花税，该公司的仓管员张××（186××××5612）进行收货。请填写铁路货物运单。

要求：请以小组为单位，认真阅读案例，组长负责制订任务完成计划并进行小组分工，设计铁路货物运单，根据题目中的信息正确设计运单，计算铁路整车运输费用，然后完成运单的填制。

知识链接

✤ 知识点 1：铁路整车运输的条件

1. 基本条件

一批货物的数量、体积、重量、形状或性质，需要一辆铁路货车装运时应按整车办理。"一批"是指铁路运输和计算运费的一个基本单位。按一批办理的货物通常应为同一发货人、同一发站、同一装车地点、同一收货人、同一到站、同一卸车地点。一批整车货物通常使用一张运单、一张货票、一辆货车。

2. 特殊条件下的整车运输

特殊条件下的整车运输大致有整车分卸、途中装卸、站界内搬运等类型。整车分卸和途中装卸只限整车托运的货物。危险货物不办理站界内搬运和途中装卸。

托运人托运同一到站的货物数量不足一车而又不能按零担办理，要求将同一线路上两个或最多不超过三个到站的货物合装一车时，可按整车分卸办理。

货车装车或卸车地点不在铁路公共装卸场所，而在相邻的两个车站站界间的铁路沿线

的情况被称为途中装卸。

3. 运输计划

发货人托运整车货物应向装车站提报铁路整车货物运输服务订单。订单是托运人和承运人双方关于铁路货物运输的要约和承诺，主要包括货物运输的时限、发站、到站、托运人、收货人、货物名称、重量等内容。铁路部门随时受理，随时审定。

4. 整车货物按件数、重量承运

整车货物可按件数、重量承运，但下列货物只能按重量承运：①散堆装货物；②成件货物规格相同（相同规格在 3 种以内，视为规格相同），一批数量超过 2000 件；③成件货物规格不同，一批数量超过 1600 件。

日用百货、文具、电视机、面粉、医疗器械、玻璃仪器等货物每件平均在 10 千克以上的，承运人应按件数和重量承运。

货物装载量不能超过货车的容许载重量。

5. 计费条件

整车货物运输按货车标记载重量计算。货物重量超过标记载重量时按货物重量计算运费。按一批办理的整车货物，运价率不同时，按其中运价率高的计算。

6. 运到期限

货物运到期限应按规定计算，并在运单上注明。整车运输的鲜活易腐货物应由托运人提出允许的运到期限。允许的运到期限应比规定的运到期限多 3 天，否则，铁路可以不予承运。铁路应在规定的运到期限内将货物送达到站，超过规定的运到期限时，铁路应向收货人支付违约金。

❖ 知识点 2：公路整车运输的条件

公路整车运输中间环节很少，送达时间短，相应的货物集散成本较低，加上其高度的灵活性和可得性，公路整车运输往往成为中短途货物运输的首选形式。

1. 基本条件

托运人一次托运货物在 3 吨及 3 吨以上，或不足 3 吨，但其性质、体积、形状需要一辆 3 吨以上的汽车运输时，应按整车办理。整车运输通常是一车一张货票、同一发货人、同一收货人。

2. 运输限制

按国家有关部门规定，需要办理准运或审批、检验、检疫等手续的货物，托运人应将准运证或审批文件提交给承运人，并随货同行。

托运的货物中，不得夹带危险货物、贵重物品、鲜活易腐货物、易污染货物、货币、有价证券以及政府禁止或限制运输的货物。

3. 货物装载量

承运人应根据货物受理情况，合理安排运输车辆，货物装载重量以车辆标记载重量为限，轻泡货物以折算重量装载，不得超过车辆的标记载重量及车辆有关长、宽、高的装载规定。

4. 整车拼装

为合理利用车辆的载重能力，当托运人托运的整车货物重量低于所装车辆的标记载重量时，可以与其他托运人托运的货物拼装一车，但货物总重量不得超过货车的标记载重量。

5. 整车货物多点装卸

整车货物多点装卸，按全程合计最大载重量计算，最大载重量不足车辆标记载重量时，按车辆标记载重量计算。

6. 整车运输的货物和件数

按整车运输办理时，散装、无包装和不成件的货物按重量托运；有包装、成件的货物，托运人可按件数托运，不计件内细数。

7. 运输路线

承运人应与托运人约定运输路线。起运前运输路线发生变化必须通知托运人，并按最后确定的路线运输。

✤ 知识点 3：公路整车运输的形式

公路运输的效率总体上受"人、车、路"三个方面因素的限制。人的因素指驾驶人员的技术水准、最大允许连续作业时间等；车的因素指运载工具的性能和载重量等；路的因素指道路、桥梁的承载能力等条件。其中，人和车的因素是公路运输组织管理的重点。目前，公路运输中广泛采用双班运输、拖挂运输和甩挂运输等整车运输形式。

1. 双班运输

双班运输指一天 24 小时内，一辆车出车工作 2 个或 2 个以上班次的运输组织形式。该组织形式的特点是"歇人不歇车"，避免了疲劳驾驶，既可以提高运输效率，又能保证行车安全。

2. 拖挂运输

拖挂运输也称汽车运输列车化，它是以汽车列车形式进行运输的方式。汽车列车可以在不提高轴负荷的情况下增加车辆的载重量。但是，拖挂运输中汽车的牵引性能比单车运输时要差，汽车列车直接挡动力下降，会导致汽车列车平均技术速度的下降，增加了驾驶员在操纵上的困难，也会增加燃料消耗量。

3. 甩挂运输

甩挂运输是配备数量多于汽车（或牵引车）的全挂车（或半挂车），组织穿梭式的往

复运输。运输过程中，汽车或牵引车在装卸货点甩下全挂车或半挂车装卸货，挂走已装货（已卸货）的挂车或半挂车。

✛ 知识点 4：整车运输的优点

整车运输的优点包括以下几个方面。

①安全性高。减少了货物的装卸次数，降低了货物损失和破损的风险，同时，整车装运的货量较大，有利于提高货物交接效率，减少货物被人为破坏或盗窃的可能性。

②时间效率高。整车运输一般是直达运输，无须中转或转运，减少了货物交接时间和成本，实现了快速送货。

③灵活性强。可以根据客户的需求和情况灵活调整运输方案，适应不同货物的类型、体积和距离等条件。

④成本优势明显。对于大型货物，整车运输与其他运输方式相比，减少了中转和费用协调，避免了误报费的情况。

⑤服务保障好。提供快速、专业的服务，包括加急运输、定期运输、专线配送等，满足客户的个性化需求。

⑥实现"门到门"服务。整车运输可以直达目的地，减少了中转环节，特别适用于大件货物或特殊货物的运输。

✛ 知识点 5：整车运输的货物

整车运输通常适用于以下类型的货物。

①鲜活货物，如活的牛、羊、猪、兔、蜜蜂等。

②危险品，这些货物不能与其他货物拼装运输。

③易于污染其他货物的不洁货物，如炭黑、皮毛等。

④散装货物，如煤、焦炭、矿石、矿砂等，这些货物的特点是不易计算件数。

⑤一些特殊货物，如需要冷藏保温的货物，因为这些货物通常不能和其他货物一起运输，所以采用整车运输。

⑥重量超过 3 吨或长度超过 9 米的货物。

此外，整车运输还适用于如建材、瓷器、轿车、驾驶室、棉制品、海绵、纸箱、书籍、电器、树苗等货物。

✛ 知识点 6：整车运输运费的计算

1. 公路整车货物运费计算

整批货物运以吨为单位，吨以下计至 100 千克，尾数不足 100 千克的，四舍五入。货物按其性质分为普通货物和特种货物，普通货物实行分等计价，以一等货物为基础，二等货物加成 15%，三等货物加成 30%；特种货物分为长大、笨重货物，危险货物，贵重、鲜活货物三类。其中一级大型特型笨重货物在整批货物基本运价的基础上加成 40%~60%；二级大型特型笨重货物在整批货物基本运价的基础上加成 60%~80%；一级危险货物在整批货物基本运价的基础上加成 60%～80%；二级危险货物在整批货物基本运价的基础上加成 40%～60%；贵重、鲜活货物在整批货物基本运价的基础上加成 40%～60%。货物运输计费里程以千米为单位，尾数不足 1 千米的，进整为 1 千米。

公路运输规定，凡一次托运同一起讫地点的货物，其重量在 3 吨或其以上者，按整车货物运价计费。整车货物运输以吨为计费重量单位，以元/吨公里为运价单位，对整车货物在计算运费的同时，按货物重量加收吨次费。整车货物运费计算公式：

整车货物运费＝吨次费×计费里程+整车货物运价×计费重量×计费里程+其他费用

吨次费是指在计算整车货物运费的同时，按货物重量加收的费用。

2. 铁路整车货物运费计算

现行铁路货物运价是将运价设立为若干个运价号，即实行的是分号运价制。整车货物的运价号为 1 号～9 号，整车货物运价是《铁路货物运价规则》中规定的按整车运送的货物的运价，按照货种及类别的每吨发到基价和每吨公里或每轴公里的运行基价组成。保温车货物运价是整车货物运价的组成部分，是为按保温车运输的货物所规定的运价。

运费＝（发到基价+运行基价×运价里程）×计费重量

计费重量。均将货车标记载重量作为计费重量，货物重量超过标记载重量时，按货物重量计费。

任务实施

阅读案例《铁路货物运单的填写》，回答以下问题。

1. 铁路整车货物运单中包括哪些项目？

_____

_____

2. 案例中铁路整车运输的计费重量和计费里程分别是多少？

_____

_____

_____

3. 案例中有哪些运杂费？

_____

_____

4. 各组派 1 名代表上台分享本组的分析结果。

任务评价

在完成上述任务后，教师组织三方评价，并对学生任务执行情况进行点评。学生完成考核评价表（见表6-1）的填写。

表6-1　　　　　　　　　　　考核评价表

班级		团队名称			学生姓名	
团队成员						
	考评项目	分值	要求	学生自评（30%）	团队互评（30%）	教师评定（40%）
知识能力	运单设计	20分	项目完整			
	运单填写	20分	填写正确			
	运费计算	30分	计算正确			
职业素养	文明礼仪	10分	举止端庄用语文明			
	团队协作	10分	相互协作互帮互助			
	工作态度	10分	严谨认真			
	成绩评定	100分				
心得体会						

牛刀小试

一、单项选择题

1. 下列可以不按照整车运输办理业务的是（　　　）。

A. 矿石　　　　　　B. 垃圾　　　　　　C. 蜜蜂　　　　　　D. 服装

2. 普通公路整车运输货物实行分等计价，二等货物加成（　　　）。

A. 10%　　　　　　B. 15%　　　　　　C. 20%　　　　　　D. 25%

二、多项选择题

1. 公路运输中广泛采用的整车运输形式有（　　　）。

A. 双班运输　　　B. 拖挂运输　　　C. 甩挂运输　　　D. 班轮运输

2. 下列选项中，属于整车运输的优点的有（　　　）。

A. 安全性高　　　B. 时间效率高　　　C. 灵活性强　　　D. 成本优势明显

三、判断题（对的打"√"，错的打"×"）

1. 公路运输中，托运人一次托运货物在 3 吨及 3 吨以上，或不足 3 吨，但其性质、体积、形状需要一辆 3 吨以上的汽车运输时应按整车办理。（　　　）

2. 需要冷藏保温的货物、危险品通常采用整车运输。（　　　）

3. 拖挂运输是配备数量多于汽车（或牵引车）的全挂车（或半挂车），组织穿梭式的往复运输。（　　　）

4. 铁路货物运价实行的是分号运价制，其中整车货物的运价号为 1 号~9 号。（　　　）

四、案例分析题

专属整车运输的创新发展——浙江汤氏供应链管理有限公司

浙江汤氏供应链管理有限公司（以下简称汤氏）成立于 1995 年，多年来专注为大客户提供 0~400 千米的及时、高效的专属化整车物流服务，其运输模式被业内评价为中国专属整车物流的雏形。

以杭州为基地，汤氏在华东、华南、华中、西南、东北五个业务大区建立了 60 多个网点，构成 20000 多条运输线路并形成串联，通过获取更多的回程订单降低车辆空驶率，提升效率的同时为客户减少运输费用；汤氏管理仓储面积超过 30 万平方米，为客户降低了管理成本。正是因为这些专属化、定制化的服务，使得汤氏离货源、货主更近，在为客户提供专属化整车物流方案领域形成了独一无二的竞争优势，并获得资本青睐。

1. 专属整车应用场景

专属整车服务里程在 400 千米以内，并且订单具有较高的可预见性，如厂间调拨或者厂销分拨的仓、干、配一体物流等。

从订单的可预见性和运输距离两个维度的划分来看，专属物流服务的对象是大客户，与服务 C 端的标准化产品不同，服务 B 端大客户要求汤氏的专属物流模式不仅是简单的运输，而是从车、车厢、人、管理、维护、路由到计划等一系列都是专属的，都是为客户个性化定制的。比如酒水饮料类和电商大件，其装载要求、时效性、线路选择及车厢的定制都不一样，这对厢体的设计以及兼容性的要求很高。

2. 网络效应及货源互补，提高单车规模效益

不同于零担物流的配载，整车物流是相对简单的体力活，客户就是按照整车的单位来下单的，然后承运者在规定时间内从 A 点装车到 B 点卸下。

同时，整车也相对利薄。客户购买的实际上是去程时间段，而返程车辆就属于完全空车的状态。理想的状态是，于 B 点卸货后，还有回 A 点的货源，保证车辆不空驶。但这仅

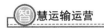

是理想状态，现实往往是要再添加 C 点、D 点，以保证车辆不空驶，并且最终还要绕回公司。

（1）淡旺季的匹配。比如酒水饮料类的货物，一般是天气热的时候运输量大，七八月份是高峰；饼干、火锅底料等货物是天气冷的时候运输量大，秋冬季是高峰。两种货源类型的业务都承接下来，车辆就可以通用起来，就做到了淡旺季的匹配。

（2）货量的匹配。货源类型虽一样，但不同品牌的产品市场需求是不一样的，货量也就不一样。

（3）做大规模，优化组合空间。不论是淡旺季的匹配，还是整体货量的匹配，反映出整车运输的竞争逻辑就是优化其业务组合，提升资产效率，将跨地区和跨行业的互补性客户进行业务组合，以充分利用其网络体系。而要实现跨地区、跨行业，首要前提就是规模要大。

3. 数字化与规模化运营

在汤氏总部，有一个数据大屏，显示着业务范围热力分布以及关键的统计数据，汤氏的数字化精细化运营主要体现在两个方面。

（1）利用自主研发系统提高车辆运输效率。

汤氏自主研发的 TMS 系统已实现与达能等大客户的订单数据实时对接，并将提卸货现场人员与司机、车辆间的数据交互，通过自研移动终端软件扫码，可实现中央调度执行和现场调度建派单一键化，解决了物流服务领域数据收集不及时、不完整的问题。

（2）支撑运力经营性租赁管理和运输管理方面，服务质量监控系统可提供各业务部门服务质量排名及详情，便于总部第一时间校正客户服务异常情况，保障专属服务质量。

结合案例分析汤氏在整车运输业务方面有哪些创新措施。

五、技能训练题

某人包用运输公司一辆 5 吨货车 5 小时 40 分钟，包车运价为 12 元/吨公里，应包用人要求对车辆进行了改装，发生工料费 120 元，包用期间运输玻璃 3 箱、食盐 3 吨，发生通行费 70 元，行驶里程总计 136 千米。包用人应支付多少运费？

任务二　零担运输管理

任务描述

公路货物运单的填写

请根据以下情境填写表6-2和表6-3所示的公路货物运单并完成运杂费的计算。

沈阳友泰金属有限公司（法人代表刘××，电话139××××4902，地址是沈阳市皇姑区泰山路69号）销售一批铝锭（牌号L60D900，规格50千克/件），王××（156×××4703）于2016年3月5日和8日分别销售给青岛市和武汉市的两家贸易公司，并按照本票货物投保，保价费率为3‰，付款方式分别为到付和月结。按照公司运输合同，由沈阳德邦物流有限公司李××经办运输任务。其中青岛市宏达贸易公司的收货人是王××，电话为139×××1234，地址为青岛市崂山区苗岭路289号，需求情况为：铝锭100件，每件货物2立方米，总重5吨，价值为10.2万元；运单编号为LDZ9××54。武汉兴隆贸易公司的收货人是李××，电话为188×××3232，地址为武汉市汉阳区四新北路135号，需求情况为：铝锭25件，总重1250千克，价值为2.55万元，运单编号为YKA9067271。基础运费按1.3元/吨公里计，吨次费为16元/吨，装卸费4.4元/吨。包装采用纸箱，每件货物2立方米。承运人是张××，电话为135×××1999。沈阳到青岛的里程为1426千米，沈阳到武汉的里程为1897千米。

表6-2　　　　　　　　　　×××物流公司公路零担货物运单

托运日期：		发站：		到站：		运单编号：		
收货单位（人）：			电话：			详细地址：		
重要声明：若货物未投保，出险后我公司将按背书条款赔偿。 本票货物：（　）未报价（　　　）					重量/千克	货物价值/元		体积/m³
货物名称		包装		件数		运费	代付款	保价费3‰ 合计金额
付款方式：现付□ 到付□ 签回单付□ 月结□						合计金额（大写）：		
发货人签字		发货人电话		收货人签字		承运经办人		承运单位盖章

续 表

重要提示：请发货人及收货人认真阅读本运单背面托运协议条款，特别是免除或限制承运人责任条款，如有异议，请要求承运人说明。您在本协议上签字或盖章，即表示您理解且同意本协议所记载的全部内容
本公司地址：沈阳市皇姑区泰山路 69 号
注：运单一式四联。第一联为承运人存根，第二联交与托运人，第三联用于财务统计，第四联随货同行

表 6-3　　　　　　　　　　　　××× 物流公司公路零担货物运单

托运日期：		发站：		到站：		运单编号：		
收货单位（人）：				电话：		详细地址：		
重要声明：若货物未投保，出险后我公司将按背书条款赔偿。 本票货物：（　　）未报价（　　）					重量/千克		货物价值/元	体积/m³
货物名称	包装		件数		运费	代付款	保价费 3‰	合计金额
付款方式：现付□ 到付□ 签回单付□ 月结□						合计金额（大写）：		
发货人 签字		发货人 电话		收货人 签字		承运经 办人		承运单位 盖章
重要提示：请发货人及收货人认真阅读本运单背面托运协议条款，特别是免除或限制承运人责任条款，如有异议，请要求承运人说明。您在本协议上签字或盖章，即表示您理解且同意本协议所记载的全部内容								
本公司地址：沈阳市皇姑区泰山路 69 号								
注：运单一式四联。第一联为承运人存根，第二联交与托运人，第三联用于财务统计，第四联随货同行								

　　要求：请以小组为单位，认真阅读案例，组长负责制订任务完成计划并进行小组分工，按题目中的信息正确填写运单，计算运杂费。

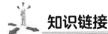 **知识链接**

❖ **知识点 1：零担货物的定义**

1. 公路零担货物

　　在公路运输中，托运人一次托运的货物，其重量不足 3 吨者为零担货物。按件托运的零担货物，单件体积一般不得小于 0.01 立方米（单件重量超过 10 千克的除外）不得大于

1.5 立方米；单件重量不得超过 200 千克；货物长度、宽度、高度分别不得超过 3.5 米、1.5 米和 1.3 米。不符合这些要求的，不能按零担货物托运。各类危险、易破损、易污染和鲜活货物，一般不能作为零担货物办理托运。托运这类货物需按特种货物办理，使用特种车承运。

2. 铁路零担货物

世界各国对零担货物的最小重量、体积、件数等都有限制性的规定。中国铁路规定：按零担托运的货物，一件的体积不得小于 0.02 立方米（一件重量在 10 千克以上的除外），每批不得超过 300 件。铁路合作组织在《国际铁路货物联运协定》中规定一批货物重量小于 5000 千克，按其体积又不需要单独一辆货车运送的货物，即为零担货物。

✤ 知识点 2：零担运输的特点

1. 货源的不确定性和广泛性

零担货物运输的货物流量、数量、流向具有不确定性，并且多为随机发生，难以通过运输合同的方式将其纳入计划管理范围。

2. 组织工作的复杂性

零担货物运输不仅货物来源、货物种类繁杂，而且面对如此繁杂的货物和各式各样的运输要求必须采取相应的组织形式，才能满足人们货运的需求。这样就使得零担货物运输环节多，作业工序细致，设备条件繁杂，对货物配载和装载要求高。

3. 单位运输成本较高

为了适应零担货物运输的要求，货运站要配备一定的仓库、货棚、站台以及相应的装卸、搬运、堆置的机具和专用厢式车辆。此外，相对于整车货物运输而言，零担货物运输周转环节多，出现货损、货差的概率大，赔偿费用较高，因此，导致了零担货物运输成本较高。

4. 适用于千家万户

零担货物运输能满足不同种类的流通需求，方便物资生产和流动。

5. 运输安全、迅速、方便

零担货物运输可承担一定的行李、包裹的运输，其班车一般都有规定的车厢，所装货物不会受到日晒雨淋，一方面成为客运工作的有力支持者，另一方面体现了安全、迅速、方便的优越性。

6. 零担货物运输机动灵活

零担货物运输都是定线、定期、定点运行，业务人员和托运单位对货运情况都比较了解，便于沿途各站组织货源。往返实载率高，经济效益显著，这对于时令性和急的零星货物运输具有尤为重要的意义。

✤ 知识点 3：公路零担运输的货源组织

1. 零担运输货源信息

掌握货源信息是零担运输货源组织的基础。零担运输货源的基本信息包括零担货物的流量、流向、流程、流时和货物种类等。

2. 零担运输货源的组织方法

（1）实行合同运输。合同运输是运输部门行之有效的货源组织形式，能逐步拥有一定数量的稳定货源；有利于合理安排运输；有利于加强企业责任感，提高运输服务质量；有利于简化运输手续，减少费用支出；有利于改进产、运、销的关系，优化资源配置。

（2）设立零担货代办点。零担货物运输企业可以自行设立货运站点，也可以与其他社会部门或企业联合设立零担货运代办站点，这样，既可以加大零担货运站点的密度，又可以有效利用社会资源。

（3）代理零担业务。零担货运企业还可以委托货物联运公司、日杂百货打包公司、邮局等单位代理零担货运受理业务。利用社会资源，即这些单位现有的设施和营销关系网络，取得相对稳定的货源。

（4）聘请货运信息联络员，建立货源网络。在有较稳定的零担运输货源的单位聘请货运信息联络员，可以随时掌握货源信息，以零带整，组织货源。利用现代信息技术，创建数字化的零担货运受理平台，形成虚拟的零担货运业务网络，进行网上业务受理和接单工作。

✤ 知识点 4：公路零担运输的组织形式

1. 固定式零担运输的组织

（1）直达式零担班车。直达式零担班车是指在起运站将各个发货人托运到同一到站且性质适宜配载的零担货物同车装运后直接送达目的地的一种货运班车。

（2）中转式零担班车。中转式零担班车是指在起运站将各个发货人托运的同一线路、不同到站且性质允许配载的各种零担货物同车装运至规定中转站卸后复装，重新组成新的零担班车运往目的地的一种货运班车。

（3）沿途式零担班车。沿途式零担班车是指在起运站将各个发货人托运的同一线路不同到站且性质允许配载的各种零担货物同车装运后，在沿途各计划停靠站卸下或装上，零担班车再继续前进，直至最后到站的一种货运班车。

2. 非固定式零担运输的组织

非固定式零担运输的完成是通过非固定式零担车的组织来实现的。非固定式零担车是指按照零担货流的具体情况，临时组织而成的一种零担车，通常在新辟零担货运线路或季节性零担货运线路上使用。

❖ 知识点 5：公路零担运输的组织作业程序

1. 受理托运

受理托运是指零担货物承运人根据营运范围内的线路、站点、运距、中转范围、各车站的装卸能力、货物的性质及收运限制等业务规则和有关规定接受零担货物，办理托运手续。受理托运的方法有：随时受理、预先审批、日历承运。

2. 验货检斤与起票

验货检斤与起票就是零担货物受理人员在收到运单后，审核运单填写内容与货物实际情况是否相符，检查包装与标记，过磅量方，核收运输费用并制作运输单证。

3. 入库集结

入库集结是零担货物验收后，按规定存放于指定货位。货物入库后有一个集结过程，即从验收入库到配载装车，货物在仓库内的等待过程。集结的目的是使同一方向可配载的货物重量或体积达到可装载一辆货车的要求。

4. 配载装车

根据车辆核定吨位、车厢容积和起运货物的重量、理化性质、大小、形状等，合理配载，编制货物交接清单。货运仓库接到"货物装车交接清单"后，应逐批核对货物台账、货位、品名、到站，点清件数，检查包装、标志、票签或贴票，并组织装车。

5. 货物中转

对于需要中转的货物需以中转零担班车或沿途零担班车的形式运到规定的中转站进行中转。中转作业主要是将来自各个方向仍需继续运输的零担货物卸车后重新集结待运。

6. 货物到达交付

零担班车到站后，对普通零担货物及中转联运零担货物应分别进行理货与卸货。根据仓库情况，将普通货物按流向卸入货位，对于需要中转的"公—公"联运货物，应办理驳仓手续，填制"货物驳运、拼装、分运交移凭证"，分别移送有关货组。其他公转铁、公转水、公转航空的货物，分别送至有关仓库，办理仓储及中转换装作业。

到达本站的货物，卸货且验收完毕后，应登入"零担货物到货登记表"，并迅速以"到货分店""到货通知单"或电话发出通知的形式，催促收货人提货。

❖ 知识点 6：公路零担运输运费

零担运输以千克为单位，最小计费重量为 1 千克，重量在 1 千克以上，尾数不足 1 千克的四舍五入。货物按其性质分为普通货物和特种货物两种。普通货物实行分等计价，以一等货物为基础，二等货物加成 15%，三等货物加成 30%。特种货物中的一级危险货物在零担货物基本运价的基础上加成 60%~80%；二级危险货物在零担货物基本运价的基础上加成 40%~60%；贵重、鲜活货物在零担货物基本运价的基础上加成 40%~60%。货物运输计费里程以千米为单位，尾数不足 1 千米的，进整为 1 千米。

一般来说，零担货物批量小、到站分散、货物种类繁多，因而在运输中承运方支出的费用要比整车运输多，所以同种货物零担运输运价高于整车运输运价。零担货物运费的计算公式为

$$零担货物运费=计费重量×计费里程×零担货物运价+其他费用$$

✤ 知识点7：铁路零担运输组织管理

1. 基本条件

《铁路货物运输规程》中规定：不够整车运输条件的，按零担托运。

下列货物不得按零担托运：

（1）需要冷藏、保温或加温运输的货物；

（2）规定限按整车办理的危险货物；

（3）易于污染其他货物的污秽品（如未经过消毒处理或未使用密封不漏包装的牲骨、湿毛皮、粪便、炭黑等）；

（4）蜜蜂；

（5）不易计算件数的货物；

（6）未装容器的活动物（规定在管内可按零担运输的除外）；

（7）一件货物重量超过2吨，体积超过3立方米或长度超过9米的货物（经发站确认不致影响中转站和到站装卸车作业的除外）。

发货人托运零担货物，应到规定办理零担业务的车站办理。

2. 货物承运

零担货物按重量和件数承运。除标准重量、标记重量或有过秤清单以及一件重量超过车站衡器最大称量的货物外，由承运人确定重量，并核收过秤费。

3. 货物标记

托运人托运零担货物时，应在每件货物上清晰明显地标记运输号码、到站、收货人、货物名称、总件数、发站等。

4. 货物包装

托运人应该根据货物的性质、重量、运输种类、运输距离、气候以及货车装载条件等，使用符合运输要求、便于装卸和保证货物安全的运输包装。有国家包装标准或部颁包装标准的按国家或部颁标准进行包装。没有统一包装标准的，车站应会同托运人研究制定货物运输包装暂行标准，共同执行。

5. 计费条件

零担货物按货物重量或体积折合重量择大计费，即每立方米重量不足300千克的轻浮货物，按每立方米折合重量300千克计算，但有规定计费重量的货物按规定计费重量计费。零担货物以10千克为计费单位，不足10千克以10千克计算。零担货物的起码运费

每批 2.00 元。零担货物的最低运费为每批 2.00 元。

任务实施

阅读案例《公路货物运单的填写》，回答以下问题。

1. 公路零担货物运单中包括哪些项目？

2. 案例中公路零担运输的计费重量和计费里程分别是多少？

3. 案例中有哪些运杂费？

4. 各组派 1 名代表上台分享本组的分析结果。

任务评价

在完成上述任务后，教师组织三方评价，并对学生任务执行情况进行点评。学生完成考核评价表（见表6-4）的填写。

表 6-4 　　　　　　　　　　考核评价表

班级		团队名称		学生姓名	
团队成员					
考评项目		分值	要求	学生自评（30%）	团队互评（30%）	教师评定（40%）
知识能力	分析零担运输的特点	20分	分析正确			
	运单填写	20分	填写正确			
	运费计算	30分	计算正确			

续　表

考评项目		分值	要求	学生自评（30%）	团队互评（30%）	教师评定（40%）
职业素养	文明礼仪	10分	举止端庄用语文明			
	团队协作	10分	相互协作互帮互助			
	工作态度	10分	严谨认真			
成绩评定		100分				
心得体会						

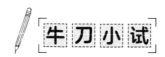

一、单项选择题

1. 下列物品中，不能办理公路零担运输的是（　　）。

A. 活鱼　　　　　　B. 计算机　　　　　　C. 书籍　　　　　　D. 棉被

2. 在起运站将不同发货人托运至同一到站且性质适宜配载的零担货物，同车装运至目的地的运输组织形式是（　　）。

A. 中转式零担运输班车　　　　　　B. 直达式零担运输班车

C. 沿途式零担运输班车　　　　　　D. 非固定式零担运输

3. 铁路零担运输中，单件托运货物的体积应（　　）0.02 立方米（一件重量在 10 千克以上的除外）。

A. 小于　　　　　B. 大于或等于　　　　　C. 大于　　　　　D. 等于

二、多项选择题

1. 下列关于零担运输的特点，说法正确的有（　　）。

A. 货源的不确定性　　　　　　B. 货源的广泛性

C. 组织工作的复杂性　　　　　　D. 单位运输成本较高

2. 公路零担运输货源的组织方法有（　　）。

A. 实行合同运输　　　　　　B. 设立零担货运代办点

C. 代理零担业务　　　　　　D. 建立货源网络

3. 公路零担运输中受理托运的方法有（　　　）。

A. 随时受理　　　　　B. 预先审批　　　　　C. 日历承运　　　　　D. 提前申请

三、判断题（对的打"√"，错的打"×"）

（1）不够整车运输条件的货物必须按照零担托运。（　　　）

（2）公路零担运输中直达式零担班车最为经济。（　　　）

（3）受理托运就是零担货物受理人员在收到运单后，审核运单填写内容与货物实际情况是否相符，检查包装与标记，过磅量方。（　　　）

（4）零担货物运输企业既可以自行设立货运站点，也可以与其他社会部门或企业联合设立零担货运代办站点。（　　　）

四、案例分析题

上海宏基快运有限公司是一家主要从事公路零担运输的民营企业。公司最早创立于1990年，注册资金为人民币一亿元。

公司自成立以来，运输业务每年都在以15%～30%的速度增长。现拥有员工9000余人，其中高学历、高职称、物流专业人员近半。公司拥有全国最大的零担网络，有运输网点1500多个。公司的运输网络，以公路为基础，实现站到站的运输，建成了以沈阳、天津、广州、武汉、杭州、西安、成都、郑州等为中枢，遍布全国的信息化货运网络，以现代化的、科学的运营管理方式为客户提供全方位的一条龙服务。公司拥有先进的运输工具和管理设施，拥有的车辆中90%以上是标准厢式货车，长途车有2200余辆、市内配送货车辆有1800辆，拥有可分派的其他车辆1500余台。

为了更好地帮助客户，精准地把控从下单到交货的每个环节，保证货物安全到达，公司规范作业流程，加强管理，做到了作业流程标准化及客户服务人性化。

作业流程标准化：从下单、装卸、运输到提货各个环节，都做到了规范化管理。例如，卸货时，必然要使用自动卸货架；员工搬运货物时，要戴上防滑手套；货物要认真归类，严禁重压、倒立放置；使用全封闭厢式货车运输。

客户服务人性化：依照客户货物材质的不同，为客户设计最适合的包装方案；全程追踪货物位置、状态，方便客户随时查询货物的地址和状态，货到短信见告；为客户代收货款，帮助客户及时并安全地回笼资本；提供保价运输，为客户解决货物出险的后续问题；为保证货物安全，公司推出密码支付服务，使货物托运更加安全可靠。

未来，公司将以零担运输为主，以速度和质量为中心，以信息化为助力，不断提高运输效率，为客户提供物流、信息流和资金流三者合一的高效、安全、精准的现代物流服务。

结合案例分析上海宏基快运有限公司是如何保障精准、安全的零担运输服务的。

任务三　特殊货物运输管理

任务描述

超大件在路上

2016 年 2 月 12 日傍晚，上海港码头人头攒动。17 时左右，人们期待的目光都聚集到了一个"重无霸"身上。

这是一件重达 821 吨的进口化学反应设备。船务公司将它运抵上海港后，再由上海交运大件起重运输有限公司（以下简称交运大件）负责其陆路部分的运输，它最后的目的地是上海化工区巴斯夫项目安装工地。这类超大件的特殊运输来不得半点疏忽，必须考虑整个过程中可能发生的任何问题，甚至精确到了计算出每个点上的承受力。为了这次的运输任务，交运大件前后准备了几个月。

"重无霸"长 56.4 米，交运大件动用了两组 900 吨级的液压平板车承载，共有 432 个轮子驱动。从港口到工地的路程为 4 千米，"重无霸"一路上缓缓地拐了 4 个弯，用了两个多小时才到达它的新家。

这个家伙是德国巴斯夫公司委托一家韩国公司制造的。这次运输业务最特殊之处是货物的重量，821 吨创下了上海地区单件运输最重的纪录。

根据客户的要求，交运大件原本把运输时间安排在 2 月 3 日，但在之前的空车试行过程中发现，有一处高压电线必须清空，因为"重无霸"的身高是 12.5 米，在高压电线下经过时，由于距离太近，会存在一定危险。在运输车经过电线时，必须保证电线处在断电状态，于是交运大件紧急向电力部门提出了申请。由于这个插曲，运输时间延至 2 月 12 日。暮色下，在上海化工区的道路上，庞大的车队缓缓前行，前面一辆开道车，中间是载有"重无霸"的液压平板车，后面还跟着一辆维修车。车队就这样浩浩荡荡地驶入了巴斯夫项目安装工地。

要求：以小组为单位，认真阅读案例，回答"任务实施"中的问题。

知识链接

✤ **知识点 1：特殊货物运输的定义**

特殊货物指货物的体积、形状、长度或重量特殊，货物的物理和化学性质特殊，在运输和储存过程中容易造成人身伤亡、货物和其他财产损毁，这类货物对装卸、运输和保管等作业有特殊的要求，这类货物的运输称为特殊货物运输。特殊货物运输包括大件货物运输、危险货物运输和鲜活易腐货物运输。

✤ 知识点 2：特殊货物运输的意义

特殊货物运输的运量虽然不大，但却是货物运输中不可缺少的一个重要组成部分，加强特殊货物运输的组织管理具有极其重要的经济意义和社会意义。

1. 实现特殊货物的使用价值

加强特殊货物运输的组织管理对优化资源配置，保证货物使用价值的实现有重要意义，有利于增强企业的竞争力，促进企业生产力的发展，保证经济秩序的正常运行。例如，大型水电设备的定子是国家水电建设的重要设备，大型合成塔是石油化工企业的关键设备，而它们都是超限、超长或超重的特殊货物。

2. 满足人民群众的日常需要

我国疆域广阔，南北季节性温差大，东部沿海水产品丰富，南方盛产鲜果。随着人民生活水平的不断提高，地域的差异、季节的不同不再阻隔人们的物质需求。而鲜活易腐货物运输有季节性强、运量变化大、时间要求紧迫的特点。因此，加强对鲜活易腐货物运输的组织，对发展经济，保障供给，充分满足人民群众日常生活的需要具有重要意义。

3. 避免意外事故的发生

特殊货物中的危险货物和超限、超重、超长货物等的运输，必须确保安全，做到万无一失。若这些货物在运输过程中发生事故，不但经济损失巨大，而且社会影响恶劣。可见，必须加强对特殊货物运输的管理，建立完善的安全质量保证体系，维护正常的交通和社会秩序。

4. 完善综合运输系统

随着社会经济的不断发展，特殊货物运输需求量将越来越大。特殊货物运输随之发展为运输行业中社会涉及面广、专业性强、技术要求高、准入门槛高、经济效益好的一个分支行业，成为综合运输体系中不可或缺的重要组成部分。

✤ 知识点 3：大件货物运输

1. 大件货物运输的定义

大件货物运输是指使用非常规的超重型汽车列车（车组）载运外形尺寸和重量超过常规车辆装载规定的大型物件的公路运输。大件货物是指符合下列条件之一的货物。

（1）长度在 14 米以上或宽度在 3.5 米以上或高度在 3 米以上的货物。

（2）重量在 20 吨以上的单体货物或不可解体的成组（捆）货物。

2. 大件货物运输组织工作

根据大件货物运输的特殊性，其组织工作主要包括申请、申报、办理托运、理货、验道、制定运输方案、签订运输合同、组织运输工作、运输统计与结算等。

（1）申请

大件货物托运人（单位）向已取得大件货物运输经营资格的企业或其代理人提出运输

要求，并提交相关资料。

（2）申报

大件货物运输，因车货总重、外形尺寸等超过公路规定限界，运输企业需要向交通管理部门申报，待获准答复后，再采取必要的工程技术和运输组织措施。

（3）办理托运

由大件货物托运人（单位）向已取得大件货物运输经营资格的运输企业或其代理人办理托运，托运人必须在运单上如实填写大件货物的名称、规格、件数、件重、起运日期、收货人和发货人的详细地址及运输过程中的注意事项。凡未按上述要求办理托运或运单填写不明确，由此发生运输事故的，由托运人承担全部责任。

（4）理货

理货是大件货物运输企业对货物的几何形状、尺寸、重量和重心位置进行测量，取得可靠数据和图纸资料的工作过程。理货工作分析，可为确定大件货物级别及运输形式、验道及制定运输方案提供可靠依据。

（5）验道

验道工作的主要内容包括：查验运输沿线全部道路的路面、路基、纵向坡度、横向坡度及弯道超高处的横坡坡度、道路的竖曲线半径、通道宽度及弯道半径，查验沿线桥梁涵洞、高空障碍，查看装卸货现场、倒载转运现场，了解沿线地理环境及气候情况。根据上述查验结果预测作业时间，编制运行路线图，完成验道报告。

（6）制定运输方案

在理货及验道的基础上，制定安全可靠且可行的运输方案。

（7）签订运输合同

根据托运方填写的委托运输文件及承运方进行理货、验道、制定运输方案的结果，承托双方签订书面形式的运输合同，其主要内容包括：明确托运与承运甲乙方、大件货物数据及运输车辆数据、运输起讫地点、运距与运输时间，明确合同生效时间、承托双方应负责任、有关法律手续、运费结算方式及付款方式等。

（8）组织运输工作

先建立临时性的大件货物运输工作领导小组，负责实施运输方案，执行运输合同和进行相应的对外联系。然后在领导小组下设行车、机务、安全、后勤生活、材料供应等工作小组及工作岗位，实行相关工作岗位责任制，组织大件货物运输工作所需牵引车驾驶员、挂车操作员、修理工、装卸工、工具材料员、技术人员及安全员等依照运输工作岗位责任及整体要求认真操作、协调工作，保证大件货物运输工作全面、准确完成。

（9）运输统计与结算

运输统计指对公路大件货物运输工作各项技术经济指标进行统计。运输结算即完成运输工作后按运输合同有关规定结算运费及相关费用。

✤ 知识点 4：鲜活易腐货物运输

鲜活易腐货物是指在一般运输条件下，因气候、温度、湿度、气压或运输时间等原因，容易引起变质、腐烂或死亡的货物，如肉类、水产类、水果、鲜花、蔬菜类、乳制品等。鲜活易腐货物在运输过程中，需要采取一定措施，以防止死亡和腐坏变质。

1. 鲜活易腐货物的运输方法

鲜活易腐货物一般采用冷藏运输。冷藏货大致可分为冷冻货和低温货两种。冷冻货是指在冻结状态下进行运输的货物，运输温度为$-20\sim-10℃$。低温货是指在还未冻结或货物表面有一层薄薄的冻结层的状态下进行运输的货物，一般允许的温度为$-1\sim16℃$。货物要求低温运输的目的是维持货物的呼吸以保持货物的鲜度。

2. 鲜活易腐货物运输的作业流程

由于鲜活易腐货物运输有其独特性，这就要求运输部门掌握这些特点，根据其运输规律，适当安排运力，保证及时运输。

（1）托运

发货人托运鲜活易腐货物前，应根据货物的特性，做好相应的包装工作。托运时须向承运方提出货物最长的运到期限、某种货物运输的具体温度及特殊要求，提交卫生检疫等有关证明，并在运单上注明。

（2）承运

承运鲜活易腐货物时，应由货运员对托运货物的质量、包装和温度进行认真检查，要求质量新鲜，包装合乎规定，温度符合规定。对已有腐烂变质特征的货物，应加以适当处理，对不符合规定的货物不予承运。

（3）装车

运输部门在接受承运的同时，应根据货物的种类、运送季节、运送距离和运送地点确定相应的运输方法，及时安排适宜车辆予以装运。

鲜活易腐货物装车前，必须认真检查车辆的状态，车辆及设备完好方能使用。车厢如果不清洁，应进行清洗和消毒，适当风干后，才能装车。装车时应根据不同货物的特点，确定其装载方法。

（4）运送

鲜活易腐货物运送途中，应由托运方指派押运人员沿途照料，承运方对押运人员应交代安全注意事项，并提供工作和生活上的便利。炎热天气运送货物时，应尽量利用早晚行驶。运送牲畜、蜜蜂等货物时，应注意通风、散热，尽量避免所运货物在运送途中掉膘或死亡。

（5）交付

鲜活易腐货物送达目的站后，目的站应在 2 小时内通知收货人提货。货物在运输过程中发生腐烂变质或收货人未能及时提取致使货物腐烂变质时，应当如实填写货物运输事故

记录，视具体情况将货物毁弃或者移交检疫部门处理，并将处理结果通知托运人或者收货人。

✤ 知识点5：危险货物运输

1. 危险货物的含义

在货物运输中，凡具有易燃、易爆、腐蚀、毒害或放射性等性质，在运输、装卸和保管过程中，容易引起人身伤亡和财产毁损而需要特别防护的货物，均属于危险货物。危险货物以列入国家标准《危险货物品名表》（GB 12268—2012）的为准。未列入《危险货物品名表》的，以有关法律、法规的规定或国务院有关部门公布的结果为准。

危险货物的定义包含如下三层含义。

（1）具有易燃、易爆、腐蚀、毒害或放射性等性质。这是危险货物造成火灾、灼伤、中毒和辐射伤害与污染等事故的先决条件。

（2）容易引起人身伤亡和财产损毁。这是指危险货物在一定外界因素作用下，如受热、明火、摩擦、震动、撞击、洒落及与性质相抵触物品接触等情况，发生物理或化学变化所产生的危险效应。

（3）需要特别防护。这主要指针对各种危险货物本身的理化特性，在运输装卸和保管过程中需要特别防护，采取"特别"防护措施。

2. 危险货物的分类

危险货物包括很多品种，《危险货物品名表》列明的有 2000 种以上。众多的危险货物性质各不相同，危险程度参差不齐。为了储运的安全和管理的方便，国际运输组织根据各种危险货物的主要特性和运输要求，将危险货物分为 9 类。

第 1 类：爆炸品。

第 2 类：压缩、液化、加压溶解气体。

第 3 类：易燃液体。

第 4 类：易燃固体、自燃物品和遇湿易燃物品。

第 5 类：氧化剂和有机过氧化物。

第 6 类：毒害品和感染性物品。

第 7 类：放射性物品。

第 8 类：腐蚀品。

第 9 类：杂项危险物质和物品。

危险货物的危险性主要取决于它们自身的理化性质，在一定外界条件的影响下，如摩擦、撞击、震动、接触火源、日光暴晒、遇水受潮、温度变化或与其他性质相抵触物品接触，往往会产生爆炸、燃烧、毒害等严重事故。

3. 危险货物运输的作业流程

（1）托运与承运

托运危险货物时，应在托运时提交技术说明书。承运危险货物，须经有关部门审核批准后方可办理。办理危险货物运输的运单必须是红色的或带有红色标志的，以引起注意。

（2）包装与标志

危险货物在包装时，应根据不同的货品要求用特定的材料来制造容器，并要以一定的包装方法进行包装。容器的封口、衬垫、捆扎方式及每件最大重量等必须符合规定，每件包装上应有规定的包装标志及危险货物包装标志。

（3）配装

危险货物必须严格按照规定进行配装，不同性质而相互有影响的货物不得拼装一车。装运火药类的爆炸品时，以车辆核定吨位的80%为限。装运一级腐蚀性酸类物资时，不得超过两层。严禁用铁货厢、平板车装运危险货物，并一律不带挂车。

（4）装车

作业场所最好选在避免日光照射、远离热源和火源、通风良好的位置。要详细检查所装危险货物与运输文件上所载内容是否一致，容器、包装和标志是否完好。若发现包装有损坏或容器有泄漏现象，则应请发货单位调换包装、容器，或经修理加固，符合安全运输要求后方可装运，严禁冒险。

（5）运送

运送危险货物，应选择政治上可靠、技术良好、熟悉道路的驾驶员。装载爆炸性、放射性物品时，托运方必须派人随车押运。凡装载危险货物的车辆，除押运人员外，不得搭乘其他人员。车前应悬挂有"危险"字样的三角旗，并按当地公安部门指定的路线、时间行驶。

（6）消防措施

装运危险货物的车辆发生火警，有关人员应根据所装货物的特性，采取不同的灭火方法，立即尽力扑救，防止火势蔓延，减少损失。

（7）卸车交付

危险货物卸车时，不得采用抛扔、坠落和拖曳等方式，避免货物之间的撞击和摩擦。要做到交付无误，交付后应对车辆进行清洗、消毒处理。

任务实施

阅读案例《超大件在路上》，回答以下问题。

1. 超大件货物的特点是什么？

_____

_____

2. 案例中"重无霸"货物运输工作的具体内容有哪些？

_____

_____

_____

3. 各组派 1 名代表上台分享本组的分析结果。

 任务评价

在完成上述任务后，教师组织三方评价，并对学生任务执行情况进行点评。学生完成考核评价表（见表6-5）的填写。

表 6-5 　　　　　　　　　　　考核评价表

班级		团队名称			学生姓名	
团队成员						
	考评项目	分值	要求	学生自评（30%）	团队互评（30%）	教师评定（40%）
知识能力	对大件货物的特点进行分析	20分	分析正确			
	对大件货物运输的特殊性进行分析	20分	分析正确			
	对大件货物运输组织工作的内容要点进行分析	30分	分析合理			
职业素养	文明礼仪	10分	举止端庄用语文明			
	团队协作	10分	相互协作互帮互助			
	工作态度	10分	严谨认真			
成绩评定		100分				
心得体会						

牛刀小试

一、单项选择题

1. 下列属于化学爆炸的是（　　　）。

A. 锅炉爆炸　　　B. 轮胎爆炸　　　C. 炸药爆炸　　　D. 压缩气瓶爆炸

2. 冷冻货是指在冻结状态下进行运输的货物，运输温度为（　　　）。

A. −20～−10℃　　　B. −18～−5℃　　　C. −15～−10℃　　　D. −15～5℃

二、多项选择题

1. 大件货物的运输组织工作包括（　　　）等。

A. 申请　　　B. 申报　　　C. 理货　　　D. 验道

2. 危险货物的特点主要包括（　　　）。

A. 具有易燃、易爆、腐蚀等性质　　　B. 具有毒害或放射性等性质

C. 容易引起人身伤亡和财产损毁　　　D. 需要特别防护

三、判断题（对的打"√"，错的打"×"）

1. 在运输、装卸和保管过程中，对有机过氧化物必须控制环境温度等。（　　　）

2. 氧化剂的危险性主要是由其化学组成中有过氧基所致，对震动、冲击、摩擦和温度都极为敏感。（　　　）

四、案例分析题

案例一：危险货物运输案例

原告强英公司是专业经营电石和其他化学危险品的公司，被告李某系个体货运车主，其车上户在三友公司名下，但李某及三友公司均无承运危险货物的资质，且三友公司并没有开展货运业务。

2017年5月5日，强英公司与李某约定由李某运输电石一车，运价按每吨500元计算。5月9日，强英公司向李某汇款8000元作为预付运费，同日李某装载了24.27吨包装为编织袋散包装的电石，运往南通（另有一车也受雇原告，运载电石同行）。

运输途中遭逢阴雨天气，李某对承运的电石采取了苫布遮盖等措施。5月12日凌晨，李某发现有气体从车厢冒出就立即上车检查。检查过程中，电石突然爆炸并起火自燃，导致电石全损。在此过程中，同行的另一承运车辆所运电石也突然起火燃烧，致电石全部毁损灭失。现原告起诉，要求被告赔偿全部电石损失并返还已付运费。

试分析：如果你是法官，该如何处理此案？

案例二：苏宁易购涉足生鲜网购 整合冷链物流

2013 年 7 月 24 日上午，苏宁易购内部人士透露，在经过数月准备之后，苏宁易购将正式涉足生鲜网购，于 7 月底正式上线江苏知名生鲜商品"阳澄湖大闸蟹"，并支持全国下单配送。

上述人士表示，与其他电商不同，苏宁易购与江苏阳澄湖本地大型养殖商户已建立直接合作关系，所有大闸蟹将采取"特供"模式。

上半年，苏宁易购在完成本地生活事业部组建之后，"进军生鲜"成为苏宁易购打造本地生活服务网购生态链的重要内容之一。苏宁易购在全国 58 个大区实现本地生鲜特产的采购，目前已经与全国数十家生鲜直供商达成合作关系。

上述人士介绍，鉴于前期许多电商企业进入生鲜网购最终均以失败而告终，苏宁易购在考虑进军生鲜品类时做了很多准备工作。目前，苏宁易购将通过整合具备冷链服务能力的物流公司，弥补冷链物流的短板。将来，有可能自建冷链仓库及物流配送体系。

上述人士强调，生鲜商品的售后退换货是目前生鲜电商运营的最大难题，消费者在购买生鲜商品之后，有可能不满意生鲜商品的质量而产生退货，这就会造成运营成本上升。

请结合案例分析下列问题：

1. 苏宁易购正式涉足生鲜网购的生鲜商品是什么？
2. 苏宁易购进军生鲜网购的策略是什么？

任务四　集装箱运输管理

任务描述

集装箱运输在粮食物流中的应用

近几年，由于对农业生产的结构性调整，我国的粮食生产逐渐向优势产区集中，品种和质量也呈多元化发展趋势。相应地，粮食流通也出现了一些新的特点，对现有的粮食流通体系提出了新的要求。因此，建立现代化的粮食物流体系已经成为我国粮食产业发展的必然要求。其中，粮食集装箱运输是一个重要的方面。

所谓粮食集装箱运输，就是以集装箱作为包装物和运输工具所进行的粮食运输。其做法是：将粮食直接装入集装箱封好，然后将集装箱运到火车站或集装箱码头，运送至全国各地的用户手中或国外的买主手中。

粮食集装箱运输具有许多优点，主要优点如下。

首先，使用机械化作业，减轻了工人的劳动强度，节约了人力，装卸效率大大提高；手续简化，减少了运输环节上的理货交接程序；利用集装箱多式联运，缩短了在途时间，保证市场供应等。

其次，现代信息技术推动了粮食集装箱运输的发展。例如，用集装箱分别装运不同质量等级的小麦，面粉制造厂能根据每个集装箱上条码标明的小麦品种和正确的品质特征分别进行面粉加工，节省了诸多中间环节和费用。

要求：请以小组为单位，认真阅读案例，对案例中的粮食集装箱运输过程进行分析，回答"任务实施"中的问题。

知识链接

✤ 知识点 1：集装箱运输的定义

集装箱指具有足够的强度，可长期反复使用的适用于多种运输工具而且容积在 1 立方米以上（含 1 立方米）的集装单元器具。使用集装箱转运货物，可直接在发货人的仓库装货，运到收货人的仓库卸货，中途更换车、船时，无须将货物从箱内取出换装。

集装箱运输是指以集装箱这种大型容器为载体，将货物集合组装成集装单元，以便在现代流通领域内运用大型装卸机械和大型载运车辆进行装卸、搬运作业和完成运输任务，从而更好地实现货物运输的一种新型、高效率和高效益的运输方式。

✤ 知识点 2：集装箱运输的特点

1. 门到门运输

这里的"门到门"，一端是指制造企业的"门"，另一端是指市场的"门"。

"门到门"就是从制造企业将最后消费品生产完毕，装入集装箱后，不管进行多长距离的复杂运输，中间不再进行任何装卸与倒载，一直到市场的"门"。

2. 便于多式联运

由于集装箱船舶、集装箱卡车、铁路集装箱车皮、集装箱装卸机械（码头装卸机械、卡车装卸机械、铁路装卸机械、货运站装卸机械）都是高度国际标准化的，所以集装箱可以实现便捷的多式联运，实现各种运输方式之间的无缝链接。

3. 运输效率较高

在时间上实现了高效率，集装箱结构上的标准化使得各种运输工具之间的换装与衔接极其迅捷，缩短了车船在港口和场站停留的时间。

扩大成组单元，提高了装卸效率。在装卸作业中，集装箱相对于托盘，装卸单元扩大了 15~30 倍；相对于单件货物，装卸单元扩大了 300~10000 倍。集装箱运输极大地提高了装卸效率。

4. 简化理货工作

借助集装箱装运，货物的物理、化学特性全部被掩盖了，变成标准尺寸、标准外形的箱子。集装箱装箱通关后，一次性铅封，在到达目的地前不再开启，简化了理货工作。

5. 符合物流模数化要求

按模数化尺寸要求设计的标准商品包装，积载到标准的托盘上，再积载到国际标准集装箱内，经过多式联运到达市场，然后将货物掏箱，放到按模数化尺寸设计的货架上，实现了便捷的尺寸互换和配合，满足了物流模数化的要求。

6. 提高运输安全性

货物装入集装箱后，在整个运输过程中不再倒载，大大减少了货损、货差，提高了货物的安全和质量。

7. 减少货物运输费用

集装箱运输节省了装卸搬运费用、包装费用、货物破损损失、理货费用、保险费用等。集装箱是相当坚固的金属（或非金属）箱子，货物自身的包装强度可减弱，因此包装费用可减少；集装箱运输可节省船舶运费；集装箱运输不仅能节省运输环节的货物装卸费用，由于货物安全性的提高，也使运输的保险费用相应减少了。

✤ 知识点 3：集装箱货物的分类

1. 按货物性质分类

按货物性质，集装箱货物可分为普通杂货和特殊货物。

（1）普通杂货

根据包装形式和货物的性质，普通杂质又可分清洁货和污货两类。

清洁货是指清洁且干燥，在积载和保管时，货物本身无特殊要求，如与其他货物混载不会损坏或污染其他货物的货物，如罐头食品、布匹、橡胶制品、陶瓷器、漆器、电器制品、玩具等。

污货又称"粗货"，是指按货物本身的性质和状态，容易发潮、发热、风化、融解、发臭，或者有可能渗出液汁、飞扬货粉、产生害虫而使其他商品遭受严重损失的货物。

（2）特殊货物

特殊货物是指货物在性质、重量、价值或形态上具有特殊性，运输时需要用特殊集装箱装载的货物。它包括冷藏货、活的动植物、重货、高价货、危险货、液体货、易腐货和散货等。不同的货物适合采用不同的集装箱，而不同的集装箱对货物有着不同的适用性。

2. 按适箱程度分类

按适箱程度，集装箱货物可分为最适合装箱货、适合装箱货、边缘装箱货和不适合装箱货。

（1）最适合装箱货

最适合装箱货是指货物本身价值高，对运费的承受能力大，而且通常具有装箱效率高的特点的货物。因为这些货物的尺寸、容积与重量都适合装箱。属于这一类的货物有：各种酒类、烟草、药品、纺织品、光学仪器、各种家用电器和小五金等。冷藏集装箱装运的果蔬及肉类、乳酪等也属于此类，这些货物一般也都易被盗窃和损坏。

（2）适合装箱货

适合装箱货是指货物价格一般，运费比最适合装箱货低，不易受损坏和盗窃，比较适合集装箱运输的货物。属于这一类的货物有：纸浆、罐装植物油、电线、电缆、金属制品、皮革、炭精棒、黑色颜料、煤焦油等。

（3）边缘装箱货

边缘装箱货又称边际装箱货或临界装箱货。这一类货物是指介于适合与不适合装箱之间的，价格低廉，对运费的承受能力较差，甚至在形状上也难以进行集装箱化的货物。从技术上看是可以装的，但从经济上看装箱并不合适，因为它们价格低、运价也低，而且在包装方面均难以进行集装箱化。属于这一类的货物有：钢锭、铅锭、生铁块、原木、砖瓦等。这些货物一般不容易受损坏或被盗窃。

（4）不适合装箱货

不适合装箱货是指从技术上看装箱有困难，或流量大时可以用专用运输工具（包括专用车、专用船）运输的货物（因为利用专用运输工具可以提高装卸效率，降低成本）。例如，原油、矿砂、砂糖等均用专门的油船、矿砂船及其他散货船装运。

3. 按托运货物批量分类

按托运货物批量，集装箱货物可分为整箱货和拼箱货。

（1）整箱货

整箱货（Full Container Load，FCL）是指一个货主托运的足以装满一个集装箱的货物，由货主负责装箱和计数，填写装箱单，并加封志，通常只有一个发货人和一个收货人。

（2）拼箱货

拼箱货（Less than Container Load，LCL）是指一个集装箱装入多个托运人或多个收货人的货物。承运人（或代理人）接受货主托运的数量不足整箱的小票货物后，根据货物性质和目的地进行分类整理，把去同一目的地的货物，集中到一定数量，再拼装入箱和计数，填写装箱单，并加封志。通常每票货物的数量较少，因此装载拼箱货的集装箱内的货物会涉及多个发货人和多个收货人。

✤ 知识点 4：集装箱货物运输的作业流程

大多数情况下，货物进出口是使用集装箱完成的。集装箱海运出口业务基本流程如下：

1. 托运

托运是指货物单位向承运部门提送运输计划。货物的托运人可以根据货物品种、性质、重量、规格、包装等及货物的流向，确定经济合理的联运方式，向相关承运部门提送运输计划。

2. 承运

承运是指承运部门接受了托运人的运输请求后，及时制订集装箱运输计划，并将预配清单计划送至集装箱码头或车站，车站或码头凭此发放空箱，办理货物交接。

3. 领发空箱

整箱货的空箱一般由货物托运人直接向集装箱码头或车站领取。

4. 报检

发货人或货运代理应按照国家有关法规并根据货物特性，在规定期限内填写好申报单，分别向各监管部门报请审核或查验。依据不同情况，货物将免检放行或经查验处理后出具相关证书放行。

5. 货物装箱

拼装货物的装箱由集装箱货运站根据承运部门的计划清单，核对场站收据中注明的接受托运的货物，按记载装箱要求与装箱清单在站内装箱。整箱货则由托运人按整箱货装箱要求在自己的场内或仓库装箱。

6. 发运

将集装箱发运至集装箱堆场。装好货的集装箱要按承运部门的规定时间送至指定的集装箱堆场或码头。

7. 集装箱交接

集装箱码头或车站对已铅封的重箱，可按海关或加封部门检验清单签收交接；对未加铅封或不符合加封条件的重箱，则必须验收随箱货物交接单据中所记载的货物，验收无误后在交接收据上签收。

8. 换取提单

货物托运人凭经签字后的场站收据向承运部门或其代理部门换取提单，然后凭码头运费收据向承运人支付运费或向银行结汇。

9. 集装箱装车或装船

车站根据自己编制的集装箱装车计划装车，码头根据船舶记载图装船。

10. 单证资料传送

船公司或其代理应于船舶开航前 24 小时向船方提供提单副本、舱单、装箱单等全部资料，并应于启航后采用传真、电子邮件等方式向卸货港发出卸船的必要资料。

✤ 知识点 5：集装箱的选用

在集装箱运输中，为了船、货、箱的安全，必须根据货物的性质、种类、容积、重量和形状来选择适当的集装箱，否则，不仅某些货物不能承运，而且也会因集装箱选用不当而导致货损。对集装箱的选用可做以下考虑。

①清洁货和污货：可选用杂货集装箱、通风集装箱、开顶集装箱、冷藏集装箱。

②贵重货物和易碎货物：可选用杂货集装箱。

③冷藏货物和易腐货物：可选用冷藏集装箱、通风集装箱、隔热集装箱。

④散货：可选用散货集装箱、罐状集装箱。

⑤动物和植物：可选用牲畜（动物）集装箱，通风集装箱。

⑥笨重货物：可选用开顶集装箱、框架集装箱、平台集装箱。

⑦危险货物：可选用杂货集装箱、框架集装箱、冷藏集装箱。

✤ 知识点 6：集装箱的配载

1. 充分利用集装箱的容积和载重量

（1）最大载重（Maximum Pay Load）：可装在集装箱内货物的最大重量，也就是集装箱的总重量（Rating）减去集装箱的自重（Tare Weight）的重量。

（2）最大装载容积（Maximum Capacity）：关于集装箱的容积和内部尺寸，国际标准化组织虽然规定了最小内部尺寸，但如果采用容积来计算集装箱的最大装载量时，最好以集装箱的内部尺寸和实际货物尺寸对比来计算。

（3）货物密度（Cargo Density）：货物密度是货物单位体积的重量，以每立方英尺或每立方米货物体积的货物重量作为货物的密度单位，是普通杂货船上常用的货物积载因数

（Stowage Factor）的倒数。

2．配载应注意的事项

（1）轻货应放在重货上面。

（2）干货、湿货不能放在同一箱内，如难以避免时，湿货绝对不能放在干货上面。

（3）怕受潮的货物，不能与容易"出汗"的货物同装一箱。

（4）怕吸收异味的货物，绝对不能与放出强烈气味的货物同装一箱。

（5）容易生灰尘的货物，不能与某些易被灰尘污损的货物同装一箱。

（6）瓶装或罐装液体货无法避免与其他干货同装一箱时，在任何情况下，前者必须装在底下，并加隔垫，而且还应有足够的垫板放在液体货下。

任务实施

阅读案例《集装箱运输在粮食物流中的应用》，回答以下问题。

1．集装箱运输相对于其他运输的优点有哪些？

_____

_____

_____

2．与通用集装箱运输相比，你认为在粮食集装箱运输过程中要注意哪些问题？

_____

_____

_____

_____

3．各组派 1 名代表上台分享本组的分析结果。

任务评价

在完成上述任务后，教师组织三方评价，并对学生任务执行情况进行点评。学生完成考核评价表（见表6-6）的填写。

表 6-6　　　　　　　　　　　　考核评价表

班级		团队名称			学生姓名	
团队成员						
考评项目		分值	要求	学生自评（30%）	团队互评（30%）	教师评定（40%）
知识能力	对集装箱运输的优点进行分析	20分	分析正确			
	对粮食集装箱运输过程要点进行分析	20分	分析正确			
	对集装箱运输流程进行分析	30分	分析合理			
职业素养	文明礼仪	10分	举止端庄用语文明			
	团队协作	10分	相互协作互帮互助			
	工作态度	10分	严谨认真			
成绩评定		100分				
心得体会						

牛刀小试

一、单项选择题

1. 下列不属于清洁货物的是（　　　）。

A. 纺织品　　　　　B. 橡胶制品　　　　　C. 玩具　　　　　D. 牛皮

2. 专用于装运酒类、动植物油等液体货物的集装箱是（　　　）。

A. 保温集装箱　　　　　　　　　　B. 挂式集装箱

C. 罐式集装箱　　　　　　　　　　D. 敞顶式集装箱

3. 以下不属于边缘装箱货的是（　　　）。

A. 钢锭　　　　　B. 铅锭　　　　　C. 电缆　　　　　D. 原木

二、多项选择题

1. 按货物性质，集装箱货物可分为（　　　）。

A. 普通杂货　　　　B. 大件货　　　　C. 特殊货物　　　　D. 冷冻货

2. 冷藏货物和易腐货物可选用的集装箱有（　　　）。

A. 冷藏集装箱　　B. 通风集装箱　　C. 开顶集装箱　　D. 隔热集装箱

三、案例分析题

案例一：中国铁路集装箱运输大有可为

纵观我国的运输格局，有航空、水路、铁路和公路，而航空运输费用高，公路运输比较拥挤。在一项调查中显示，我国的港口集装箱吞吐量中有85%的集装箱是通过公路与水路进出港口的。由此可见，我国铁路集装箱运输具有相当大的市场空间。

从目前的发展情况来看，我国制造业正在逐渐向西部地区发展，这主要与环境有着很大关系，而制造业想要通过环保的方式来改善环境，那就需要花费相当大的一笔开支。

从铁路发展情况来看，我国已经逐步形成了一张覆盖全国的铁路网，四通八达，它能更加有效地提升整体的运行能力，铁路集装箱运输与水运、空运、公路运输等能够形成联动性的交通运行枢纽格局，这样一个联动式的集装箱运输，也能够为铁路运输带来更多的效益。

请结合上述案例分析下列问题：

1. 发展铁路集装箱运输的意义是什么？

2. 发展多式联运对提升铁路运输网效益有什么作用？

案例二

2021年3月，我国某公司按CFR①条件、即期不可撤销信用证，以集装箱装运出口纺织品200箱，装运条件是CY/CY（场到场）。货物交运后，该公司取得"清洁已装船"提单，提单上标明"Shippers Load and Count"，在信用证规定的有效期内，该公司及时交单议付了货款。25天后，接到买方来函称：经船方、海关、保险公司、公证行共同对到货开箱检验，发现其中有20箱货物包装严重破损，共缺纺织品280件。各有关方均证明集装箱外表完好无损，为此，买方要求该公司赔偿其货物短缺的损失，并承担全部检验费3000美元。

试分析：买方的要求是否合理？为什么？

---

① CFR（Cost and Freight）指成本加运费付至指定目的港。

任务五　多式联运运输管理

任务描述

自贸区格局下中国航运业的风险和挑战

上海自贸区在船舶登记、航运市场开放等领域突破了诸多限制，提升了中国航运的对外开放水平，将对中国航运的未来产生重大的影响：一方面，将对吸引外商投资中国航运业，借鉴先进管理经验起到良好的推动作用；另一方面，由此引发的风险与挑战也不容小觑。

起运港退税可能诱发连锁反应。扩大起运港退税政策试点范围，在现有试点港口和运输企业的基础上，进一步促使积极性高、信誉好的港口和运输企业加入试点，以扩大制度效应。

起运港退税可能引起的连锁反应有：第一，中国多数港口仍以公路为主要集疏运手段，铁路系统尚未完善，而受基础设施条件等诸多限制，"水水中转"目前在费用、时间、运力等方面尚不具备竞争力；第二，加入世界贸易组织（WTO）后，根据WTO相关规则的要求，中国出口退税率持续下降，起运港退税政策的效果也不断缩水；第三，沿海港口竞争激烈，一些港口为了排名，宁可将外贸箱运至国外港口中转，也拒绝交给国内的竞争对手中转；第四，为了能够加快货物出境流程，很多企业选择到上海进行中转，这将增加其海运物流运输成本，加重上海港口负担，如果相关措施未能及时跟进，将会造成洋山港和外高桥港区的拥堵。

从航运管理角度看，上海自贸区的航运管理方法和手段大多具有可借鉴性。自贸区航运制度的创新重心在于扩大开放。虽然这些制度创新的实施暂时会对中国当前航运市场造成一定的波动甚至冲击，但从长期来看，这将会转化为中国航运业持续改革的动力。

要求：请以小组为单位，认真阅读案例，对上海自贸区的航运政策进行分析，回答"任务实施"中的问题。

知识链接

✤ 知识点1：多式联运的概念

1. 多式联运的定义

多式联运又称综合一贯制运输，是以集装箱为运输单元，将不同的运输方式有机地组合在一起，构成的连续、综合性的一体化货物运输。在国家间进行的多式联运，即称为国际多式联运。《联合国国际货物多式联运公约》将国际多式联运定义为按照多式联运合同，以至少两种不同的运输方式，由多式联运经营人将货物从一国境内接管货物的地点运至另一国境内指定交付货物的地点的运输方式。同时还明确规定：为履行单一方式运输合同而进行的该合同所规定的货物接送业务，不应视为国际多式联运。

2. 构成多式联运的条件

（1）必须有一个多式联运合同，以明确规定多式联运经营人（承运人）和托运人之间的权利、义务、责任，豁免的合同关系和多式联运的性质。

（2）必须使用一份全程多式联运单据，即证明多式联运合同以及证明多式联运经营人已接管货物，并负责按照合同条款交付货物的单据。

（3）必须是至少两种不同的运输方式的连贯运输。这是确定一票货运是否属于多式联运的重要特征。为了履行单一方式运输合同而进行的该合同所规定的货物接送业务不应视为多式联运，如航空运输中从仓库到机场的这种陆空组合就不属于多式联运。

（4）必须是国家间的货物运输，这是区别于国内运输和是否符合国际法规的限制条件。

（5）必须由一个多式联运经营人对全程的运输负总的责任。这是多式联运的一个重要特征。由多式联运经营人去寻找分承运人，实现分段的运输。

（6）必须是全程单一运费率。多式联运经营人在对货主负全程责任的基础上，制定一个货物发运地至目的地的全程单一费率，并以包干形式一次向货主收取。

✛ **知识点2：多式联运的特征**

（1）多式联运经营人与发货人和分段承运人之间的合同关系构成多式联运的主要特征，即经营人与发货人签订一个运输合同，选择最佳的运输方式和运输路线，组织完成全程运输任务，提供一次托运、一次收费、统一理赔、一单到底、全程负责的运输服务。

（2）经营人又与分段承运人签订合同，共同完成全程联运的任务。

（3）多式联运经营人必须对全程运输负责。因为多式联运经营人不仅是订立多式联运合同的当事人，也是多式联运单证的签发人。

（4）多式联运经营人接受的货物必须为经过运输的货物，这不仅有别于国内货物运输，而且还涉及运输法律法规的限制问题。

（5）多式联运不仅使用多种运输方式，而且必须是不同运输方式下的连续运输。

（6）必须是全程单一运费率。多式联运经营人应制定一个全程单一运费率并以包干形式包出去。

✛ **知识点3：多式联运的作用**

（1）提高运输组织水平，实现合理化运输。

（2）对于单一运输方式而言，由于单一运输方式的经营人各自为政，自成体系，因而其经营业务范围受到限制，货运量也相应受限。而一旦由不同的运输经营人共同参与多式联运，其经营范围可以大大扩展，同时可以最大限度地发挥其现有设备的作用，改善不同运输方式间的衔接工作，选择最佳运输路线，组织合理化运输。

（3）手续简单统一，节省人力、物力，责任单一。这主要表现为在多式联运方式下，无论货物运输距离多远，由几种运输方式共同完成，且无论运输途中货物经过多少次转换，所有运输事项均由多式联运经营人负责办理。

（4）缩短货物运输时间，提高货物运输质量，安全快捷。在多式联运方式下，各种运输环节和各种运输工具之间密切配合，衔接紧凑，货物所到之处中转迅速，大大减少货物的在途停留时间，从而从根本上保证了货物安全、迅速、准确、及时地运达目的地。

（5）降低运输成本，节省各种费用。由于多式联运可以实现"从门到门"的运输，因此，对于货主来说，在货物交由第一承运人以后即可取得货运单证，并据以结汇，从而提前了结汇时间。这不仅有利于加快资金周转，而且可以减少利息的支出。

（6）有利于实现"门到门"的运输。多式联运通常是以集装箱为载体，便于交接检查，有利于实现"从门到门"的运输。

✛ 知识点4：多式联运的形式

1. 海陆联运

海陆联运既是多式联运的主要组织形式，也是远东/欧洲多式联运的主要组织形式之一。目前，组织和经营远东/欧洲海陆联运业务的主要有班轮公会的三联集团，北荷、冠航和丹麦的马士基等航运公司，以及非班轮公会的中国远洋运输公司、中国台湾长荣航运公司和德国那亚航运公司等。

2. 陆桥运输

在多式联运中，陆桥运输起着非常重要的作用。它是远东/欧洲多式联运的主要组织形式之一。所谓陆桥运输是指采用集装箱专用列车或卡车把横贯大陆的铁路或公路作为中间"桥梁"，使大陆两端的集装箱海运航线与专用列车或卡车连接起来的一种连贯运输方式。严格地讲，陆桥运输也是一种海陆联运形式，只是因为其在多式联运中的独特地位，故在此将其单独作为一种运输组织形式来讲解。

3. 海空联运

海空联运又称空桥运输。在运输组织方式上，空桥运输与陆桥运输有所不同。陆桥运输在整个货运过程中使用的是同一个集装箱，不用换装，而空桥运输的货物通常要在航空港换入航空集装箱。不过，两者的目标是一致的，即以低费率提供快捷、可靠的运输服务。

✛ 知识点5：多式联运的构成要素

1. 多式联运经营人

多式联运经营人是指经营多式联运业务的企业或机构。我国规定联运企业是运输代理企业，属于交通运输部门。

2. 发货人

发货人是指以本人或以其名义或以其为代表，与多式联运经营人订立多式联运合同，并按多式联运合同将货物交给多式联运经营人的任何人。

3. 实际承运人与契约承运人

根据目前运输公约规定，实际承运人是指与货主订立运输合同的人，或者实际完成运输的人。契约承运人是指与货主订立运输合同的人，在多式联运中是指与发货人订立多式联运合同的人（多式联运经营人）。

4. 收货人

收货人是指有权提取货物的人，在多式联运中，一般是指多式联运提单持有人，一般是指合同票据中记名的收货人。

5. 多式联运合同

多式联运合同是指货物托运人与多式联运经营人就运输对象全程联运达成的协议。

6. 多式联运单据（票据）

在多式联运中，多式联运单据是指"证明多式联运合同，以及证明多式联运经营人接受货物并按合同条款交付货物的单证"，一般称为多式联运提单。

7. 货物

多式联运的货物主要是指集装箱（均指标准集装箱）货物，以集装箱为基本运输单元，有时也包括工程货物（大多是项目工程的成套设备等）。

✤ 知识点6：多式联运的作业流程

1. 接受托运申请，订立多式联运合同

多式联运经营人根据货主提出的托运申请和自己的运输路线等情况，决定是否接受货主的申请：如果接受，在双方协商有关事项后，发货人或其代理人填写场站收据，多式联运经营人在对其编号和盖章后留下货物托运联，将其他单联交还给发货人或其代理人，证明多式联运经营人接受了委托申请，多式联运合同已经订立并开始执行。

2. 空箱的发放、提取

国际多式联运中使用的集装箱一般应由经营人提供。如果双方协议由发货人自行装箱，则多式联运经营人应签发提箱单或者将租箱公司或分运人签发的提箱单交给发货人或其代理人，让其到指定的堆场提箱，准备装货。如果是拼箱货，则由多式联运经营人将所用空箱调运至接收货物的集装箱货运站，做好装箱准备。

3. 出口报关

出口报关事项一般应由发货人或其代理人办理，也可委托多式联运经营人代为办理。若联运从港口开始，则在港口报关；若从内陆地区开始，应在附近的内陆海关办理报关。

4. 货物装箱及交接

由发货人自行装箱的货物，发货人或其代理人领回空箱后，在海关人员的监管下组织装箱、加封，填写装箱单，将货物运至规定的地点。多式联运经营人验收后在场站收据正本上签章，并将其交给发货人或代理人。

拼箱货物的发货人应负责将货物送到指定的集装箱货运站，由货运站按多式联运经营人的指示装箱。多式联运经营人在货运站验收货物后在场站收据上签章，并将其交给发货人或代理人。

5. 订舱及安排货物运送

多式联运合同订立之后，多式联运经营人应制订该合同涉及的集装箱货物的运输计划，并按照运输计划选定各区段的运输工具，与选定的各实际承运人订立各区段的分运合同。

6. 办理货物运输保险

发货人自行办理货物运输保险，或者由发货人承担费用，由多式联运经营人作为代理办理货物运输保险。货物运输保险既可以是保全程，也可以分段投保。多式联运经营人则应投保货物责任险和集装箱保险。

7. 签发多式联运提单，组织完成货物的全程运输

多式联运经营人的代表接收货物后，经营人应向发货人签发多式联运提单，在签发提单之前，应向发货人收取全部应付运费。

在接收货物后，多式联运经营人要组织各区段实际承运人、各分支机构及代表共同协调工作，完成全程各区段的运输和衔接工作。

8. 货物运输过程中的海关业务

货物运输过程中的海关业务主要包括货物及集装箱进口国的通关手续、进口国内陆段保税（海关监管）运输手续及结关等内容。如果陆上运输要通过其他国家海关和内陆运输线路时，还应包括这些国家海关的通关及保税运输手续。

9. 货物到达交付

货物运至目的地后，由目的地的代理通知收货人提货。收货人付清全部费用后，多式联运经营人收回提单，签发提货单（交货记录），收货人凭提货单到指定地点提取货物。如果是整箱货，收货人要将货物取出后，将集装箱运回指定的堆场，运输合同即告终止。

任务实施

阅读案例《自贸区格局下中国航运业的风险和挑战》，回答以下问题。

1. 上海自贸区的航运政策对多式联运的影响有哪些？

2. 如何加强多式联运？

3. 各组派 1 名代表上台分享本组的分析结果。

 任务评价

在完成上述任务后，教师组织三方评价，并对学生任务执行情况进行点评。学生完成考核评价表（见表6-7）的填写。

表 6-7 考核评价表

班级		团队名称		学生姓名	
团队成员					
考评项目		分值	要求	学生自评（30%）	团队互评（30%）	教师评定（40%）
知识能力	对上海自贸区的航运政策进行分析	20分	分析正确			
	对航运政策对多式联运的影响进行分析	20分	分析正确			
	对如何加强多式联运进行分析	30分	分析合理			
职业素养	文明礼仪	10分	举止端庄用语文明			
	团队协作	10分	相互协作互帮互助			
	工作态度	10分	严谨认真			
成绩评定		100分				
心得体会						

牛刀小试

一、单项选择题

1. 多式联运中使用的集装箱一般应由（　　）提供。

A. 发货人　　　　　　B. 经营人　　　　　　C. 承运人　　　　　　D. 托运人

2. 关于多式联运，表述错误的是（　　）。

A. 托运人只需办理一次托运

B. 托运人只需订立一份运输合同

C. 托运人只需支付一次费用

D. 托运人可以采用多份货运单证

二、多项选择题

1. 多式联运的形式包括（　　）。

A. 海陆联运　　　　　　　　　　B. 陆桥运输

C. 海空联运　　　　　　　　　　D. 空桥运输

2. 多式联运的构成要素包括（　　）等。

A. 多式联运经营人　　　　　　　B. 发货人

C. 收货人　　　　　　　　　　　D. 货物

三、判断题（对的打"√"，错的打"×"）

1. 多式联运是指按照多式联运合同，以至少两种不同的运输方式，由承运人把货物从一国境内接管货物的地点运至另一国境内指定交付货物的地点的运输方式。（　　）

2. 由不同的运输经营人共同参与多式联运，其经营的范围可以大大扩展，改善不同运输方式间的衔接工作，组织合理化运输。（　　）

3. 多式联运中，货物运输保险既可以是全程的，也可以是分段投保的。（　　）

4. 多式联运的运输过程可以根据实际成本采用可变运费率。（　　）

四、案例分析题

水运物流：海铁联运寻路

全球贸易的90%基本依赖水运物流完成，水运物流在全球化的供应链服务体系中至关重要。近年来，水运物流领域的多式联运越来越受到重视。进入21世纪，继中远集团、中外运集团之后，中海集团也在不断延伸其产业链，所提供的服务已从传统的航运主业延伸至物流产业。2007年，中海集团终于开通了从连云港到莫斯科的海铁联运通道。此前，从日本、韩国运来的货物在经中国的港口后，必须先运到德国的汉堡港，再经过陆路运输到莫斯科，这期间需要40到50天的时间。而海铁联运通道开通以后，可以在连云港直接通过铁路运到莫斯科，只需要10多天的时间。中海集团在东北以及天津、山东、上海等沿海重要港口也已开通了海铁联运。目前东北的粮食运输，很多就是通过海铁联运实现的。通过联运能够缓解交通运输的压力，降低运输成本。海铁联运作为一种航运企业延伸其产业链的方式，更作为在简化的中转环节获取利润的方式，成为航运"巨头"目前关注的焦点之一。

尽管联运能够减轻单一运输方式的压力和提高运输效率，但目前海铁联运的发展情况并不理想。因为调运成本太高导致客户需求低，海铁联运处于一种低水平发展状态。在我国不少的口岸中，货轮将货物运到港口后，并不能直接装载至火车，而必须通过汽车中转，再通过铁路运输至目的地。汽车的中转，无疑增加了成本。而在发达国家的不少港口，联运能够实现"无缝"对接，可以由货轮直接装载至列车。这样既节约了资源，也确保了时效。除调运成本外，港口货物的进出口不平衡也是限制联运发展的一个重要因素，有的港口有大量的出口货物，而进口货物却很少。这就导致了用箱不平衡，在一定程度上也限制了联运。

请结合上述案例分析下列问题：

1. 海铁联运为什么是航运企业关注的焦点？

2. 造成海铁联运发展困境的原因是什么？

3. 海铁联运应如何走出发展困境？

五、技能训练题

奇瑞汽车股份有限公司有一批轿车出口到伊朗的德黑兰市。如果这批轿车用传统的单一运输方式，由奇瑞汽车股份有限公司分别与铁路、航运或公路运输公司签订合同进行运输，将会耗费大量的人力和物力。如果委托一家多式联运企业运输，享受"门到门"的服务，就会使这项工作变得简单、快捷。如果您是一家多式联运企业的业务经理，负责这批汽车的运输，请回答以下问题：

1. 请设计两种运输方案。

2. 在运输方案中涉及哪几种运输方式？有哪些与合同有关的当事人？

3. 在运输方案中涉及哪些法律、法规和国际公约？

07
PROJ

项目七
智慧运输成本与服务管理

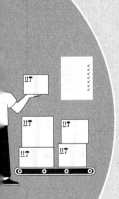

◎**知识目标**

●掌握物流运输成本的概念、构成及特征。

●了解运输成本的影响因素。

●掌握运输服务评价指标。

●掌握运输服务基本的选择方法。

◎**能力目标**

●能够对运输成本的影响因素与运输成本的关系进行分析。

●能够对不同运输方式的成本构成进行分析与核算。

●能够对不同运输方式的服务进行评价。

●能够对不同的运输服务进行选择。

◎**思政目标**

●增强对专业的认同感。

●培养严谨、细致、精益求精的学习态度与作风。

●培养民族自信，树立运输人的责任感和自豪感。

●培养团队合作精神和自主学习能力。

●培养辛勤耕耘的劳动精神以及精益求精的工匠精神。

●培养创新精神，提高时间观念和成本意识。

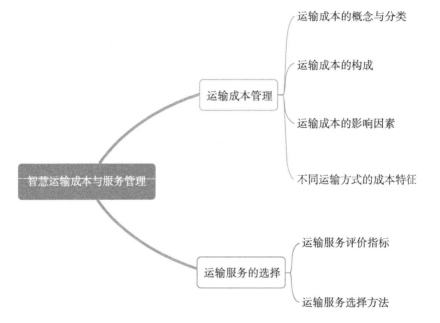

智慧运输成本与服务管理

- 运输成本管理
  - 运输成本的概念与分类
  - 运输成本的构成
  - 运输成本的影响因素
  - 不同运输方式的成本特征
- 运输服务的选择
  - 运输服务评价指标
  - 运输服务选择方法

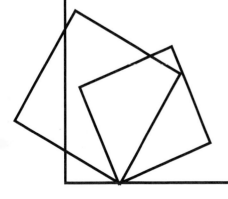

 **岗位分析**

岗位1：运输成本管理员

● **岗位职责**：负责制定和执行运输成本预算；制定和调整运输价格；对运输过程中的各项成本进行实时跟踪和监控，分析成本变化的原因；参与运输合同的评审和签订，确保合同条款符合成本控制的要求；定期编制和提交运输成本管理相关的报表和报告。

● **典型工作任务**：运输成本预算与计划的编制；运价管理；成本控制与分析；合同与资金管理；报表与报告编制。

● **职业素质**：专业知识与技能、沟通与协作能力、分析与决策能力、责任心与职业道德、创新意识等。

● **职业能力**：具备预算编制、执行、监控和分析的能力；能对运输过程中的各项成本进行准确的分析和计算；能制定合理的运价策略；能利用数据优化运输成本管理。

● **可持续发展能力**：具备持续学习的意识，不断更新自己的知识和技能。同时，还需要具备创新能力，能够不断探索新的成本管理方法和手段，以适应不断变化的市场环境。

岗位2：运输客服员

● **岗位职责**：负责日常客户关系的沟通与维护，不断增加发货订单；负责来电记录，加强与客户的联络，根据客户的要求和情况，及时准确地将相关信息资料交回公司，填写好设计工单；负责协助做好客户的来访接待工作；认真完成公司对其岗位制定的目标任务；负责开单、贴标、及时做好发货信息，帮助客户查询货物信息，做好承运货物在途跟踪服务管理。

● **典型工作任务**：帮助客户进行日常的查询；货物跟踪；收发货物的文件处理；管理单据录入。

● **职业素质**：责任意识、服务意识、效率意识、成本管理意识、法律意识。

● **职业能力**：能够针对货物的运输要求及货物特点进行运输计划的制订，具有客户服务与沟通能力、应变与处理能力、情绪管理与自我调节能力。

● **可持续发展能力**：能进行客户关系管理；能进行业务扩展；具有全局协调能力。

 项目导读

广州作为国内物联网应用先行城市之一，很早就开始开展以 RFID（射频识别）为核心的物联网相关工作，曾在广州亚运会（2010 年）期间将 RFID 应用于海关通关，提高了亚运物资的运输效率。

为确保"平安亚运"，广州海关部署了 RFID 等系统，保证了亚运物资、食品、赛马等安全顺利通关。广州白云机场海关打造的 RFID 行李预检系统，对入境托运行李实现了 100% 先期机检，对重点行李实现了全方位自动追踪、定位。2010 年 9 月，基于 RFID 技术的"2010 广州亚运会进口食品溯源管理系统"在广州口岸正式启用，该系统可通过物流及检验检疫信息平台，及时自动采集指定口岸查验、指定仓库抽样检验以及指定接收场所流向记录等信息，并与电子标签绑定，实现电子数据读取、导入自动化和单据流、工作流、货物流的三流合一，对亚运进口食品的运输实施全程无缝监管。

先进的电子信息技术、计算机技术已广泛应用于运输管理的各个环节和层面，促进了运输管理水平的提升和管理效率的提高。

任务一　运输成本管理

任务描述

沃尔玛物流运输成本控制

在中国，沃尔玛百分之百采用公路运输，所以如何降低公路运输成本，是沃尔玛物流管理面临的一个重要问题。为此他们主要采取了以下措施：

（1）沃尔玛使用一种尽可能大的卡车，大约有 16 米的加长货柜，比集装箱运输卡车更长或更高。沃尔玛把卡车装得非常满，产品从车厢的底部一直装到顶部，这样有助于节约成本。

（2）沃尔玛采用全球定位系统对车辆进行定位，因此在任何时候，调度中心都可以知道这些车辆在什么地方，离商店有多远，还需要多长时间才能将货物运到商店，这种估算可以精确到小时。沃尔玛知道卡车和商品在哪里，就可以提高整个物流系统的效率，有助于降低成本。

（3）沃尔玛的运输成本比供货厂商运输产品的成本低，所以厂商也使用沃尔玛的卡车来运输货物，从而做到了把产品从工厂直接运送到商场，大大节省了产品流通过程中的仓储成本和转运成本。

要求：请以小组为单位，认真阅读案例，回答"任务实施"中的问题。

知识链接

✦ 知识点 1：运输成本的概念与分类

1. 运输成本的概念

运输成本是指运输活动中所发生的一切相关费用，包括支付的运输费用、运输行政管理和维持运输工具的相关费用等。明确运输成本核算项目是做好成本核算的前提，在此基础上，才能有效地进行运输成本的管理与控制。

2. 运输成本的分类

按成本计入方法，运输成本可分为两类：一类是直接成本，是完成运输过程直接发生的费用，包括企业管理费及事故损失费以外的所有费用。另一类是间接成本，包括企业管理费及事故损失费，这两项费用均按一定的分摊方法，摊入各运输工具的总成本中。企业管理费又可细分为行政管理费和一般管理费。

✦ 知识点 2：运输成本的构成

按运输所采取方式的不同，运输成本包括公路运输成本、铁路运输成本、水路运输成本、航空运输成本和管道运输成本五种。本任务以公路运输企业成本核算为例介绍运输成本项目，根据《企业会计准则》的规定，结合运输生产耗费的实际情况，公路运输成本项目可划分为车辆直接费用和营运间接费用两大部分。

1. 车辆直接费用

（1）应付职工薪酬，指按规定支付给营运车辆司机的各种薪酬，分为"工资""职工福利""社会保险费""住房公积金""工会经费""职工教育经费""解除职工劳动关系补偿"等。

（2）燃料，指营运车辆运行过程中耗用的各种燃料，如营运过程耗用的汽油、柴油等。

（3）轮胎，指营运车辆耗用的外胎、内胎、垫胎、轮胎翻新费和零星修补费用等。

（4）修理费，指营运车辆进行各级维护和小修所支付的工料费、修复旧件费用及车辆大修费用。

（5）车辆折旧，指营运车辆投入使用后，按规定方法在会计期间价值减少的部分。

（6）公路运输管理费，指按规定向有关部门缴纳的运输管理费。

（7）车辆保险费，指向保险公司缴纳的营运车辆保险费用。

（8）事故费，指营运车辆在运行过程中，因行车肇事所发生的事故损失，扣除保险公司赔偿后的事故费用。

（9）税金，指按规定缴纳的车船使用税。

（10）其他费用，指不属于以上各项的车辆营运费用，如行车杂支、随车工具费、篷布绳索费、防滑链条费、中途故障救济费、车辆牌照和检验费、洗车费、停车住宿费、过桥费、过路费等。

2. 营运间接费用

营运间接费用是指为了组织运输而发生的营运管理费用，如管理人员的工资费用、差旅费、水电费、办公费、折旧费等，但不包括企业行政管理部门的管理费用。

✤ 知识点3：运输成本的影响因素

1. 距离

距离是影响运输成本的主要因素，因为它直接对劳动、燃料和维修保养等变动成本发生作用。运输距离越长，每千米单位费用相对较低。

2. 装载量

每单位重量的运输成本随装载量的增加而减少，之所以会产生这种现象，是因为提取和交付活动的固定费用以及行政管理费用可以随装载量的增加而被分摊。但是，这种关系在装载能力较小的运输工具上表现得并不明显，如卡车受最大尺寸的限制，一旦该车辆满载，对下一辆车会重复这种关系。这种关系对托运部门的启示是，大批量的托运应利用运载能力大的运输工具，以期利用规模经济。

3. 产品密度

密度因素是把重量和空间方面的因素结合起来考虑的。运输费率通常表示为每单位重量所花费的金额。例如，每吨货物的运费或每千克货物的运费等，但密度低的货物其装载数量受运输工具装载空间的限制，而不是受重量限制。

4. 配积载能力

配积载能力是指产品的具体尺寸形状及其对运输工具（车辆、拖车或集装箱）的空间利用程度。有些产品具有不规则形状，或者超重、超长等特征，通常不能很好地与其他货物进行配载，并因此浪费运输工具的空间。

5. 装卸搬运

运输活动必然伴随着装卸搬运活动。装卸搬运由谁来承担？一是用契约的方式来确定装卸搬运的责任方；二是约定俗成地由承运人来承担（如陆上的零担运输、海上的班轮运输）。装卸搬运活动会花费大量的人工成本和时间成本。卡车、铁路车辆或船舶等的装卸可能需要特别的装卸搬运设备，这些都会影响搬运成本。

6. 责任

责任主要关系到货物损坏风险而导致的索赔事故。因此，责任与货物的六个特征有关，对某个确定的货物具体要考虑的因素是易损坏性、易腐性、易被偷窃性、危险性、贵重性及货运损害的责任。

7. 市场因素

运输通道流量和通道流量均衡等市场因素也会影响运输成本。运输指的是运载工具在起运地与目的地之间的移动，但运载工具和驾驶员都必须返回起运地，结果是要么找一票货运回（回程运输），要么只能空车返回。当发生空车返回时，有关劳动、燃料和维修保养等费用仍然必须按照原先的"全程"运输支付。

❖ 知识点 4：不同运输方式的成本特征

1. 铁路运输的成本特征

铁路运输不但固定成本高，而且装卸成本、制单和收费成本、货车调度换车成本也很高。铁路运输的线路成本相对较低，单位可变成本会随运量和运距的增加而下降。固定成本高和可变成本相对低的成本特征使铁路运输具有明显的规模效益，将固定成本分摊到更大运量和更长距离的运输中，铁路运输的吨公里成本就会下降。

2. 公路运输的成本特征

公路运输的固定成本是所有运输方式中最低的，因为承运人不拥有用于运营的公路，汽车只是很小的经济单位，车站的运营也不需要昂贵的设备。另外，公路运输的可变成本很高，因为公路建设和公路维护成本以过路过桥费、燃油税的方式征收。端点费用包括取货和送货成本、站台装卸成本、制单费和收费成本，占公路运输总成本的15%~25%。端点成本在运输批量较小时，随运输批量变化很快。当运量超过一定规模，随着取货、送货和装卸成本分摊到更大的运量上，端点费用会持续下降。线路费用占总成本的50%~60%，单位线路费用随运距或运量的增加而降低，但并不明显。

3. 水路运输的成本特征

水路运输的固定成本主要投放在运输设备和端点设施上。水路和港口都是公有的，只有少数项目向水运承运人收费。水路运输的端点费用包括船只进入海港时的港口费和货物装卸费。水运货物装卸速度特别慢，除散货和集装箱货可以有效使用机械化装卸搬运设备外，昂贵的搬运成本（人工作业）使得其端点费用相对较高。

水运中常见的高端点成本在很大程度上被很低的线路费用抵销。水路不对使用者收费，且以很慢的速度、很小的单位运量牵引力进行运输，水运的可变成本尤其低。由于端点成本很高，线路费用很低，吨公里成本随运距和运量的变化急速下降。因此，水运是最廉价的大宗货物运输方式之一，适合长距离、大批量运输。

4. 航空运输的成本特征

航空公司拥有的运输设备在经济寿命内的折旧构成了昂贵的固定成本。航空公司根据需要以燃油、仓储、场地租金和起降费的形式购买的机场服务构成了其可变成本的主要部分。

5. 管道运输的成本特征

管道公司（或拥有管道的石油公司）拥有运输管道、泵站和气泵设备。这些固定设备的成本加上其他成本使管道的固定成本与总成本的比例是所有运输方式中最高的。要提高管道运输的竞争力，必须有足够大的运量来摊薄这种高的固定成本。可变成本主要包括运送产品（通常为原油和成品油）的动力和与泵站经营相关的成本。

任务实施

阅读案例《沃尔玛物流运输成本控制》，回答以下问题。

1. 在中国，沃尔玛为什么百分之百采用公路运输？公路运输相对于其他运输方式的优势有哪些？

_____

_____

2. 沃尔玛物流运输成本控制的主要途径和方法是什么？

_____

_____

3. 沃尔玛在公路运输中，采用了哪些信息技术手段来保障运输的安全性？

4. 各组派 1 名代表上台分享本组的分析结果。

 任务评价

在完成上述任务后，教师组织三方评价，并对学生任务执行情况进行点评。学生完成考核评价表（见表 7-1）的填写。

表 7-1　　　　　　　　　　　　　　考核评价表

班级		团队名称			学生姓名	
团队成员						
	考评项目	分值	要求	学生自评（30%）	团队互评（30%）	教师评定（40%）
知识能力	对公路运输的优势进行分析	20分	分析正确			
	对沃尔玛运输成本控制的途径和方法进行分析	20分	分析正确			
	对运输中采用的信息技术手段进行分析	30分	分析合理			
职业素养	文明礼仪	10分	举止端庄用语文明			
	团队协作	10分	相互协作互帮互助			
	工作态度	10分	严谨认真			
	成绩评定	100分				
心得体会						

牛刀小试

一、单项选择题

1. 集送方式的发展主要与规模经济有关。运输工具装运量越大，每吨公里的（　　　）就越低。

A. 运费费率　　　　B. 管理费　　　　C. 车站费　　　　D. 燃料费

2. 在一般情况下，积载因素大的货物即轻泡货运输成本高，而且其运价也（　　　）。

A. 低　　　　B. 不变　　　　C. 不可确定　　　　D. 高

二、多项选择题

1. 运输成本的影响因素有（　　　）。

A. 距离　　　　B. 装载量　　　　C. 产品密度　　　　D. 配积载能力

2. 下列属于公路运输成本中车辆直接费用的有（　　　）。

A. 支付给司机的薪酬　　　　　　　　B. 燃料

C. 车辆保险费　　　　　　　　　　　D. 管理人员的工资

三、判断题（对的打"√"，错的打"×"）

1. 公路运输的固定成本是所有运输方式中最低的。（　　　）

2. 公路运输的固定成本是指无论运输距离长短和运量大小，成本水平总是固定不变的那部分成本。（　　　）

3. 单位重量的运输成本随装载量的增加而减少。（　　　）

4. 产品密度越大，单位重量货物的运输成本越高。（　　　）

5. 运输费率低于运输变动成本时，运输企业会亏损。（　　　）

四、案例分析题

诺奇物流运输成本控制

很多企业的货物都是从厂家发到企业总部，再由总部向各分公司发货。诺奇不久前开始改变这种物流模式，进行分仓建设，改变了整个发货渠道，使得各个渠道的发货速度大大加快。合理的分仓设置、快捷的商品物流配送，不仅让物流成本节约了近三成，也确保了"多款式、小批量、多批次"商品供应策略的有效实施。作为分仓建设的主要执行人之一，顾×在充满成就感的同时，也对这一新的物流模式有了更多的建设规划。

1. 去掉中转，物流大提速

对于建设分仓，诺奇早有计划，只是之前的终端分布情况没达到条件，随着新一轮诺奇终端的调整，很多城市增开了分店，且大大提高了集中度，诺奇启动了分仓建设。到目前为止，现有位于总部的福建总仓和江苏常熟、江西南昌两个分仓，并计划新设湖北武汉和安徽合肥两个分仓。

"分仓建设大大加快了配货的速度，"顾×说，"以往都是厂家发货到诺奇福建总仓，再由总仓配送到各分公司，这一中转，一次发货通常都要一周左右，而分仓建成后，厂家都是根据总部的配送清单，直接发往各分仓，一般到货只要两三天，发货时间节约了4天，这对时尚服装业是一个极大的改变。"

2. 即时监控，灵活调配

分仓的建立，对于终端陈列也起了改进作用。"过去，一周发一次货，每次到货的新款都会很多，不能呈现我们'多款式、小批量、多批次'的优势，"顾×说，"有了分仓以后，新货发到分仓之后，可以分批陈列到终端上，两三天出一批新货，可以展示更多主打产品，也可以不断给顾客新鲜感。"

3. 分仓建设，人员第一

当然，建设分仓也有头痛事，那就是人员问题。诺奇原来只有一个总仓，仓管人员一直不多，可是一下子增加了许多分仓，人员缺口就很大。当下环境，招聘仓管人员也不容易，所以人员的补充成了头痛事。

在这种情况下，顾×却来了个"逆市招聘"。因为诺奇物流是总部下单，货物直接发往各分仓，这中间有一个订单衔接的工作，对仓管人员素质要求比较高，顾×就是凭这一点，招聘时也开出高要求，别人招仓管人员要求初中、高中学历就行，她则开出大专学历。然而，她招到人了。"高要求也意味着我将给他们高回报，"顾×说，"诺奇的分仓刚开始建设，未来将有更多的分仓，这些仓管人员有很大的晋升空间，他们中很多人就是未来的分仓主管、分仓经理。"

4. 每天到货，断货率大减

虽然运营不到一年，但物流分仓的优势已显示出来。"过去，我们每3天发一次货，现在我们可以实现每天发货，"顾×说，"这最直接的效果就是终端断货率大大降低。"

此外，由于去掉中转环节，且都是短途运输，整个物流成本大大降低。顾×说："这几个月，我们的物流成本减了近三成。"

分仓建设还在继续，在顾×看来，现在最主要的工作有两个：一个是做好人员储备；另一个是让各分仓选择好长期合作的物流企业，保证物流配送的安全性和准确性。

结合案例分析：为什么诺奇去掉中转环节，物流成本节约了近三成？

任务二　运输服务的选择

任务描述

家电产品运输方案选择实例分析

广东某大型家电（电冰箱）制造企业，其销售网络遍及全国。其绝大部分产品是销往位于其北部的各个省份，而通往北方市场的交通主要是公路和铁路，没有较好的直达内陆的水路。对于电冰箱这类体形比较大、单价不是很高的电器产品，从前文对各种运输方式综合特征的评价分析中可以知道，不适合采用航空运输，所以较多采用公路运输或铁路运输，比较这些运输方案的优劣，有关数据如表7-2和表7-3所示。

表7-2　　　　　　产品从工厂发运到南昌的费用及时间情况

运输服务商	运价	装卸次数（次）	装卸费（元/台）	时间（天）
甲	29元/台	2	1	1
乙	7795元/车皮	4	1	2

注：铁路运输按每车皮装载160台电冰箱计算。

表7-3　　　　　　产品从工厂发运到北京的费用及时间情况

运输服务商	运价	装卸次数（次）	装卸费（元/台）	时间（天）
甲	57元/台	2	1	2
乙	11627元/车皮	4	1	4

注：铁路运输按每车皮装载160台电冰箱计算。

要求：请以小组为单位，认真阅读案例，回答"任务实施"中的问题。

知识链接

✤ 知识点1：运输服务评价指标

主要的运输服务评价指标有运输价格和时间、运输服务质量、客户服务能力及发展潜力。

1. 运输价格和时间

任何一种运输方式都具备提供基本运输服务的功能，大部分运输服务商能够提供基本的核心服务，大多数托运人在选择服务商时首先考虑的是运输价格，同时运送时间也是托运人选择服务商时重要的参考因素。

2. 运输服务质量

运输所体现的价值是把货物从一个地方运送到另一个地方，完成地理上的位移，而无须对货物本身进行任何加工。但如果运输保管不当，就会对货物的质量产生影响。因此，在选择运输服务商时会将其运输服务质量作为一个重要的因素来考虑。

3. 客户服务能力

随着运输服务商服务质量的提高，客户对服务的要求也越来越高，他们在选择运输服务商时还会考虑其服务理念是否先进。服务商除了提供运输服务外，还开发出很多附加服务项目，如运价查询、航班查询及货物跟踪等服务，以求吸引更多的客户。无论服务商如何提高运输质量，改进服务水平，都难以完全避免货运事故的发生，能否妥善处理好各类事故也是客户服务能力的体现。

4. 发展潜力

一个注重信誉的企业会尽量减少与客户的交易摩擦，降低交易费用；反之，一个缺乏信誉的企业会增加大量的交易成本。

✤ 知识点2：运输服务选择方法

由于运输服务市场竞争激烈，承运人数量众多，作为货主或托运人，进行运输决策的时候，即使是同一种运输方式，也往往需要在不同的承运人之间做出选择。选择承运人，可以采取以下三种方法。

1. 运输价格比较法

承运人为了稳定自己的市场份额，都会努力提高服务质量，随着竞争的日趋激烈，对于某些货物来说，不同的承运人所提供的服务质量基本处于相同的水平，因此运价很容易成为各承运人的最后竞争手段。货主或托运人在选择承运人时，面对几乎相同的运输服务质量，或对服务质量要求不是很高时，往往会对各个承运人的运输价格进行横向比较，这时候运输价格就是选择承运人的一个重要尺度。

2. 服务质量比较法

如果价格一样或接近，货主或托运人会根据享受到的运输服务质量和承运企业的服务理念来选择承运人。

（1）运输质量

客户在选择承运人时，会将运输质量作为一个重要的因素来考虑。考察承运人运输服务质量，可以从运输工具的使用年限和新旧状态、装卸质量、工作人员的经验及责任心、货物运输控制流程等方面进行评价。

（2）服务理念

服务理念一般体现在以下几个方面。

①运输的准班率。较高的准班率可以方便客户对货物的库存和发运进行控制，当然也

为其安排接运等提供了便利。

②班次的间隔及车、船、飞机等的发货频率。合理的间隔会方便客户选择托运的时间及安排发货的频率。

③单证的准确率。单证是交付货物、结算货款的必要单据。单证填写的准确性、单证流转的及时性直接关系到客户的货物交接与货款结算。

④信息查询的方便程度。不同的承运人除了提供运输外，还在附加服务上进行投入，如提供价格查询、航班查询、货物跟踪等服务。

⑤货运纠纷的处理。货运纠纷在所难免，因此发生后如何及时圆满地处理是客户非常关心的一个问题。

由于运输技术及运输工具的发展，目前各承运人之间的运输质量差异正在缩小，而为了吸引客户，承运人不断更新服务理念，以求与其他服务商有服务差异，为客户提供高附加值的服务，从而稳定自己的市场份额，增强竞争力。这也为客户选择不同的服务提供了更多空间，客户可以根据自己的需要确定选择目标。

3. 综合选择法

很多客户在选择运输服务时会综合考虑多个因素，如同时考虑服务质量和运输价格，以及承运人的品牌、经济实力、服务网点数量等，客户可以根据自己的需要，调整不同因素的权重，然后做出决策。

任务实施

阅读案例《家电产品运输方案选择实例分析》，回答以下问题。

1. 案例中该企业将货物运输到南昌和北京可采用哪些运输方式？这些运输方式各自有什么特点？

_____

_____

_____

2. 比较两种运输方式的运输成本，企业应如何做决策？

_____

_____

_____

3. 各组派 1 名代表上台分享本组的分析结果。

任务评价

在完成上述任务后，教师组织三方评价，并对学生任务执行情况进行点评。学生完成考核评价表（见表 7-4）的填写。

表 7-4 考核评价表

班级		团队名称			学生姓名		
团队成员							
	考评项目	分值	要求	学生自评（30%）	团队互评（30%）	教师评定（40%）	
知识能力	对两个运输服务商提供的运输方式进行分析	20 分	分析正确				
	对运输成本构成进行分析	20 分	分析正确				
	对运输方案优劣进行分析	30 分	分析合理				
职业素养	文明礼仪	10 分	举止端庄用语文明				
	团队协作	10 分	相互协作互帮互助				
	工作态度	10 分	严谨认真				
	成绩评定	100 分					
心得体会							

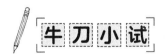

一、单项选择题

1. 以下选项中，（   ）不是选择承运人的方法。

A. 运输价格比较法 B. 服务质量比较法

C. 综合选择法 D. 利润比较法

2. 满足货主需求的评价指标有（   ）。

A. 时间、质量、运输价格 B. 时间、质量

C. 时间、品质 D. 质量、运输价格

二、多项选择题

1. 运输服务评价指标包括（　　　）。

A. 运输价格和时间　B. 运输服务质量　　C. 客户服务能力　　D. 发展潜力

2. 运输服务的内容有（　　　）。

A. 运输质量　　　　B. 运输方式　　　　C. 运输进度　　　　D. 运输费用

3. 货主满意度指标主要有（　　　）。

A. 质量方面　　　　　　　　　　　B. 数量单位

C. 时间方面、价格方面　　　　　　D. 服务方面

三、判断题（对的打"√"，错的打"×"）

1. 大多数托运人在选择服务商时首先要考虑的是运输质量。（　　　）

2. 运输价格比较法是指在选择运输服务商时，仅考虑价格，忽略服务质量。（　　　）

3. 目前各承运人之间的运输质量差异正在缩小，承运人为客户提供高附加值的服务，从而稳定自己的市场份额。（　　　）

四、案例分析题

富士通的美国货运策略

富士通在日本和美国之间建立了一座空中桥梁。该公司逐步完善了一种快速补货的分销方式，该方式使他们能够从美国接受订单，在日本完成产品的加工和装配，然后将产品直接运到太平洋彼岸的美国客户手中。这个过程只需 5~7 天。

1. 打造新的商务模式

富士通于 1996 年进入美国计算机市场，并在加利福尼亚州的圣克拉拉市建立了一家分公司。该分公司的营运副总裁莱恩回忆说："那时我们经常是每卖出一件产品都会有所损失。原来的'预测—加工装配—销售'模式意味着我们没有找到准确的产品组合，因此也就根本没有竞争力。在产品定价每周都变的情况下，如果所需产品稍有差错，我们就需要两周的时间才能找到合适的产品交给客户，这也就丧失了赢利的机会。"

尽管实际产品可以根据客户的要求而安装不同的配置，富士通所使用的标准配件（如硬盘、处理器、内存及主板）的可选择性还是有限度的。莱恩说："这可以帮助工厂更有效率地生产一些按客户要求定制的产品。"

计算机装配好之后，就从工厂运往距离只有 5 分钟车程的富士通物流中心。在那里，工人们给包装盒贴上标签，把货物装上卡车，准备运往大阪国际机场。该公司使用下属公司富士通物流的车队来运送这些货物。快速地运到机场之后，UPS（美国联合包裹运送服务公司）开始接手货物的运输。UPS 会给每件包裹贴上他们自己的标签，以便对其进行跟踪。经过拼箱之后，这些货物就被放到飞往美国的飞机上。

飞机到达美国阿拉斯加州的安克雷奇后，UPS 负责为富士通的货物进行清关。清关结

束后，依据最终到达目的地的不同，货物又被拆分成不同的小包装，分别由 UPS 的货机送往位于加利福尼亚州的安大略市和肯塔基州的路易斯维尔市的分拨中心。之后这些货物再由分拨中心送往 UPS 位于全美各地的分中心，以便送到最终客户的手中。

从下订单到交货，通常最多需要 7 天的时间，大部分订单的完成只需 5 天。因此，如果周一订货，周五就会交货，最迟也不会超过下一个周一。在根据订单加工的情况下，快速运货之所以成为可能，原因之一就是每天都有很多航班来往于日本和美国之间。但富士通也利用了时差的优势，由于跨太平洋的航班穿越了国际日期变更线，所以从日本起飞的货物在同一天即可到达美国。

2. 更低的成本、更高的销售收入

富士通快速补货的销售模式减少了存货，加速了货物的流转并促进了销售。莱恩介绍说，自从采取了这种模式，在美国的存货价值量由原来的 2500 万美元降低到了 300 万美元。同时日本方面的存货量也减少了 25%。富士通的客户也因此减少了存货量。莱恩注意到，在过去客户下一次订单要等 2~3 周。"现在我们的客户没有必要再储存过多的货物，因为他们相信，如果他们给富士通一份订单，他们的货物在 5~7 天就会被运到。"

思考：对于富士通的这种模式，我们可以得到什么启示？

五、技能训练题

甲公司从位于 S 市的工厂直接装运 500 台电视机送往位于 T 市的一个批发中心，这票货物价值为 150 万元。T 市的批发中心确定这批货物的标准运输时间为 2.5 天，如果超出标准时间，每台电视机每天的机会成本是 30 元。甲公司的物流经理设计了下述三个物流方案，请从成本角度评价这些运输方案的优劣。

（1）A 公司是一家长途货物运输企业，可以按照优惠费率每千米 0.05 元/台来运送这批电视机，装卸费为每台 0.10 元。已知 S 市到 T 市的公路运输里程为 1100 千米，估计需要 3 天的时间才可以运到（因为货物装卸也需要时间）。

（2）B 公司是一家水运企业，可以提供水陆联运服务，即先用汽车从甲公司的仓库将货物运至 S 市的码头（20 千米），再用船运至 T 市的码头（1200 千米），然后再用汽车从 T 市的码头运至批发中心（17 千米）。由于中转的过程中需要多次装卸，因此整个运输时间大约为 5 天。询价后得知，陆运运费为每千米 0.06 元/台，装卸费为每台 0.10 元，水运运费为每百台 0.6 元/千米。

（3）C 公司是一家物流企业，可以提供全方位的物流服务，报价为 22800 元。承诺在标准时间内运到，但是准点的百分率为 80%。

08 PROJ 项目八 智慧运输技术的应用

◎**知识目标**

●掌握无人驾驶车辆的发展历程。

●了解无人驾驶车辆、无人机配送的发展现状及趋势。

●了解无人驾驶车辆的特点。

●理解无人机配送服务相对于传统配送服务的优势和劣势。

●掌握我国无人驾驶车辆的相关政策。

◎**能力目标**

●能够对无人机配送服务在物流中的应用进行分析。

●能够对无人机配送服务的优劣势进行分析。

●能够对无人驾驶车辆及无人机配送的案例进行分析。

●能够分析无人驾驶车辆在物流中的应用。

●能够发现我国无人驾驶车辆和无人机在配送中存在的问题。

◎**思政目标**

●增强对无人驾驶车辆、无人机配送行业的了解，增强对专业的认同感。

●增强爱国情怀，树立远大理想。

●增强民族自豪感和自信心。

●增强创新意识，提高自主学习能力。

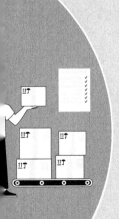

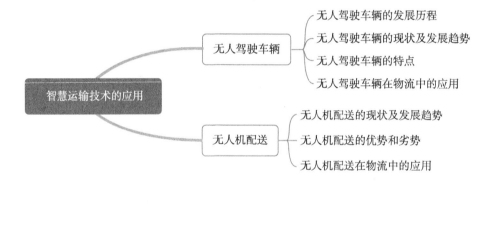

智慧运输技术的应用

无人驾驶车辆
- 无人驾驶车辆的发展历程
- 无人驾驶车辆的现状及发展趋势
- 无人驾驶车辆的特点
- 无人驾驶车辆在物流中的应用

无人机配送
- 无人机配送的现状及发展趋势
- 无人机配送的优势和劣势
- 无人机配送在物流中的应用

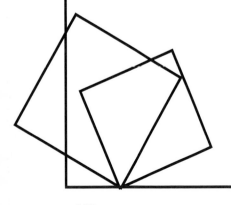

 **岗位分析**

岗位1：无人机物流配送员

- **岗位职责**：负责操作和管理无人机进行物流配送工作；保证货物快速、安全送达目的地，提高物流配送效率，满足客户需求；负责制订每日物流配送计划，根据订单和货物情况，合理安排无人机的出发时间、路径和目的地，确保配送的高效性。

- **典型工作任务**：根据订单情况和货物状况安排无人机配送；通过监控系统追踪无人机飞行情况，确保货物安全准时送达。

- **职业素质**：服务意识、效率意识、法律意识、成本意识、创新意识。

- **职业能力**：能够针对订单和货物的情况制订无人机物流配送计划。

- **可持续发展能力**：能掌握无人机操控技能，确保无人机配送安全稳定，对无人机进行入场维护和保养，确保配送过程顺利进行。

岗位2：无人机操作员

- **岗位职责**：根据订单和货物情况在无人机系统中操控和管理无人机；根据任务需求进行飞行任务规划，检查调试无人机设备，结合地理环境和天气状况，确保无人机系统正常运行；根据航线计划，操控无人机起飞、飞行、导航和降落；根据监测系统和传感器信息，及时进行飞行参数的调整和控制，确保无人机飞行的安全性和稳定性；负责无人机设备的日常维护和管理。

- **典型工作任务**：飞行规划和准备；飞行操控；无人机维护和日常管理。

- **职业素质**：标准化作业意识、责任意识、安全意识、客户服务意识、成本意识、创新意识等。

- **职业能力**：能规划无人机飞行任务，执行规范作业标准及流程，提高效率，降低成本；能做好协调及配合工作。

- **可持续发展能力**：能掌握无人机操作规范，能准确执行无人机配送任务。

 项目导读

2021年，中共中央、国务院印发《国家综合立体交通网规划纲要》，首次将低空经济纳入了发展规划。2024年1月1日开始实施的《无人驾驶航空器飞行管理暂行条例》，进一步规范了低空经济无人机产业发展。2024年2月23日，中央财经委员会第四次会议围绕降低全社会物流成本，鼓励发展与平台经济、低空经济、无人驾驶等结合的物流新模式。2024年的《政府工作报告》提出要积极打造低空经济等新增长引擎，这是低空经济首次被写入政府工作报告。随着一系列举措推进实施，我国低空飞行服务保障体系基本成型。截至 2023 年年底，全国建成通用机场 449 个，完成国家信息管理系统、7 个区域信息处理系统和 32 个飞行服务站建设，上线民用无人驾驶航空器综合管理平台，实现低空飞行监管、服务全覆盖。

随着低空飞行服务保障体系的不断完善，我国低空经济蓬勃发展。2023 年，通航作业飞行 136 万小时，近 3 年年均增速超过 12%；无人机飞行 2311 万小时，同比增长 11.8%。据有关机构测算，2023 年我国低空经济规模已经超过 5000 亿元，2030 年有望达到 2 万亿元。

近年来，顺丰、京东、美团等代表性企业已在多地开展了支线、末端无人机物流配送试点。特别是在医疗样本运输、生鲜配送等业务场景中，部分企业已经开始商业运营。根据艾意凯咨询公司的预测，无人机技术和网络规模的快速发展极大地降低了成本，到 2040 年无人机配送可能会占到当日包裹递送量的 30%。但是，由于技术、政策、安全、成本等方面的诸多原因，无人机配送距离规模化落地，乃至构建"空地一体"的智慧物流体系，还有较远的一段路要走。

事实上，行业中排名前十位的快递企业都在研发自己的无人机，目前，对于无人机配送的发展，技术不是主要门槛，掌握了技术优势也不足以形成优势，有物流和配送业务场景来承接无人机配送模式的落地或许才是关键。

任务一　无人驾驶车辆

任务描述

北京"五站两场"将开放接驳自动驾驶

从 2020 年开始建设到 2024 年 3 月，北京自动驾驶示范区已经建成 160 平方千米，2024 年 6 月将扩展至 600 平方千米。截至 2024 年 3 月，累计部署车辆超过 800 台，为 29 家测试车企发放了道路测试号牌，自动驾驶测试里程近 3000 万千米，自动驾驶"出租车"、自动驾驶小巴、无人接驳车、无人配送车、无人环卫车、无人巡逻车、自动驾驶货运重卡、无人零售车等 8 种场景下的自动驾驶汽车已经悄然"驶"入市民生活，一座充满科技感的未来之城逐渐浮现。

2024 年启动建设示范区 4.0。与正在实施的 3.0 阶段相比，4.0 阶段将进一步调动各行政区示范区建设的积极性，探索更加完善、高效的投资模式与建设机制。2024 年年初，北京市已经实现了示范区至大兴机场的自动驾驶接驳以及副中心三大文化设施周边的短途接驳，接下来还将逐步开放更多场站，实现在北京南站、丰台站、朝阳站、清河站、城市副中心站及大兴机场、首都机场"五站两场"开放接驳，打造更多自动驾驶应用场景的标杆案例。

大兴国际机场率先开放自动驾驶接驳，虽然目前还只能往来亦庄，但此次已经是自动驾驶行业的关键一步。这是全球首都城市机场首次开放自动驾驶接驳载人示范，意味着为自动驾驶汽车打开了全新的落地场景。这一场景单程通行里程长、客单价高、场景跨度大，更有助于探索成熟的技术能力迭代和商业化营收模式。

要求：请以小组为单位，认真阅读案例，回答"任务实施"中的问题。

知识链接

✣ 知识点 1：无人驾驶车辆的发展历程

一般说的无人驾驶车辆即无人驾驶汽车，无人驾驶汽车是一种智能汽车，主要依靠车内的以计算机系统为主的智能驾驶系统来实现无人驾驶，是室外移动机器人在交通领域的重要应用。如图 8-1 所示，无人驾驶汽车集自动控制、环境交互、视觉识别等众多人工智能技术于一体，既是充分考虑车路合一、协调规划的车辆系统，也是智能交通系统的重要组成部分；既是计算机科学、模式识别和智能控制技术高度发展的产物，也是衡量一个国家科研实力和工业水平的一个重要标志，在国防和国民经济领域具有广阔的应用前景。无人驾驶汽车是通过集成视觉、激光雷达、超声传感器、微波雷达、GPS、里程计、磁罗盘等车载传感系统感知道路环境，自动规划行车路线并控制车辆到达预定目标的智能汽车。它利用车载传感器来感知车辆周围环境，并根据感知所获得的道路信息、交通信号信息、车辆位置和障碍物信息，控制车辆的转向和速度，从而使车辆能够安全、可靠地在道路上行驶。

图 8-1　无人驾驶汽车

无人驾驶技术是一门建立在信息感知、信息控制以及信息执行等基础上的多学科、跨行业的综合性技术。车辆智能化的基础包括：信息感知、处理控制、动作执行。智能车辆将由高级驾驶辅助系统（ADAS）向整车自动驾驶发展。无人驾驶技术一般分为六个等级，依次为完全手动驾驶、辅助驾驶、部分模块自动化、特定条件下自动化、高度自动化以及全自动化的无人驾驶。

20 世纪 50 年代，国外就开始了对无人驾驶车辆的探索研究。美国贝瑞特电子公司在 1953 年研制出全球第一台由牵引式拖拉机改装而成的自主导航车，它的功能还局限于在布置好的导轨上传送货物。1971 年，英国道路研究实验室（RRL）通过一段视频展示了其测试的一辆自动驾驶汽车。20 世纪 80 年代，美国开启了自主地面车辆（AVL）新计划，该项目采用摄像头和计算机系统来检测地形并对车辆进行导航。20 世纪 90 年代，奔驰汽车公司和德国慕尼黑联邦国防军大学合作研制改装了奔驰 S500 汽车，为其配备了多种传感器，能够实时监测车辆周围的环境并做出相应反应，而其自动驾驶距离已经超过了 1000 千米。

我国无人驾驶汽车技术虽然研究起步较晚，但一直在循序渐进地推进之中。20 世纪 80 年代，我国开始了对无人驾驶汽车的研究，1980 年，国家重点研究开发项目无人驾驶汽车的前身"遥控驾驶的防核化侦察车"立项。1989 年，我国首辆智能小车在国防科技大学研制成功。1992 年，无人驾驶技术取得重大进步，国防科技大学、北京理工大学等大学成功研制了 ATB-1 无人车，这是由中型面包车配备计算机、控制系统和传感器改装而成的我国第一辆真正意义上能够自主行驶的测试样车（ATB-1），ATB-1无人车具有人工驾驶性能也有自动驾驶性能，该测试样车的成功标志着我国无人驾驶技术研发的正式启动。

进入21世纪，我国加快了对无人驾驶技术的重点研制开发，国家高技术研究发展计划（以下简称863计划）的颁布，使无人驾驶汽车得到更多的技术和政策支持。2000年，作为我国无人驾驶汽车科学技术前沿的国防科技大学宣布其研究开发的第4代无人驾驶汽车试验成功。2003年，国防科技大学和一汽集团共同合作成功研发了一辆无人驾驶汽车——红旗CA7460，该汽车能够根据车辆前方障碍的情况自动变换车道。2005年，我国的首辆城市无人驾驶汽车由上海交通大学研制成功。2011年，国防科技大学和一汽集团在2006年研发的无人驾驶汽车红旗HQ3取得了重大进步，该车首次完成了高速全程无人驾驶试验，从湖南长沙出发，到湖北武汉结束，全程总行驶距离为286千米，标志着我国又取得了新的技术突破。

❖ 知识点2：无人驾驶车辆的现状及发展趋势

我国积极发展智能网联汽车，无人驾驶技术进一步推动各互联网企业进入市场，加大研发投入，无人驾驶市场正处于快速发展阶段。中商产业研究院发布的《2022—2027年中国无人驾驶汽车市场需求预测及发展趋势前瞻报告》显示，2023年我国无人驾驶市场规模约为3301亿元，同比增长14.1%。如图8-2所示，2019—2024年我国无人驾驶行业市场规模逐年递增，中商产业研究院分析师预测，2024年我国无人驾驶行业市场规模将达3832亿元。由此可见，我国无人驾驶行业正在快速发展。

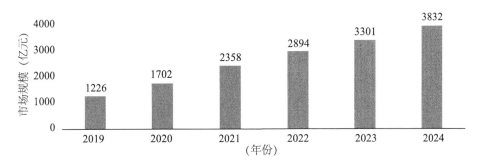

图8-2　2019—2024年我国无人驾驶行业市场规模趋势预测

我国无人驾驶行业市场规模的增长得益于以下几个方面的因素。

1. 政策扶持

近几年，国家及各地相继制定了多项政策，以鼓励、扶持无人驾驶车辆的研究与试验。比如，在2023年11月，工信部等发布了《关于开展智能网联汽车准入和上路通行试点工作的通知》，针对符合条件的ITS产品发布一系列的技术规范与指南。2021年4月，国家发展和改革委员会印发了《国家新型城镇化规划（2021—2035年）》。另外，北京、上海、深圳、广州也纷纷出台了相应的政策措施，为无人驾驶的发展创造了有利的政策环境。在发展规划上，《"十四五"数字经济发展规划》《关于支持建设新一代人工智能示范应用场景的通知》《"数据要素×"三年行动计划（2024—2026年）》等为无人驾驶行业的发展提供了明确、广阔的市场前景，为企业提供了良好的生产经营环境；在产品标准和安全性上，《智能网联汽车生产企业及产品准入管理指南（试行）》《自动驾驶汽车运输安全服务指南（试行）》等从准入门槛、应用场景、安全保障等方面对无人驾驶汽车行业做出了规范。

2. 技术进步

无人驾驶车辆涉及传感器、人工智能、车路协同、云计算等多个学科，其技术创新与突破将推动我国无人驾驶技术的发展。比如，传感器的性能与精度持续提升；人工智能算法与计算能力持续优化；车路协作相关标准与体系日趋完善；云计算运行速率与安全保障水平持续提升。以上研究成果为无人车辆的安全运行提供了有力的保证。

3. 社会需求

快速城镇化带来的交通拥堵、污染和安全问题日益突出，无人驾驶是解决上述问题的一种新兴交通模式，符合社会对"绿色、安全"的要求。与此同时，在消费者对智能化、个性化、便利性等方面的要求不断提高的情况下，无人驾驶车辆还能为消费者带来更多的选择与体验，从而获得消费者的青睐与信赖。

无人驾驶车辆的应用范围正在逐步扩大，从乘用车到商用车，从公交车到网约车，无人驾驶车辆正在推动城市交通朝着智能化、网联化和共享化方向发展。具体体现在以下几个方面。

（1）乘用车自动驾驶正在由L2级向L3级过渡

L2级自动驾驶意味着车辆能够在某些特定的环境下完成一定的自动驾驶，如自适应巡航、自动泊车等，但仍然要求驾驶员随时进行监测与干预。L3级无人驾驶能够在特殊环境下完成自动驾驶，如高速公路上的自动驾驶。但在应急状态下，驾驶员仍然需要进行自主驾驶。据统计，2021年中国在售新车L2级和L3级的渗透率分别为35%和9%，2022年达到了51%和20%。随着硬件平台和软件算法逐步成熟，新车搭载L2级功能正在逐渐成为标配，而L3级功能也开始出现在部分高端品牌和新能源汽车上。预计2025年，中国将有更多的乘用车实现L3级别甚至更高级别的自动驾驶功能。

（2）商用车自动驾驶已进入商业化运营阶段

商用车是一种以载货和载客为主的交通工具，如货车、客车等。商用车对于价格的敏感性降低，B端用户支付意愿更高，再加上场景化交通的复杂性和政策的鼓励和开放，使其具备了更好的可落地性。目前，中国已经有很多公司在商用车无人驾驶方面进行了试验与试运行，其中包括无人配送、无人环卫、无人出租车等。

①京东物流已于2020年年底在北京、成都、西安三个城市进行试运行，实现了从仓

储到终端的全过程无人化。图 8-3 所示为京东物流无人配送车。小马智行已经在多个城市开展了无人驾驶配送的试验，可以实现智能分拣、自主驾驶、自动送货等功能。同时，小马智行也在自动驾驶载人汽车方面进行了试验，图 8-4 所示为小马智行自动驾驶载人汽车。

图 8-3　京东物流无人配送车

图 8-4　小马智行自动驾驶载人汽车

②深圳市于 2021 年 3 月在深圳市南山区开展了"无人清扫"工程，并在此基础上配置 10 台"无人清扫车"，开展"清扫、收集"等任务。目前四川、南京、厦门等地都有无人清扫车。图 8-5 所示为厦门无人清扫车。

图 8-5　厦门无人清扫车

③滴滴出行于 2021 年 4 月在上海正式推出了一款无人驾驶的无人车业务，用户只需在滴滴软件上进行预定即可。图 8-6 所示为滴滴自动驾驶汽车。

图 8-6　滴滴自动驾驶汽车

（3）公共交通自动驾驶正在探索多元化模式

无人驾驶公交能够提高运行效率，降低运营成本，提高安全性，满足用户多样化的出行需求，是未来无人驾驶车辆发展的重要方向。中国已经在多个城市或企业进行了无人公交、无人轨道交通等不同类型无人驾驶系统的试验。

①北京市于 2020 年 12 月在亦庄开通了中国首条无人驾驶地铁线路——亦庄线，实现了 L4 级别的全自动运行。

②成都市于 2021 年 1 月在天府新区开通了中国首条无人驾驶轻轨线路——天府绿道，实现了 L3 级别的条件自动运行。

③上海市于 2021 年 2 月在浦东新区开通了中国首条无人驾驶公交线路——浦东 25 路，实现了 L4 级别的全自动运行。图 8-7 所示为上海首辆无人驾驶公交车在进行开放道路测试。

图 8-7　上海首辆无人驾驶公交车在进行开放道路测试

无人驾驶技术的发展离不开政府的支持、企业的投入以及技术的不断进步。随着技术的不断进步和应用场景的扩大，相信无人驾驶技术在未来一定会成为交通领域的重要发展方向。

❖ 知识点3：无人驾驶车辆的特点

无人驾驶车辆依靠人工智能、视觉计算、雷达、监控装置和全球定位系统协同合作，让无人驾驶系统可以在没有任何人主动操作的情况下，自动安全地操作机动车辆。安全稳定是无人驾驶车辆的一大特点，安全是拉动无人驾驶车辆需求增长的主要因素；自动泊车是无人驾驶车辆的另一大特点，车辆损坏的原因多半不是重大交通事故，而是在泊车时发生的小磕小碰。

1. 无人驾驶车辆的优势

无人驾驶车辆具有不可替代的优势，主要优势有以下几个方面。

（1）经济效益较高

一旦自动驾驶车辆完全整合到日常用车和公路运输系统中，将会为整个社会带来巨大的经济效益。我国道路交通事故每年发生20万起以上，造成的直接经济损失超过12亿元人民币，就算自动驾驶车辆仅能减少10%的事故，也能减少1.2亿元人民币的损失。

（2）安全性高

世界卫生组织在2023年12月13日发布的《2023年全球道路安全现状报告》显示，自2010年以来，道路交通死亡人数每年下降5%，2021年降低至119万人。然而，道路交通事故仍是一个持续的全球卫生危机，行人和其他弱势道路使用者面临严重的死亡风险。虽然每年道路交通死亡人数略有下降，但道路交通事故仍是5~29岁人群的主要杀手。

据统计，90%的道路交通事故是人为犯错引起的，其中走神、疲劳、酒驾、超速占据了相当大的比重，无人驾驶车辆可以避免一些因为驾驶员的失误而造成的交通事故，并且可以减少酒后驾驶、恶意驾驶等行为的出现，使事故的发生率大大降低，从而有效提高道路交通的安全性。

（3）使无法开车的人更方便地出行

色盲、老年人和残疾人往往因为身体原因不能开车，但自动驾驶车辆将使他们享受到开车的便捷，并且不会给自己或者他人造成危险。这极大地方便了无法开车的人。

（4）更节省时间

自动驾驶车辆能够感知周围的其他车辆并与它们进行通信，驾驶员随意停车、任意变道、加塞等行为会成为过去，这能使交通秩序变得更加良好，低速下的小型剐蹭、碰撞事故也将被避免，相应的车速会变得比现在更快，人们的出行效率会更高。

2. 无人驾驶车辆的劣势

当然，随着无人驾驶车辆的发展，无人驾驶车辆也呈现了一些不足。

（1）大幅增加汽车保有量

根据自动驾驶车辆的特征，一些不具备驾驶能力的人也可能会拥有这种交通工具，汽车的保有量将会大幅增加，但这并不一定完全是好事，有可能带来一些其他的问题，比如，停车位会变得更加紧张。

（2）黑客入侵影响安全

自动驾驶车辆更像一台机器人，它由既定的程序和人工智能芯片控制，对于所有自动化系统而言，总是存在被黑客入侵或崩溃的风险，没有系统绝对可靠，如果黑客能够进入车辆系统，那么它就能控制车辆，这将会影响我们的安全。

（3）工作岗位减少

自动驾驶车辆的普及，可能会让那些以驾驶营运车辆为生的人失去工作，一辆没有故障的自动驾驶车辆可以 24 小时不间断地运行并确保安全，它能够产生成倍的效益，但是人工驾驶很难达到。

（4）成本过高

与任何需要经年累月开发并测试的新技术一样，自动驾驶车辆的成本在最开始可能是天文数字。

✤ 知识点 4：无人驾驶车辆在物流中的应用

无人驾驶车辆在物流行业的应用已经显示出其巨大的潜力和优势。在物流行业中，无人驾驶技术主要应用于货物的自动化运输和物流车辆的智能驾驶，可以满足物流行业中自动化、节省成本等多种需求。基于无人驾驶技术构建的无人配送物流服务可以简化物流配送环节，显著提高物流效率。以下是无人驾驶车辆在物流中的几个主要应用场景。

1. 货物配送

目前，无人驾驶技术在物流配送中应用得最为广泛。无人驾驶配送车能够通过自主感知、自主决策、自主行动等技术，自主完成货物的装卸、运输和送达，将货物安全、可靠地运到目的地。与传统配送车辆相比，无人驾驶配送车不仅具有安全性高、成本低、效率高等优点，还能减少人力资源的浪费。在无人配送物流服务体系中，物流企业可以利用小型无人机、无人配送车或无人货运机进行货物配送，推动配送服务的集约化、标准化发展，让无人驾驶配送车替代物流人员完成配送服务，降低配送物流服务对人的依赖，减少人力应用，提高效率，降低成本，避免物流企业因人员不足降低服务质量，无人配送物流服务可以打破交通、人力及地理条件的限制，为客户提供增值服务，在紧急情况下为用户投递所需产品。

河北顺丰速运有限公司雄安分公司利用无人驾驶配送车为居民运送包裹，车上配备了保障信号采集和信号传输设备以及多个摄像头，还有激光雷达，这些设备让车辆在行驶过程中能够识别障碍物，通过车载芯片计算，可以实现有效自动避让。图 8-8 所示为顺丰无人驾驶配送车。无人驾驶配送车遇到行人会停驻，碰到障碍会绕行，会识别道路自动转弯，到达小区大门自动停驻。当无人驾驶配送车遇到自身无法解决的问题，比如某个路口临时改成由交警指挥交通、施工占道等场景，系统就会自动识别并上报控制室的工作人员，工作人员会联系营业部人员接管车辆。无人驾驶配送车充满电能运行 200 千米，每天多频次往返，最多一天派送 500~800 件，相当于 3~6 名快递小哥的劳动量，有效降低了快递末端的配送风险，提高了配送效率。

图 8-8　顺丰无人驾驶配送车

2. 智能仓储

无人驾驶车辆在智能仓储中也得到了应用。无人驾驶车辆采用激光导航技术，能够在接收搬运任务后自动完成行驶、搬运和充电等操作，可以实现货物入库、出库、移库等环节的自主化操作，提高仓储作业效率，全程无须人工参与。同时，智能仓储系统还可以根据货物类型和数量进行智能库存管理，实现货物的自主化处理。

3. 运输服务

无人驾驶车辆具有自主判断、自主决策、自主规划的能力，能够在复杂的路况环境下（如夜晚或恶劣天气）进行配送，这增加了物流服务的可用性和可靠性，大大提高了物流运输的效率，减少人为操作的错误。例如，无人驾驶卡车通过激光雷达、摄像头和其他传感器，可以实时感知周围环境和道路情况，准确判断交通状况，自主决策并安全地完成货物运输任务，相比传统卡车，无人驾驶卡车具有更高的运输效率、更少的人为错误和更低的燃料消耗。

无人驾驶车辆的应用不仅限于上述场景，它还适用于电商物流、3C 电子制造、新材料制造、纺织、印刷、医药、空港等多个行业。无人驾驶技术的应用有助于物流行业的技术升级，从而提高效率并降低成本。无人驾驶车辆在物流行业中的应用前景无限，将成为未来物流行业的重要发展方向。未来的无人驾驶车辆将更加先进、智能化，会根据不同的业务需求推出更加多样化的解决方案。无人驾驶技术也将成为物流行业转型升级、提高行业竞争力的重要手段。无人驾驶技术在物流行业中的应用，带来了许多变革，将成为未来物流行业的创新源泉和核心发展方向。

任务实施

阅读案例《北京"五站两场"将开放接驳自动驾驶》，回答以下问题。

1. 无人驾驶车辆的优势有哪些?

_____

_____

_____

2. 无人驾驶车辆可以应用于哪些领域?

_____

_____

_____

3. 自动驾驶车辆接驳需要注意什么?

_____

_____

_____

_____

4. 各组派 1 名代表上台分享本组的分析结果。

任务评价

在完成上述任务后,教师组织三方评价,并对学生任务执行情况进行点评。学生完成考核评价表(见表8-1)的填写。

表 8-1　　　　　　　　　　　　　　考核评价表

班级		团队名称		学生姓名	
团队成员					
考评项目		分值	要求	学生自评（30%）	团队互评（30%）	教师评定（40%）
知识能力	对无人驾驶车辆的优势进行分析	20 分	分析正确			
	对无人驾驶车辆的应用领域进行分析	20 分	分析正确			
	对自动驾驶车辆接驳的注意事项进行分析	30 分	分析合理			

续 表

考评项目		分值	要求	学生自评（30%）	团队互评（30%）	教师评定（40%）
职业素养	文明礼仪	10分	举止端庄用语文明			
	团队协作	10分	相互协作互帮互助			
	工作态度	10分	严谨认真			
成绩评定		100分				
心得体会						

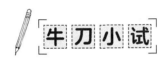

一、多项选择题

1. 无人驾驶车辆的优势有（　　）。

A. 经济效益较高　　　　　　　　　B. 安全性高

C. 节省时间　　　　　　　　　　　D. 工作岗位增多

2. 随着无人驾驶车辆的发展，其中也呈现了一些不足和缺陷，主要有（　　）。

A. 汽车保有量增加　　　　　　　　B. 成本高

C. 耗时长　　　　　　　　　　　　D. 经济效益低

3. 无人驾驶车辆可以应用于（　　）。

A. 环境监测　　　　　　　　　　　B. 货物配送

C. 智能仓储　　　　　　　　　　　D. 运输服务

二、简答题

1. 请简述无人驾驶车辆的发展趋势。

2. 请简述无人驾驶车辆的特点。

3. 请简述促进无人驾驶车辆发展的有利因素。

三、案例分析题

南京首辆城市道路行驶无人快递车亮相街头

能在机动车道上行驶，遇到红绿灯会停，会礼让行人……2024 年 4 月 11 日，一辆印有"极兔速递"字样的无人快递车吸引了市民眼球，小车科技感满满，这是南京市首辆正式投入使用的在城市道路行驶的无人驾驶快递车。

快递员将包裹装进无人快递车，完成关门、扫码、设定配送路线等一系列操作后，小车缓缓上路。在行驶过程中，无人快递车会根据不同的路况发出安全提示，并按照交通规则行驶。根据此前设定的路线，无人快递车单次自动驾驶七八千米，从南京市江宁高新大学城网点出发，一路上行驶平稳，驶向江苏经贸职业技术学院、方山社区驿站等多个快递点。

无人快递车配备激光雷达以及多个摄像头，能单次运输 500 多件快递包裹。该车时速为 35 千米，充满电后能够实现 160 千米超长续航，基本上可全天候运营，晚上也可运输快递。目前，该网点的三辆无人快递车每天可承担超 2000 单的快递转运任务。

无人快递车采用 L4 级自动驾驶技术，包裹运输中转全流程智能化运行，能够在不同天气和光线条件下，完成窄路通行、紧急避障、过马路等多种场景的配送任务。例如，路上遇到红灯，车辆会提前停车；遇到行人或障碍物，车辆会自动停车或自动转向避免碰撞。

科技赋能的同时，快递公司还为无人快递车配备了安全员。安全员的职责是实时监控无人车运行状态，如监测发现异常情况，车辆将立即由人工远程接管，保障车辆行驶安全。

请结合上述案例分析下列问题：

1. 无人快递车相比人工快递有什么优势？
2. 分析无人驾驶车辆的发展趋势。

任务二　无人机配送

任务描述

美团无人机：搭建城市低空物流网络

美团推进城市低空物流网络的梦想逐渐走进现实。在美团，无人机项目 2017 年成立，2021 年场景落地，如今已常态化运营 25 条无人机航线。业内人士表示，万亿低空经济新蓝海正拉开序幕，美团在低空经济领域的探索和实践值得关注。

"快！"这是多名消费者对无人机配送外卖的最大感受。同样是下单深圳星河 WORLD 商家的午餐，无人机配送比外卖员配送节省一半时间。使用空中通道，不需要等红绿灯，无人机配送的时效性比地面交通方式高很多。记者了解到，截至 2023 年 12 月，美团在深圳等城市的 11 个商圈开通了 25 条航线，累计订单量超过 22 万单。通过无人机配送的方式，订单平均配送时长约为 20 分钟，较传统模式效率提升了近四成。

"除了高效，在遭遇地形挑战、地面物流不容易触达时，无人机可以充分发挥作用。此外，当人力资源比较稀缺的时候，比如夜间，无人机可以成为有效补充。"无人机具有诸多优势，在物流配送领域应用空间广阔。"无人机其实是一种特殊的空中机器人，在一些场景具有无可比拟的优越性。未来，机器人规模应用是趋势。"

为何让无人机送外卖？在美团的所有场景里，外卖是最大的业务，顺理成章地先把外卖做起来。美团最新财报显示，2023 年美团即时配送订单达 219 亿笔，同比增长 24%。实际上，无人机可以送的不只是外卖。美团尝试了各种各样的场景。比如，与美团买药合作，在广州开展无人机在医疗场景的内测，把待检测的样品送到生物岛上的医学检测实验室，由无人机提供配送服务，可以大大提升效率。

2023 年 2 月，美团无人机团队的城市低空物流解决方案通过民航局审定，并获得《特定类无人机试运行批准函》和《通用航空企业经营许可证》。这意味着美团无人机团队成了一家城市级货运航空公司，可以开启城市低空物流网络的商业化运营等工作。

城市高楼林立、人口密集、环境复杂，这是即时零售配送的重要场景。不论是商业场景，还是应急场景，长期来看城市低空物流网络都可以发挥很大价值。构建低空物流网络将是一个渐进的过程，先构建区域小网络，再把小网络连接起来，逐渐让网络更加密集、互联互通，整个过程可能要花 5~10 年。

2023 年 9 月，美团在深圳市龙华区投运了自己的无人机智能制造中心。该中心承担美团自研无人机及配套智能模组等装备的研发、验证、试制、量产及维修等工作，具备年产超万台智能装备的能力。自此，美团无人机打通了从研发设计、生产制造、运营管理到运

维服务等全链条环节。

一家互联网公司投入重资产的制造领域，开启无人机的自研之路非常艰难。例如物流无人机标配降落伞，用了整整 18 个月才把降落伞和整机协调好。另外，4G 模块、5G 模块，对于一般的民用无人机也不是标配。美团采用广域网通信，当时只能自研，把技术做扎实。

坚定走自研之路，让美团无人机在一些设计和产品理念上实现了引领。美团第四代无人机即将上线投入运行。与上一代机型相比，第四代无人机升级了环境适应能力，可在 −20~50℃ 的中雨、中雪、6 级风、弱光等环境中稳定飞行，能够适应 97% 以上国内城市的自然环境。

在复杂的城市环境中高效率运行，除了飞机端足够安全可靠，还需要云端调度系统足够智慧、精准。美团自研的智能调度系统支撑这些无人机的飞行任务和航线管理，融合了 AI、大数据以及时空四维间隔等技术，可确保每平方千米几十甚至数百台无人机同时精确起降、飞行。

另外，太阳的周期性爆发活动，对电离层有影响，从而会对无人机的卫星导航定位产生影响。智能调度系统应对这些复杂外部因素耦合的能力，需要在实际环境中反复测试验证。

2024 年以来，低空经济火热。但真正可飞行的城市和区域并不多，要让无人机飞起来，需要进一步开放空域。

美团无人机外卖业务落地经历过波折，也让美团无人机团队学到了很多。未来，随着规模化运营和生产制造成本下降，用户会更容易接受新技术的服务，低空经济对生产生活的赋能才刚刚开始。

要求：请以小组为单位，认真阅读案例，对美团无人机配送服务进行分析，回答"任务实施"中的问题。

知识链接

✤ 知识点 1：无人机配送的现状及发展趋势

无人机配送是近年来兴起的一种创新型物流模式，它利用无人机技术，将货物从发货地直接送到客户手中，减少了传统物流环节中的中转环节，提高了物流效率。目前，无人机配送已经开始在一些企业的配送业务中应用。随着无人机控制技术、飞行控制技术、图像处理技术等方面的不断进步，无人机的稳定性和安全性得到了保证。同时，无人机配送还涉及航线规划、路线优化、飞行高度控制等技术，这些技术的不断发展也为无人机配送的应用提供了技术保障。

中国既是全球无人机产业最大的市场之一，也是无人机配送服务的领跑者，无人机配送服务已经实现从试点到商业化运营的转变。顺丰速运在 2019 年开始以无人机作为配送工具，实现了一些农村地区的配送服务。全球知名电商平台亚马逊也不断推进无人机配送服务的研发和实验，无人机配送服务已经逐渐成为物流领域的热门话题。

无人机配送服务正处于发展壮大的阶段，发展前景广阔。无人机技术将继续发展，在飞行稳定性、载荷能力、飞行距离和自主导航等方面不断改进，提高无人机物流的可靠性和运输能力。随着无人机物流的发展，相关的法规和政策将逐步完善和规范，这将为无人机物流提供更好的发展环境和支持。无人机物流将越来越趋向于自动化和智能化，无人机将能够实现自主起降、路径规划、避障和远程监控等功能，提高物流运作的效率和安全性。无人机物流会在更多的应用场景中得到应用，包括农业、物流配送、城市交通等，将为这些领域带来更高的效率和便利性。无人机物流将与其他物流方式进行网络化和协同配送，与地面车辆等结合，实现多种物流方式的协同工作，提高整体物流效率。

✤ 知识点2：无人机配送的优势和劣势

1. 无人机配送的优势

无人机配送相比传统的人工配送方式具有显著的优势，其优势主要包括以下几个方面。

（1）快速灵活

无人机技术的持续发展提高了无人机物流的可靠性和运输能力。无人机能够在短时间内完成货物的配送，特别是在紧急情况下或远程地区，这大大减少了配送时间。无人机配送不受地面交通限制，可以直接从起点飞到终点，避免了交通拥堵和道路限制，能够在地形复杂和传统配送方式难以到达的地区进行运输，如山区、沙漠等。

（2）节能环保、降低成本

无人机配送节省了人力和运输成本，特别是在偏远地区，无人机的使用也减少了燃料消耗和交通事故的发生。无人机使用电力驱动，不产生尾气排放，相比传统燃油驱动的车辆对环境更加友好，有助于减少环境污染。相比传统的配送方式，无人机的运营成本更低，不需要聘请大量的员工和购置昂贵的交通工具，从而有效降低了配送成本。

（3）安全高效

无人机物流趋向自动化和智能化，如自主起降、路径规划、避障和远程监控等，可以实现全天候配送，提高了物流运作的效率和安全性。在遇到自然灾害或其他安全风险时，无人机能够在避免人员伤亡的同时，将必要物资快速运送到灾区。无人机可以在短时间内穿越崎岖山路、荒野沼泽等，将货物送达目的地，节约时间成本。无人机物流可与其他物流方式网络化和协同配送，提高整体物流效率，特别是在高峰期或恶劣天气条件下，减少了因交通堵塞而导致的延误。

（4）扩大服务范围

无人机能够克服地形和气候障碍，将服务延伸到传统配送方式难以到达的地区，如岛屿、偏远农村等，从而扩大服务范围，提高物流覆盖面积。无人机物流可应用于更多领

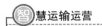

域，如农业、城市交通等。

2. 无人机配送的劣势

尽管无人机配送具有诸多优势，但也面临一些挑战和限制，如飞行距离和载重能力的限制、飞行安全、隐私保护等问题。

（1）载重限制

无人机的载重能力有限，无法承载过大或过重的货物，这对于一些大型货物或大批量货物的配送来说可能不太适用。

（2）飞行限制

无人机的飞行受到空域管理和法规的限制，如禁飞区域、飞行高度限制等，这可能对配送范围和速度造成一定的限制。无人机配送依赖高科技的支持，需要具备高精密的导航系统、传感器等设备，一旦技术出现故障可能会导致配送中断。

（3）飞行安全

无人机在飞行过程中可能面临天气、风力、电磁干扰等不确定因素，这些因素可能会导致货物丢失或者配送延误，需要具备一定的飞行安全措施和技术保障，以确保飞行的安全性和可靠性。

（4）集中管理

无人机配送需要建立起相应的无人机基础设施和管理系统，包括起降点、充电站、航线规划等，这需要一定的投资和管理成本。目前对于无人机配送的监管法规尚不健全，各种监管政策仍在不断完善，这也为无人机配送的发展带来了一定的不确定性。

✣ 知识点 3：无人机配送在物流中的应用

随着科技的进步和时代的发展，高度信息化的发展使无人机技术广泛应用于各个领域，也引领着快递企业发展的方向。越来越多的物流公司将无人机运用在物流系统当中，这样使物流的效率大大提高。无人机配送可以实现城市内物流和偏远地区快递的加急业务，进一步打开物流行业的市场细分，提高物流网点与终端之间的流动效率，增强企业在配送领域的竞争力。

1. 顺丰

2013 年 9 月，顺丰就已经在广东省东莞市开始进行无人机配送的准备工作，2017 年顺丰在江西省赣州市获得无人机示范运行区。顺丰无人机的发展模式不同于其他物流公司，其模式是无人机和无人柜之间的交换，然后在不同网点之间配送，形成干支对接，提高了末端配送的效率，还降低了人力、物力的成本，解决了交通不便带来的困扰，满足了客户的需求，为快递引领了一个新的方向。

2018 年，面对无人机的发展现状，顺丰开始实行多元化发展。支持顺丰发展无人机的最大优势是其航空战略，顺丰提出三段式空运链条（大型有人运输机、支线大型无人机、末端小型无人机），实现快速通达全国物流网络。像特色经济、特种物流医疗冷链、应急配送等末端配送的问题，都可以利用该模式解决。

发展低空经济新兴产业已成为我国培育发展新质生产力战略的一个重要方向，作为已经在无人机配送领域探索近十年的中国快递物流领域的代表性企业，顺丰集团旗下的丰翼科技（深圳）有限公司在经历了多年的研发和试运营之后，于 2024 年 4 月上旬宣布正式推出两款无人机物流产品：同城即时送、跨城急送。这也意味着无人机寄递服务在中国真正走入常态化商业运营阶段。图 8-9 所示为顺丰无人机配送场景。

图 8-9　顺丰无人机配送场景

2. 京东

京东的配送无人机是其自主研发的机型，能够实现全自动化配送，无须人工参与就能完成自动装载、自动起飞、自主巡航、自动着陆、自动卸货、自动返航等一系列智慧化动作。图 8-10 所示为京东的配送无人机。2015 年，京东宣布正式进军无人机行业并且团队正式组建，2016 年 6 月完成农村物流首单配送，正式在农村试点运行。

图 8-10　京东的配送无人机

京东规划的三级智能物流网络系统包含了干线、支线、末端配送三级物流网络，横向发展构建更为广泛的物流无人机运行网络，与顺丰在支线布局不同的是，京东在末端配送方面布局，末端配送选址在四川省的悬崖村，听名字就知道这个村子的交通是多么不便

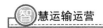

利。利用无人机做日常配送工作，在很大程度上代替了人工攀爬运输，在效率提高的同时也大大增强了人员的安全性，给悬崖村人民带来更大的便利。这样使末端配送能力不足和成本费用高的问题得到有效解决。

为了推动农村经济的发展，京东将投资 10 亿元在农村建设 10 万平方米的产业园，引进无人机配送技术，打造全新的物流配送体系。该产业园将涵盖农产品的种植、加工、仓储、配送等一系列环节，为农村居民提供便捷的"一站式"服务。此外，京东还将与当地政府合作，共同打造特色农业品牌，提高农产品的附加值和市场竞争力，为农村经济发展和物流行业创新注入新的活力。

3. 亚马逊

2013 年，亚马逊发布了一个混合动力飞机 Prime Air，可以做到垂直起飞和降落一体化。亚马逊 Prime Air 目前主要应用在较偏远的地区。

之后，亚马逊推出了新型 MK30 送货无人机，在飞行距离上实现了上一代产品的两倍提升，同时具备了在小雨等多样化天气条件下飞行的能力。这意味着无人机配送受天气因素的限制更小，能够更好地满足消费者的需求。

与其他无人机运输方式不同，亚马逊注重"最后一公里"的末端配送，亚马逊是直接从仓库发往"最后一公里"的末端配送，区别于其他干线运输与支线运输，主要有两个方面的优势。一是亚马逊庞大的大数据系统，通过大数据对客户各方面进行仔细分析。将用户可能需要购买的商品送到客户最近的仓库，实现三十分钟急速送达。二是亚马逊子仓库的选址，亚马逊在大部分城市建立他们的仓库，每隔 5 千米左右便有一个他们自己的仓库。

4. UPS

早在 2013 年 UPS 就进入了无人机配送的准备阶段，2017 年 2 月 UPS 进行了测试，将无人机与投递车相结合的投递模式应用于偏远地区。

无人机配送服务的发展前景非常广阔。随着更多企业的介入，无人机配送的应用场景也会越来越多。同时，无人机的技术不断发展，无人机配送的安全性和稳定性会得到更好的保障，这将有助于进一步推广无人机配送技术，实现更多的商业应用。

无人机配送服务在许多场景下都有广泛应用。例如，在灾难救援中，无人机可以将救援物资运送到受灾地区，帮助灾区人民渡过难关；在医疗配送中，无人机可以将紧急用药和医疗器械快速送达患者手中，缩短了救治时间，拯救了更多的生命；在电商配送中，无人机可以实现快速、高效、准时的配送，提升了电商企业的服务水平和用户体验。

任务实施

阅读案例《美团无人机：搭建城市低空物流网络》，回答以下问题。

1. 无人机配送的优势有哪些?

_____

_____

2. 无人机配送可以应用于哪些领域?

_____

_____

_____

3. 为什么美团无人机配送坚定走自研之路?

_____

_____

_____

4. 各组派 1 名代表上台分享本组的分析结果。

任务评价

在完成上述任务后,教师组织三方评价,并对学生任务执行情况进行点评。学生完成考核评价表(见表 8-2)的填写。

表 8-2　　　　　　　　　　　考核评价表

班级		团队名称			学生姓名	
团队成员						
考评项目		分值	要求	学生自评 (30%)	团队互评 (30%)	教师评定 (40%)
知识能力	对无人机配送优势进行分析	20分	分析正确			
	对无人机配送领域进行分析	20分	分析正确			
	对美团无人机配送走自研之路的原因进行分析	30分	分析合理			
职业素养	文明礼仪	10分	举止端庄 用语文明			
	团队协作	10分	相互协作 互帮互助			
	工作态度	10分	严谨认真			

续 表

考评项目	分值	要求	学生自评（30%）	团队互评（30%）	教师评定（40%）
成绩评定	100 分				
心得体会					

一、多项选择题

1. 目前开展无人机配送服务的公司有（　　　）。

A. 京东　　　　　　　B. 顺丰　　　　　　C. 美团　　　　　　D. 亚马逊

2. 以下属于无人机配送服务的优势的是（　　　）。

A. 快速灵活　　　　　　　　　　　B. 节能环保、降低成本

C. 安全高效　　　　　　　　　　　D. 扩大服务范围

二、简答题

1. 请简述无人机配送的发展趋势。

2. 请简述无人机配送在物流中的应用。

3. 请简述无人机配送的优势和劣势。

参考文献

［1］虞晓露，董彦龙，袁志兵. 智慧运输运营［M］. 北京：中国人民大学出版社，2024.

［2］陈海燕，常连玉. 网络平台道路货物运输运营模式研究［M］. 北京：人民交通出版社股份有限公司，2021.

［3］姜明虎，常连玉. 道路运输企业安全生产管理［M］. 北京：人民交通出版社股份有限公司，2020.

［4］梁金萍，齐云英. 运输管理［M］. 3版. 北京：机械工业出版社，2021.

［5］吴冬升，董志国. 5G与智慧交通：加速未来出行大变革［M］. 北京：机械工业出版社，2023.

［6］傅莉萍. 运输管理［M］. 2版. 北京：清华大学出版社，2020.

［7］彭秀兰. 道路运输管理实务［M］. 3版. 北京：机械工业出版社，2020.

［8］罗松涛. 运输与配送管理［M］. 北京：中国水利水电出版社，2023.

［9］招晓菊. 城市轨道交通运营安全管理［M］. 2版. 北京：机械工业出版社，2021.

参考答案